神々の闘争と政治哲学の再生

レオ・シュトラウスの政治哲学

松尾哲也

風行社

〈目　次〉

目次

目　次

序章　近代性と政治哲学の危機

古代ギリシャ時代から現代に至るまで、学問は自然界と人間社会の現象を分析し、発展を遂げてきた。物理学などの自然科学の発展は人間の技術力を増大させ、技術力の増大は人間の生活をより便利に、また物質的により豊かにしてきた。しかしその反面、科学の発展とそれによってもたらされる技術力は、人間社会を破壊させるほどの威力を持つに至った。その最たる例が、技術力の戦争手段への応用である。技術力が戦争と結びつくことによって様々な悲劇が生まれた。

第一次世界大戦では、当時の最新の技術が戦争に利用され、航空機、戦車、そして毒ガスが実戦で使用された。第一次世界大戦は史上初めての総力戦となり、戦場で戦う兵士だけでなく、女性や年少者も含めた本国の労働者が総力をあげて兵器の生産などを行い、国家の技術力、生産力が戦争遂行のために総動員された。

第二次世界大戦では、第一次世界大戦以上の甚大な被害を人間社会は受けた。なかでも第二次大戦末期に登場した原子爆弾の破壊力は絶大であり、広島・長崎に投下された原子爆弾は、数十万もの人命を奪い、そこに住む人々の生活基盤をことごとく破壊した。第二次大戦後、各国は原子爆弾の保有と技術力の向上を競い合い、東西冷戦時代には、核戦争の恐怖が世界を覆った。

東西冷戦が終結し、世界情勢は安定するかに見えたが、民族紛争の勃発、さらにはテロの頻発など、世界は依然として混沌とした状況のなかにある。そうした状況下にあって、核兵器等の大量破壊兵器のさらなる拡散は、国境を超えて人間社会を危険に晒す要因ともなっている。科学技術は日々進歩し、それは人類の進歩を象徴するものであるといえる。科学、そして科学を基盤として創出される技術は、人間社会の繁栄を支えてきた。その一方で、科学技術は、大量破壊兵器を生み出すことによって、社会の基盤を根底から破壊する威力を持つに至った。

レオ・シュトラウス（Leo Strauss, 1899-1973）は、二〇世紀において政治哲学を復権させた人物として知られている。しかし、彼が生涯において探求したテーマは、政治に関するものを超えて、哲学が誕生して以来の人類の知的営為、さらには、宗教と哲学の対立など、幅広く、かつ根本的な問題に及んでいる。その彼の広範かつ根本的な問題の議論の基底にあるのは、人類が決して直線的な進歩の歴史を歩んでいないという歴史観である。

シュトラウスは、「進歩か回帰か」という論稿において、次のように指摘する。つまり、我々は、皆、新しい科学とそれに基づく技術の巨大な成功について知っているし、人間の力が途方もなく増大したことを目の当たりにすることができる。近代人は、それ以前の人間と比べると巨人である。だが一方で、シュトラウスは、科学技術による人間の力の増大に合わせる形で、人間の知恵と善性が発展していないことを強調している[1]。

シュトラウスにとって、一七世紀以来の近代思想の出現は、それ以前のすべての思想を越えた制限のない進歩を特徴づけている。進歩には、科学に象徴される知性の進歩と高度な文明に象徴される社会の進歩があり、その二つの進歩には、根本的かつ必然的な一致があり、明確な限界がないものと思われていた。無限なる知的・社会的進歩は可能であると考えられていたのである。一度、人類がある発展段階に到達すれば、つまり知的・社会的・道徳的にある水準に達するならば、それより下にもはや下降したり、衰退したりすることはないであろう[2]。

人類の歴史は進歩の歴史であり、過去・現在・未来という歴史の流れにそって人類は進歩していくものと考えられていたのである。ところが、第一次世界大戦は、シュトラウスからすれば、ヨーロッパをその根底から揺り動かし、人々の方向感覚を喪失させ、進歩への信念を崩壊させるものであった[3]。さらに、その後、ヨーロッパはナチスの台頭、第二次世界大戦、ユダヤ人の大量虐殺といった大きな悲劇を経験したのである。

こうした帰結は、シュトラウスにとって、近代的思惟からの逸脱や偶然の産物ではなかった[4]。それは、近代的思惟の必然的な結果だったのである。シュトラウスの近代への問題意識は、単に大量破壊兵器による文明の破壊という物質的なものに限定されない。シュトラウスは、近代的思惟がニヒリズム、そして狂信的蒙昧主義（fanatischer Obskurantismus）に転化するのを目の当たりにした[5]。それは、シュトラウスにとって人間理性の危機であった。

科学は確かに人間の力を増大させたが、その力の正しい使用について責任ある仕方で何も教えることはできないとシュトラウスは主張する[6]。その根本にあるのは、人間は善と悪とを責任ある仕方で区別することはできないとする見解、そして一般に科学者には、そしてとりわけ社会科学者には、価値判断は許されないとする主張の台頭である。それは、シュトラウスにとって諸価値に関する科学的な、それゆえ合理的な知識は存在せず、科学ないし理性は善い目的と悪しき目的とを区別することはできないとする見解が台頭してきたことを意味していた[7]。

実証主義に依拠する自然科学は、ただ自然界の現象を実験や事実に即して解明するだけで、科学的知識やそれを応用した技術力の正しい使用について問うことはない。第二次大戦後、社会科学の分野においても、実証主義的な自然科学の学問的手法を採用し、社会的現象をただ事実に即して観察・分析しようとする実証主義的な社会科学が台頭した。政治学の分野でも、善き政治秩序とは何かといった規範論的問いを排除して、政治的現象をもっぱら経験的な事実に即して観察・分析しようとする試みが、アメリカにおいて一九五〇年代から顕著にあらわれてきたのである。[8] こうした時代背景をもとに、シュトラウスは、善や正義をめぐる価値判断に依拠し、善き政治秩序とは何かを探求する、政治哲学が危機に瀕していることを強調した。

シュトラウスにとってまさしく、善や正義に関する知識の存在を認め、価値判断の正当性を合理的に立証しうるということ、[9] そして善い目的と悪しき目的とを責任ある仕方で区別することが、政治哲学の要諦である。しかし、そうした政治哲学が成立する前提そのものが揺らいでいた。そうした実証主義的な政治学の台頭による危機意識のなかで、シュトラウスの学問的営為の主目的の一つは、政治哲学を学問として再生させることであった。

シュトラウスが政治哲学を再生させるにあたって一貫して主張したのは、政治的なものに対する価値判断の正当性である。[10] 政治的なものは必然的に価値判断されうるものであり、政治的な事柄は、善や正義の基準によって判定されなければ、政治的な事柄として十全に理解されない。それがシュトラウスの基本的立場であった。[11]

さらに、シュトラウスにとって政治哲学とは、基本的な政治的選択肢の理解にとどまらず、政治上の基本的問題を解決しようとする学問であった。政治哲学は、実践的な問題に対して考えられる究極的態度の選択肢を明示するというより、実践的問題に対する賢明な解決策を提示する。政治哲学が基本的な政治的選択肢の理解にとどまるならば、それは何ら実践的価値をもたない。その場合、我々は何が賢明な行為の究極的な目標であるかという問いに答えることができないし、また決定的な決断は盲目的な選択に委ねざるをえない。[12]

本書の目的は、シュトラウスが主張する政治哲学の危機の根底に潜むものを明らかにし、政治哲学を再生させる彼の学問的営為の意義を解明することである。本書は、シュトラウスが再生させようとする政治哲学を本来の意味で「リベラル」な政治哲学と措定し、その特徴の分析を通じて、本来の意味で「リベラル」な政治哲学の実践的な役割について論じていく。そしてシュトラウスが抱える課題についても明らかにし、その課題を乗り越える形で、次の問題に取り組む。つまり、本来の意味で「リベラル」な政治哲学は、現代の諸問題、とりわけますます複雑化し、多様化する現代の人間社会の対立構造のなかで、いかなる役割と任務を担う可能性を持っているのか、という問題である。その問題への考察を通じて、改めて現代の視点から、本来の意味で「リベラル」な政治哲学の現代的意義について論究していく。

なぜ政治哲学の危機を取り上げるのか。それは、シュトラウスが指摘する政治哲学の危機が、単なる一つの学問領域に関わるものではなく、近代性の危機そのものを象徴しているからである。その近代性の危機は、善や正義に関する知識の存在を否定する「善や正義の非知識性」[13]の主張によって露呈する。政治哲学を再生させる道は、人間理性による善や正義に関する知識の探求の基盤を再生させる道である。その意味で、シュトラウスによる政治哲学の再生の試みは、人間理性の危機を克服し、人間理性の機能を再生させる試みであった。

本書は、そうしたシュトラウスによる政治哲学の再生の意義について明らかにするために、まず、二人の人物の政治論および学問論に焦点をあてる。その二人の人物とは、カール・シュミット（Carl Schmitt, 1888-1985）とマックス・ウェーバー（Max Weber, 1864-1920）である。

なぜシュミットとウェーバーを取り上げるのか。それは、両者が政治的なものに対する透徹した現実的な視点を持つがゆえに、シュトラウスの政治哲学の核となる政治的なものに対する価値判断の実践的有意性は、その両者の政治論および学問論と対比させることによって、より明らかになると考えるからである。

これまでシュトラウスの政治哲学に関する研究では、シュトラウスが哲学をどのように位置づけ、哲学をいかに政治的に擁護したのか、といった戦略的なシュトラウスの意図を読み取る研究も行われてきた[14]。そうした研究では、戦争といった人間の生死に関わるようなむき出しの政治的暴力について、さらには、政治的なものの限界について、シュトラウスがいかなる視点で考察し、それらに対してどのような態度をとっていたのか、という点が見逃されているように思われる。哲学と政治的共同体との緊張関係を強調し、哲学を政治的に守る戦略という点に重点を置いて、シュトラウスの政治哲学を考察していくことは、彼の哲学者としての側面を光にあてるが、一方で、単なる哲学の政治的な擁護としては分類できない「政治を対象とする哲学的考察」の側面を暗くしているように思われる。

本書は、そうした問題意識に基づき、シュトラウスによる政治哲学の再生の意義、とりわけ政治の現実との対比において浮き彫りになる政治哲学再生の意義を解明しようとするものである。そのようにして理解される政治哲学再生の意義は、シュトラウスが、シュミットとウェーバーといかに対峙し、また両者の議論のなかに潜む問題をどのように克服しようとしているのかを綿密に考察することによって明らかになるであろう。

まず、政治的なものに対する価値判断の可能性がシュトラウスとシュミットの争点となる。シュミットにとって政治的なものを規定しているのは、友と敵の集団化であり、また戦争の現実的可能性である。そうしたいわば政治の敵対的性格および暴力的性格を強調するシュミットは、政治的なものに対する価値判断の可能性を閉ざしてしまったとシュトラウスはみる。[15] それは、シュトラウスにとって、政治的なものを価値判断する政治哲学そのものの可能性を閉ざすものであり、シュトラウスは、シュミット批判を契機として、その政治哲学を構築していく。

次に、ウェーバーとシュトラウスの間では、神々の闘争と呼ばれる価値の解きがたき対立をめぐって展開される学問の役割が争点の一つとなる。

二〇世紀初頭、ウェーバーは、『職業としての学問』において、多様な価値の対立状況を神々の闘争という言葉によってあらわした。ウェーバーにおいて、もはや学問はその神々の闘争を解決しえない。それに応じて学問が政治に対して果たすべき役割も、政治的行為者や政党に、ある実践的問題に対する究極的態度の選択肢を明示し、そしてその究極的な態度を選択する際に考慮すべき事実を提示するにとどまる。[16] こうしたウェーバーの学問的立場は、シュトラウスの学問的立場と根本的に対立する。

本書は、そうしたシュミットとウェーバーとの対比のもとに、シュトラウスによる政治哲学の再生という学問的営為の意義を明らかにする過程において、さらに、政治哲学上の重要なテーマに取り組む。つまり、学問は政治に対して何を為しうるのか、学問が政治に対して果たすべき役割は何かというテーマである。

二〇〇一年九月一一日のアメリカ同時多発テロ以降の世界では、戦争は、国家と国家との戦争ではなく、見えざる敵に対する戦争、テロとの戦争と化す傾向にある。人間の対立構造は、今や国家という枠組みでは把握することができないほど複雑化している。その対立の背後には、宗教間の対立、民族間の対立、思想・信条・価値観の対立、経済格差による対立など、複雑かつ多様な対立の構図が存在する。そうした多様な対立構造の中で、学問、とりわけ政治学は一体、いかなる役割と任務を担うべきなのか。そして政治学は、いかなる理念のもとに、多様な価値が分裂・対立している状況のなかで、自らの存在意義を主張しうるのだろうか。本書は、そうしたテーマも射程に入れて議論を展開していく。

ここでシュトラウスの政治哲学を読み解くにあたって、留意すべきことに言及しておきたい。シュトラウスは、その著作において自ら体系的に、そして積極的にその政治哲学を展開するのではなく、古代から近代、そして現代に至る様々な思想家の解釈のなかに自らの主張を織り交ぜることが多い[17]。それはシュトラウスが、古代から近代、そして現代に至る思想家といわば対話することによって、その政治哲学を展開してきたことを意味する。

それゆえシュトラウスの主張を読み解くには、そうした対話に沈潜し、その対話からシュトラウスの主張を読み解くか、またあるときは我々自身がシュトラウスと思想家の対話を作り出し、そこからシュトラウスの主張を解明する作業が必然的に必要となる。それは、シュトラウス研究を困難にしている原因の一つであると言ってよい。

本書は、先述したように、主として、シュミット、ウェーバーと引き付けてシュトラウスによる政治哲学の再生の意義を解明していくが、これまでシュトラウスの研究では、詳細に取り上げられることが少なかったエトムント・フッサール（Edmund Husserl, 1859-1938）の生活世界論についても言及し、それがシュトラウスに与えた影響について綿密に分析する。

本書は、シュミット、ウェーバー、フッサールといった一九世紀および二〇世紀において活躍した人物を取り上げる一方で、ソクラテス、プラトン、クセノフォン、アリストテレスなどの古典古代の人物が展開した議論およびそれに対するシュトラウスの解釈も中心論点としている。シュミット、そしてウェーバーと対決し、政治哲学を再生させようとするシュトラウスに多大な影響を与えたのは、政治哲学を再生させる方途を見出したのだろうか。シュトラウスは、古典的政治哲学のどこに現代の危機を克服し、政治哲学を再生させようとするシュトラウスの学問的営為の意義と、シュトラウスに多大な影響を与えた古典的政治哲学の特徴は、古典的政治哲学である。シュトラウスの政治哲学の特徴を明らかにすることによって解明されることになろう。

さらに本書は、シュトラウスによる政治哲学再生の意義を明確にするため、彼のリベラル・エデュケイションという教育の構想にも光をあてる。

シュトラウスは、リベラル・エデュケイションと呼ばれる教育の構想のなかで、古典の読解を構想の中心に据えて、リベラル・デモクラシーの危機に対抗しようとした。その教育の構想は、シュトラウスにとって、政治哲学の存立にかかわる重要な位置を占めている。ネイル・G・ロバートソンが指摘しているように、教育は、シュトラウスの著作の中心的なテーマである[18]。シュトラウスが、リベラル・エデュケイションという教育の構想に込めた目的とは何であったのか。本書では、シュトラウスのリベラル・エデュケイション論、とりわけその政治的意義を「知的自立性（intellectual independence）」と「節度」をもとに解明し、シュトラウスが再生させようとする本来の意味で「リベラル」な政治哲学の役割と責任について明らかにする。

さらに本書は、実証主義的な政治学、すなわち「新しい政治学」へのシュトラウスの批判にも焦点をあてる。シュトラウスが「新しい政治学」と呼ぶ実証主義的な科学的政治学とは、第一次世界大戦の直前に現われ、第二次世界大戦中およびその前後の期間において、優勢となり、同時に成熟に至った学問である。[19] その最大の特徴は、価値判断ではなく、事実判断のみが客観的であるとし、事実と価値を分離することにある。[20] そうした科学的政治学に対するシュトラウスの批判は峻烈であり、シュトラウスは、実証主義と対比させる形で、政治哲学の優位性を主張した。

科学的政治学を含め、実証主義的な社会科学に対するシュトラウスの批判を扱った研究では、これまで多くの成果が生み出されている。それらは、実証主義的な社会科学に対するシュトラウスの批判の背景等を明らかにし、一定の成果が見られるものの、シュトラウスの政治哲学の根幹にある「zetetic」な学問的探求の姿勢とシュトラウスが抱えている限界について十分に論究していない。[21] 本書は、第七章にてその「zetetic」な学問的探求の姿勢を論点として、シュトラウスが抱える課題についても言及し、なおかつその課題を超える視点を提示することによって、政治学のみならず、学問全体が生活世界に対して果たすべき役割について議論を展開する。そして近代性の危機を乗り越える、政治哲学を含めた学問全体の未来への展望について再検討していく。

第一章　シュミットとシュトラウス——政治的なものをめぐって

第一節　リベラリズムとユダヤ人問題

二〇世紀は、戦争と殺戮の世紀でもあった。歴史上、多くの戦争、虐殺が繰り返されてきたが、二〇世紀の戦争、虐殺は、二度の世界大戦、そこで使用された機関銃、毒ガス、原子爆弾などの大量殺戮兵器、航空機を使用した無差別爆撃など、科学技術と結びつくことによって、歴史上類がないほどの多くの人々の命を奪った。シュトラウスは、まさに戦争と殺戮の時代に青年期と壮年期を送った政治哲学者である。

レオ・シュトラウスは、一八九九年九月二〇日、ドイツのヘッセン州キルヒハインに生まれた。正統派ユダヤ教徒として育てられた彼は、マールブルクのギムナジウムを卒業後、一九二一年、ハンブルク大学でエルンスト・カッシーラー（Ernst Cassirer, 1874-1945）の指導のもと、哲学博士の学位を取得する。その後彼は、フライブルク大学に赴き、フッサールとマルティン・ハイデガー（Martin Heidegger, 1889-1976）から思想的に影響を受ける。一九二五年からシュトラウスはベルリンのユダヤ科学アカデミー（Akademie für Wissenschaft des

Judentums）に研究員として勤務した。一九三二年、彼はフランスを経てイギリスに向かいホッブズ研究に従事、その後アメリカに赴き、一九三八年から一九四九年までニューヨークのニュー・スクール・フォー・ソーシャル・リサーチ、一九四九年から一九六七年までシカゴ大学で教職をえて数多くの研究者を育てた。シカゴ大学を退職した後、Claremont Men's College や St. John's College で教育・研究に従事したが、一九七三年一〇月一八日に死去。彼はその生涯において、数多くの哲学者の研究書を著し、政治哲学の根本的な問題について研究した。(1)

その略歴のとおり、シュトラウスは、第一次世界大戦の前後、ドイツにおいて少年期と青年期を過ごし、ナチスが政権を獲得する前年の一九三二年、フランスを経て、イギリスに向かい学究生活を送った。第二次世界大戦の勃発前にはアメリカに渡り、新天地アメリカで彼は政治哲学に関する教育研究に大きな足跡を残すことになる。

その彼が五歳か六歳のとき、父親の家でロシアのポグロム(2)から逃れてきた難民を目撃している。難民には、女性、子ども、老人が含まれており、彼らはオーストラリアに向かう途中であった。そのとき、ロシアのポグロムのようなユダヤ人迫害は、ドイツでは起こりえなかったとシュトラウスは述懐している。その述懐によれば、当時、シュトラウスを含めてユダヤ人は、非ユダヤ人の隣人とともに豊かな平和のもとに暮らしていた。そこでは、秩序を維持する政府が存在していたのである。そのため、ポグロムのような事件は、絶対的に不可能であると考えられていた。(3)しかし、次第にドイツに暗雲が立ち込めることになる。第一次世界大戦に敗北したドイツは、ワイマール体制に移行した。シュトラウスは、ワイマール体制をリベラル・デモクラシーと位置づけ、一九四二年二月二六日の講演「ドイツのニヒリズムについて」のなかで、そのワイマール体制について次のように論じている。

戦後（第一次世界大戦後）の世界に満足できた者は誰もいなかった。ドイツのリベラル・デモクラシーが、あらゆる点において、ドイツが直面していた様々な困難に対処することは絶対的に不可能である、と多くの人々に思われていたのである。(4)

第一次世界大戦後の混乱とナチス体制の勃興、そして、ユダヤ人問題(5)は、シュトラウスの政治的なものに対する姿勢の形成に大きな影響を与えた。シュトラウスは、ワイマール体制期の状況を回想した論説「『スピノザの宗教批判』への序文(6)」のなかで、リベラリズムの問題をユダヤ人問題と関連させながら議論を展開する。シュトラウスにとってユダヤ人問題は、単にユダヤ民族だけに関わる問題ではなく、政治体制としてのリベラリズムの矛盾と限界を暴く視座を与えるものであった。

本章では、まず、シュトラウスの議論に沿って、ワイマール体制当時のリベラリズムが抱える問題をユダヤ人問題との関連で明らかにする。その後、リベラリズム、そして政治的なものに対する態度をめぐって展開されるシュミットとシュトラウスの議論の比較を通じて、シュトラウス自身が、いかなる問題意識をもって、政治的なものと対峙し、政治哲学へと向かっていったのか、その端緒となった問題意識を析出する。

シュトラウスによると、ドイツの多くのユダヤ人はヒトラーが政権を獲得するまでユダヤ人問題がリベラリズムによって原理的に解決されたと信じていたという。(7)なぜユダヤ人は、ユダヤ人問題がリベラリズムによって解決されたと信じていたのか。リベラリズムとユダヤ人問題の解決とはいかに結びついているのだろうか。ここから、シュトラウスの記述に沿って、リベラリズムの理論的成立過程を辿り、ユダヤ人問題との関連で露呈するリベラリズムの問題について詳しくみていくことにしよう。

シュトラウスは、政治原理としてのリベラリズムの成立過程を、近代自然権（modern natural right）の理論をもとに描いていく。ここで注意しなければならないのは、「natural right」という言葉の訳し方である。シュトラウスは、『自然権と歴史（natural right and history）』（一九五三年）において、「natural right」の歴史を、大きく分けて、古代と近代に分類しており、すべて一律にシュトラウスが言及している「natural right」を「自然権」と訳すことはできない。なぜなら、古代の「natural right」は、「権利」よりも「正しさ」、「正義」という意味合いが強いからである。シュトラウスによれば、古代の「natural right」の理論は、ソクラテスによって創始され、プラトン、アリストテレス、ストア学派、トマス・アクィナスによって発展させられたものであり、後の章で言及するが、「自然権」というよりも、「自然的正義」として訳したほうが適切であり、一方、ホッブズ、ロック、ルソーに至る近代の「natural right」については、「自然権」と訳したほうが適切である。[8] 以下、シュトラウスが論及する近代の「natural right」を近代自然権とし、シュトラウスの近代自然権理論に対する解釈に基づいて、リベラリズムの成立過程について詳述する。

まず、シュトラウスは、近代自然権に固有の性格を理解しようとするなら、ホッブズに向かわなければならないと指摘する。[9] シュトラウスによれば、ホッブズは、自然法（natural law）を「人間はいかに生きるべきか」という観点からではなく、「人間は現実にどのように生きているか」という観点から定義した。ホッブズにとって大多数の人間を多くの時間、現実に規定している最も強力な情念は、死の恐怖、とりわけ他者の手にかかる暴力死の恐怖である。この暴力死の恐怖は、人間のあらゆる自然的欲望のなかで最も強力かつ根源的な欲望、すなわち自己保存の欲望を最も強力に表現している。[10]

ホッブズが論じる自然法は、この自己保存の欲望から導き出される。そして自然法が自己保存の欲望から導出されることによって、自己保存の欲望があらゆる正義と道徳の唯一の根源となった。今や根本的な道徳的事実は、義務ではなく自己保存という権利である。こうして「すべての義務は、根本的かつ譲渡できない自己保存の権利から導出される」ことになったとシュトラウスは指摘する。[11] そしてシュトラウスは、ホッブズがその自己保存の権利から、リベラリズムを理論的に構築していったことを次のように論じている。

根本的かつ絶対的な道徳的事実は、義務ではなく、権利であるから、市民社会の限界と同様にその役割は、人間の自然的義務ではなく、人間の自然権（natural right）の観点から確定されなければならない。国家は、道徳的生活を生み出したり、促進したりすることではなく、各人の自然権を保護する役割を有している。そして国家権力は、その絶対的な限界を自然権に見出すのであって、他のいかなる道徳的事実にも見出すわけではない。義務から区別された人間の権利を根本的な政治的事実とみなし、また国家の役割は、人間の権利を擁護ないし保護することであるとする政治的学説をリベラリズムと呼びうるならば、リベラリズムの創始者はホッブズであったと言わなければならない。[12]

このようにホッブズは、自己保存の権利を自然権とし、そこからリベラリズムを理論的に構築していった。シュトラウスは、ホッブズの政治哲学の独創性を次の点に求めている。つまりホッブズは、客観的秩序である自然「法」から出発せずに、自然「権」から、すなわちそれ自体あらゆる法、秩序、義務の起源である絶対的に正当化された主観的要求から出発しているということである。[13]

シュトラウスによれば、近代以前の自然法理論は人間の義務を教えた。そこでは人間の権利に注意を払う場合でも、人間の権利は義務から派生するものと考えられていた。それが一七世紀や一八世紀のうちに、以前よりも人間の権利のほうが強調されるようになった。そしてまさに自然的義務による方向づけから自然的権利による方向づけへの根本的な転換は、ホッブズの教説に最も明瞭にあらわれているとシュトラウスは指摘している。[14]

以上のようにホッブズにおいて、まず近代のリベラリズムの基本原理が示されているわけであるが、シュトラウスによると、近代自然権の教師のなかで最も有名で最も影響力のあった人物はロックである。[15] シュトラウスは、ロックにおいて、幸福への欲求と幸福の追求が自然権としての性格を持つようになったと解釈している。[16] そしてシュトラウスの次の記述にみられるように、幸福追求の自然権によって、国家と社会の分離というリベラリズムの基本原理が成立する。

近代において次のように考えることがより賢明であると信じられるようになった。すなわち人間は、それぞれ、また同じ一人の人間でさえ、異なる時間では、何が幸福を構成しているのかということに関して全く異なる見解をもつがゆえに、幸福には確固とした意味はないということである。それゆえ幸福ないし最高善は、もはや政治社会が目標とするような共通善とはなりえなくなった。しかし幸福の概念がいかに多種多様なものであろうと、幸福の基本的な諸条件は常に同じである、あるいは常に同じであると信じられていた。つまり誰も生きていなければ、また自由な人間でなければ、そして各人が幸福を如何に理解しようと、幸福を追求することができなければ、幸福になりえない。こうして各人の自然権として解されるようになった幸福について、その諸条件を保障すること、そしていかなる種類の幸福も政治社会の成員に押し付けないこと、これらのことが政治社会の目的となった。なぜなら幸福のいかなる概念も、他の幸福の概念に本質的に優越しえないからである。[17]

このように幸福追求の自然権によって各人は、自分が思い描く幸福を追求する権利をもち、各人が思い描く幸福は、他のいかなる幸福の概念にも優越するものではない。それゆえ国家は、個々人の幸福追求に積極的に干渉すべきではなく、ただ人々の幸福追求の条件である、自由と財産そして生命の安全を保障する。
こうして各人が自分の幸福のためにさまざまな目的を追求する社会の領域（私的領域）と個々人が幸福を追求するための条件を保障する国家とが分離し[18]、宗教・科学・芸術・経済など人間の活動は、国家とは区別される社会の領域に属するものとなった。リベラリズムにおける国家と社会の分離である。ではそうしたリベラリズムは、ユダヤ人問題とどのように関連しているのだろうか。

ここでは、ユダヤ人問題をユダヤ人に対する差別の問題として、シュトラウスの「『スピノザの宗教批判』への序文」をもとに、リベラリズムの限界に関するシュトラウスの議論を辿ってみよう。

中世において、宗教、つまりカトリック・キリスト教が社会の紐帯だったと主張するシュトラウスは、中世の最も特徴的な活動が十字軍の活動であり、その十字軍の活動がユダヤ人共同体全体の殺戮にまで至ったのは偶然ではなかったと述べている。一方で、リベラル・デモクラシーによれば、社会の紐帯は、普遍的な人間の道徳性であり、宗教（実定宗教）は、私的な事柄である[19]。このことが、ヒトラーが政権を獲得する前に、多くのドイツのユダヤ人がリベラリズムによってユダヤ人問題が解決されたと信じていたことと関連している。

シュトラウスによれば、ドイツのユダヤ人とは、ユダヤ教を信じているドイツ人であり、そのドイツのユダヤ人は次のように想定していたという。つまり、ドイツの社会ないし文化は言うに及ばず、ドイツの国家は、キリスト教徒とユダヤ教徒との間にある差異、あるいは非ユダヤ人とユダヤ人との間にある差異に対して、中立である、また中立であるべきだということである[20]。ところが、そうしたドイツのユダヤ人の想定は、ドイツの最も強力な部分、それゆえドイツに受け入れられなかったという。結局、両者によって等しく承認された上位の者がいない場合、ドイツのユダヤ人がドイツ人であることを判定する者は、非ユダヤ人のドイツ人であるようだとシュトラウスは主張している[21]。つまり、ユダヤ人をドイツ社会の平等な一員として認めるか否かは、ドイツ社会で多数を占める非ユダヤ人によって決定されてしまう[22]。

ドイツのユダヤ人はワイマール共和国が成立したことにより、はじめて十分な政治的権利を獲得した[23]。しかし、ユダヤ人問題に対するリベラルな解決策は、法的平等をもたらしただけで、社会的な平等をもたらさなかった。理性の要求としてのリベラルな解決策は、非ユダヤ人の感情には何の効果も有しなかったとシュトラウスは述懐している[24]。

シュトラウスによれば、リベラリズムが成立するか否かは、国家と社会の区別、つまり、法によって保護されるが、法に影響されない私的領域を承認することにかかっている。そして、リベラリズムにおいて、宗教は私的領域に属する[25]。リベラルな国家において宗教は私的領域に属するものであるため、リベラルな国家は、確かにユダヤ人市民を宗教的な差異によって、「差別」しないであろう[26]。

しかし、シュトラウスにとって、それは同時に、リベラルな国家が、諸個人や諸集団におけるユダヤ人に対する「差別」を防ごうとしないことと表裏一体であった[27]。シュトラウスからすれば、リベラルな国家がそうした意味で私的領域を承認することは、私的領域の「差別」を容認し、ひいては「差別」を助長するに等しかったのである[28]。

シュトラウスは、ユダヤ人問題を解決するためには、私的領域のなかで起こる、あらゆる種類の「差別」を法的に禁止しなければならないであろうと述べる。しかし、そうした解決策は、シュトラウスにとって、私的領域を廃止し、国家と社会の区別を否定するようなものであり、リベラルな国家を破壊することにつながる[29]。そしてシュトラウスは、リベラルな国家を破壊することもまた、決してユダヤ人問題を解決しえないであろうと指摘する[30]。なぜなら、ソ連に見られるような反ユダヤ主義的な政策による解決と比較すれば、リベラルな国家によって提供される容易ではない「ユダヤ人問題の解決策」のほうが、明らかに優れているからである[31]。だが、リベラル・デモクラシーであったワイマール共和国は、まさに反ユダヤ主義を掲げる独裁体制によって引き継がれていった。そのことをシュトラウスは、次のように述懐している。

ワイマール共和国は、ユダヤ人に対する殺人的な憎悪以外なんら明確な原則も有しない唯一の体制――かつて、どこにも存在しなかったような唯一の体制――によって継承された。というのも「アーリア人」とは、「非ユダヤ人」ということ以外、なんら明確な意味をもっていなかったからである。ヒトラーが、プロシアからでも、またビスマルクの帝国からでさえ出現しなかった事実を心にとどめておかなければならない。(32)

シュトラウスは「その成員にあらゆる非寛容な態度を容認する社会は、すぐに寛容であることをやめてしまう」と述べる。(33)それは、当時、リベラル・デモクラシーに依拠するワイマール体制が反ユダヤ主義を標榜するナチスの体制によって引き継がれた事実により明らかとなったといえよう。(34)

ヒトラーは、全権委任法を成立させることによって、独裁的な権力を手中に収めた。そして、数多くの反ユダヤ主義の法律を制定し、ユダヤ人弾圧を強めていく。やがてヒトラーは、ユダヤ人問題の最終的解決をユダヤ民族の絶滅に求めていった。ドイツのユダヤ人が抱いた希望は跡形もなく潰えたのである。

ワイマール体制は、非寛容なナチスの体制へと引き継がれた。それは、寛容な体制が、非寛容な体制に簡単に移行してしまうというリベラリズムの脆弱性を示している。ドイツにおいてリベラル・デモクラシーは脆弱であり、その強固な基盤を有しなかったがゆえに、非寛容な政治勢力に対抗できず、やがて非寛容な政治勢力の台頭を許し、崩壊してしまったのである。

第二節　シュミットと政治的なもの

ヒトラー政権が成立する前年の一九三二年、カール・シュミットは、『政治的なものの概念』（一九三二年版）を通じて、政治的なものを否定するリベラリズムへの批判を展開する。

また、当時ほとんど無名の若い学者であったシュトラウスは、その論文に対する注解という形で一九三二年、「カール・シュミット『政治的なものの概念』への注解」を発表した。ワイマール体制が崩壊する前夜に両者が問題にしたのは、リベラリズムと政治的なものに対する態度をめぐる問題であった。

シュミットとシュトラウスは、ナチス体制成立直前の危機の時代に、政治的なものに対する態度をめぐって議論を展開する。その議論のなかで、シュミットの政治的なものに対する態度に向けられたシュトラウスの批判は、その後のシュトラウスの政治哲学の形成のうえで重要な契機となっている。

後にナチスの桂冠法学者となり、カトリックの影響を受けたシュミット。一方で、敬虔なユダヤ教徒の家庭に生まれ、シオニストとしての活動に参加し、ナチスの体制成立直前にドイツを離れたユダヤ人シュトラウス。両者には、その出自やその後の経歴から、大きな隔たりがあるように思われるが、若い頃のシュトラウスは、ロックフェラー財団の奨学金を受ける際にシュミットの助力を受けるなど、シュミットと親和的な関係にあった。(35) その両者が政治的なものをめぐって、それぞれの見地から態度を明確にする端緒となったのが、シュミットの『政治的なものの概念』である。ハインリッヒ・マイアーは、シュミットとシュトラウスが、直接的にではなく、『政治的なものの概念』をめぐって対話が成立していたことをその研究書において詳細に論じている。(36)

ここでは、シュミットの『政治的なものの概念』を仔細に検討し、シュミットのリベラリズム批判の内実とシュミットの政治的なものに対する態度を明らかにしていく。まさに『政治的なものの概念』は、シュトラウスが、政治的なものに対する態度においてシュミットとは別の道に進む分岐点となったといえよう。

シュミットは、ワイマール体制が依拠するリベラリズムに対して批判の矛先を向ける。一体、シュミットは、リベラリズムの何を批判するのか。シュミットのリベラリズム批判の根底には、彼の政治的なものに対する独特な理解がある。

シュミットにとってまず政治的なものは、「特殊な意味でのすべての政治的行動が由来する、それ固有の究極的区別にある」[37]。その究極的区別とは友と敵という区別である。この場合の敵とは、シュミットによれば、他者・異質者であり、その本質は実存的に他者・異質者というだけで十分である。そして極端な場合には、敵との紛争(Konflikte)が起こりうるのであって、シュミットにとってこの紛争は、前もって定められた一般的な規定によっても、「関与しておらず」それゆえ「党派的でない」第三者の判定によっても、決着がつけられることはない。紛争に関する正しい認識と理解、およびそれによって紛争に参与し、判定を下す権限は、実存的にその紛争に関与し、参加することによってしか与えられない。シュミットによれば、極端な紛争の場合には、ただ当事者自身だけが相互間で決着をつけることができる[38]。

シュミットによると、敵という概念は、闘争が現実に偶発する可能性を必要とする。戦争とはまさに、組織化された政治的単位間の武装闘争であり、内乱とは組織化された単位内部での武装闘争である[39]。そしてシュミットは、闘争について次のように述べている。

ここで闘争という言葉は、敵という言葉とまったく同様にその本来の意味で理解されるべきであり、闘争とは競争を意味するのではなく、また議論の「純粋に精神的な」闘争でもなく、さらには、人間の生全体がともかく「闘争」であり、すべての人間が「戦士」であるがゆえに、結局すべての人間が何らかの方法で常に行っている象徴的な「格闘」でもない。友・敵、そして闘争という諸概念がその現実的な意味をもつのは、それらがとりわけ物理的殺害の現実的可能性と関連し、またそれと関連し続けることによってである。[40]

シュミットは、政治と闘争とを密接に結びつけている。そして、シュミットはその闘争をもっぱら物理的殺害の現実的可能性との関連で理解しようとする。そうした物理的殺害の現実的可能性と関わる組織化された政治的単位間の武装闘争こそ、戦争であった。

ただここで誤解のないように述べておくと、シュミットにとって戦争は、決して日常的なものでも、正常なものでもなく、まして理想的なものでも、望ましいものでもない。また戦争は政治の目的でも政治の内容でもない。しかし、シュミットによると、敵という概念がその意味を保持する限り、戦争は現実的可能性として存在し続けなければならない。[41]

シュミットにとって、戦争とは「危急事態（der Ernstfall）[42]」であり、闘争や戦争といった「例外事態（der Ausnahmefall）[43]」が事物の核心を暴露する意義をもっている。[44]というのも友と敵の政治的な集団化の究極的な帰結は、現実の闘争において初めて現われるからである。またその闘争の究極的可能性から人間の生は、それ固有の政治的緊張を獲得するとシュミットは主張する。[45]

このようにシュミットにとって、政治的なものを規定しているのは、友と敵の集団化であり、闘争そして戦争である。ただ政治的なものは、闘争自体にあるのではなく、闘争の現実的可能性によって規定された態度に、またそれによって規定された自己の明瞭な状況の認識に、さらに友と敵を正しく区別する課題にあるという。[46]

シュミットは、こうした政治的なものの概念を前提として、さらに国家の特質について次のように論じている。本質的な政治的単位としての国家には、交戦権、すなわちいざというとき、自らの決断に基づいて敵を決定し、敵と戦う現実的可能性が帰属している。[47]この交戦権を保持しているがゆえに、決定的な政治的単位としての国家は途方もない権限をもつ。それは戦争を遂行し、それによって公然と人間の生命を意のままにする可能性である。交戦権に人間の生命を意のままにする権限が含まれていることは、自国民に死の覚悟と殺害する覚悟とを要求するとともに、敵側の人々を殺害するという、二重の可能性があること意味している。シュミットに関するかぎり、政治的共同体としての国家は、人間の身体的生命に対する支配権によって他のあらゆる種類の共同体ないし団体を超越している。[48]

こうした認識に立つシュミットは、リベラリズムが政治的なものに対して示す応答に反感を抱いていた。もし戦争ともなれば、国家は、時に生命の犠牲を国民に要求せざるをえない。[49]しかし、次のシュミットの記述に示されているように、リベラリズム的思考の個人主義においては、そうした国家の要求を達成することも、根拠づけることもできない。というのも、個人主義においては、個人だけがその身体的生命を意のままにすることができるからである。

個人において、当人が個人的に望まないなら、生死を賭して戦わなければならないような敵は存在しない。当人の意志に反して、個人に闘争を強いることは、いかなる場合でも私的個人からみて、不自由であり、暴力である。あらゆるリベラルな情熱が、暴力と不自由に対して反発する。原理的に無制限の個人的自由に対する、そして私有財産および自由競争に対する、あらゆる侵害、あらゆる危険も「暴力」と呼ばれ、それゆえにこそ悪なのである。かようなリベラリズムが国家および政治について依然認めることとは、自由の諸条件を保障し、自由のさまざまな障害を取り除くことに限定される[50]。

さらに、こうしたすべての解消は、国家と政治を、一部では個人主義的な、それゆえ私法的な道徳に、そして一部では経済的な諸範疇に従属させ、その特殊な意味を奪うことを目指しているとシュミットは批判する[51]。シュミットにとって、戦争という「危急事態」ないし「例外事態」の現実的可能性は、常に政治的なものの前提にあるべきものだった[52]。それゆえシュミットからすれば、生命の犠牲を要求する戦争時の国家の要求を否定するリベラリズム、とりわけその個人主義は、政治的なものを否定するものとして位置づけられている[53]。

そしてシュミットは次のような問題提起のもとに、政治的なものを否定しようとする傾向に対して疑問を呈する。その疑問とは、戦争そのものを悪として根絶しようとする試みが一体いかなる結果をもたらすのか、ということである。

シュミットは、戦争を根絶しようとする平和主義者の試みを「戦争に反対する戦争（ein Krieg gegen den Krieg）」として描いた。「戦争に反対する戦争」、それは戦争に反対する平和主義者と非平和主義者との間で繰り広げられる戦争のことである。シュミットはこの「戦争に反対する戦争」を「人類の最終究極戦争」と位置づけ、「戦争に反対する戦争」は最も激烈で非人間的な戦争へ発展せざるをえないと指摘している[54]。

そのような戦争は必然的にきわめて徹底的で非人間的な戦争（unmenschliche Kriege）である。というのもそのような戦争は、政治的なものを超えて、敵を同時に、道徳的にも、またその他の諸範疇においても蔑視し、ただ攻撃を防ぐだけでなく、徹底的に絶滅せざるをえないような非人間的な怪物へと変えてしまうからだ。またそのような敵はもはや自国の領土に追い返されるべき敵ではないからである[55]。

シュミットは、こうした「戦争に反対する戦争」の可能性においてこそ、今日においてもなお戦争が現実的可能性として存在すること、そしてただそのことだけが、友と敵の区別そして政治的なものの認識にとって重要であると主張する。[56]ではここでシュミットのいう、政治的なものの認識にとって重要なこととは一体何か。

戦争に反対する者は、戦争を根絶しようとするなら、非平和主義者をただ撃退するだけでは十分ではない。戦争に反対する者にとって非平和主義者は道徳的に軽蔑されるべき敵であり、絶滅させなければならない敵である。シュミットが友・敵関係によって政治的なものを見つめ、そして政治的なものを否定するリベラリズムの個人主義を批判するのは、彼が好戦的だからではなく、政治的なものを否定する傾向が欺瞞に満ちたものだからである。友と敵の集団化によって規定された政治的なものから逃れることなどできない。たとえ政治的なものを否定しようとしても、その否定しようとする努力自体が、最も激烈な友と敵の対立となってあらわれるであろう。シュミットにとって政治的なものは逃れられないものであり、政治は依然として運命であり続ける。[57]

こうしたシュミットの見解に注目する人物が、シャンタル・ムフ（Chantal Mouffe, 1943- ）である。ムフによると、リベラリズムは、人種的差異、宗教的差異といった分裂の要因になりかねない問題を私的領域に追いやってしまえば、手続きに関する合意だけで社会に存在する多元的な利益は十分調整されうると想定していた。[58]ここでムフは、シュミットの見解に依拠して次のように指摘する。

しかしながら、シュミットの見解によれば、政治的なものを根絶しようとするこうしたリベラリズムの試みは失敗する運命にある。なぜなら、政治的なものも、非常に多様な源泉からその力を得ており、政治的なものは馴化させられないからである。[59]

ムフはシュミットの政治的なものの概念を完全に肯定しているわけではない。ただシュミットの次のような点についてはその説得力を認めている。つまりシュミットが、私的領域に存在するあらゆる対立的争点から隔絶された中立的領域として政治を描くリベラリズムの欠陥を暴露した点である。[60]

政治を、私的領域のあらゆる対立的争点から隔絶された中立的領域として描くこと、それはシュトラウスがユダヤ人問題との関連で指摘したリベラリズムの陥穽の議論と類似点を持つ。

シュトラウスは、ワイマール体制当時のリベラリズムの陥穽を次のように論じていた。リベラルな国家は、宗教を私的事柄とし、宗教的差異によって国民を差別することはない。それは国家が宗教的差異に対して中立的な態度をとることを意味している。しかし、ユダヤ人差別は依然として社会の私的領域で横行した。国家がたとえ、個々人の宗教的差異に中立であっても、私的領域では、そうした差異によって差別や対立が生じる。リベラルな国家が、差別や対立の要因となるものを私的領域に追いやることによって差別を解消するどころか、かえって差別を容認し、助長してしまうという問題をシュトラウスは、リベラリズムの陥穽として指摘していた。

シュミットによると、いかなる宗教的・道徳的・経済的・人種的あるいはその他の対立も、それが人間を友と敵に集団化させるほど実際に十分強力であるならば、政治的対立へと変化する。[61] 政治的なものは、人間生活の様々な分野、つまり宗教・経済・道徳といった分野の対立からその力を得ており、そこから常に友・敵関係が現出する。[62] そのため、友と敵の集団化の必然性を理解することが、政治的なものに対する透徹した理解と政治的なものに対する真剣な態度を生みだす。しかし、リベラリズムの個人主義はそうした友と敵の集団化の必然性を認識しえない。

シュミットは戦争が決して政治の目的ではないことを強調する。しかし、「それでも戦争は、現実的可能性として常に存在する前提であり、この前提が、人間の行動と思考を独特な仕方で規定し、それによって特殊政治的な態度を生じさせる」という。[63] シュミットにとってそうした態度を放棄することは、政治家のみならず、国民が政治的に生きることを放棄するに等しい。友と敵を区別すべく自ら決断することにこそ、国民が政治的に存在することの本質があったからである。そのような区別をする能力あるいは意志を欠くとき、それは国民が政治的に存在することをやめるときである。[64]

シュミットが指摘するリベラリズムの欠陥は、まさにリベラルな国家が、政治のリアリズムに対応できない点にある。敵を認識しえないリベラルな国家は、敵に対する対抗策を講ずることができず、その脆弱さゆえに、崩壊するであろう。シュミットが「政治的なものの概念」を執筆した当時、ワイマール体制はそうした危機的状況にあった。

第二節　シュトラウスのシュミット批判

シュミットがそのリベラリズム批判を通じて強調したことは、友と敵の集団化によって規定される政治的なものから我々は逃れることができないということだった。そしてシュミットは、政治的なものを否定しようとするリベラリズムの個人主義に対抗して政治的なものを承認する。政治的なものの承認に依拠するシュミットの議論は、ムフの解釈に示されているように、友・敵関係に対処しえないリベラリズムの欠陥を暴いた。

しかし、シュトラウスからすれば、シュミットは、リベラリズムをその根底から批判することはできない。なぜならシュミットのリベラリズム批判は、リベラリズムの地平に留まっているからである。

本節では、政治的なものに対する価値判断の可能性を中心論点として、シュトラウスが「カール・シュミット

『政治的なものの概念』への注解」のなかで展開するシュミット批判の核心を明らかにしたい。シュトラウスの政治哲学は、政治的なものに対する価値判断を必然的なものとして設定するのであるが、シュトラウスからすれば、シュミットは政治的なものに対する価値判断を閉ざす方向に向かう。果たして、シュミットが政治的なものに対する価値判断の可能性を閉ざした理由をシュトラウスはどこに求めるのだろうか。またシュトラウスのシュミット批判は、その後のシュトラウスが独自の政治哲学を形成していく過程において、どのような意義を持っているのだろうか。

まずシュトラウスは、明確にシュミットの立場を次のように位置づける。シュミットにとって「政治的なものは全く価値判断されえないものであり、またある理想に則してはかられることもありえない」[65]。また政治的なものに適用されると、あらゆる理想は「抽象的な概念」にほかならず、あらゆる「規範性」は「虚構」にほかならない[66]。その理由をシュトラウスは、シュミットの記述を引用しつつ、次のように説明する。

> というのも、政治的なものは人間による人間の「物理的殺害の現実的可能性」と関連して構成されているからであり、「人間が互いに殺し合うことを正当化しうるような、いかなる合理的な目的、またどんなに正しい規範、どんなに模範的な綱領、どんなに美しい社会的理想も、そしていかなる正当性ないし合法性も決して存在しない」からである[67]。

シュミットにとって政治的なものは、戦争の現実的可能性を前提としていた。それはまさに政治的なものが、人間による人間の「物理的殺害の現実的可能性」と関連して構成されていることを意味している。こうした政治的なものの暴力的性格から、シュミットにとって政治的なものに適用される規範性は、虚構にすぎない。それは先述した「戦争に反対する戦争」によって示されている。シュミットが「戦争に反対する戦争」によって示したこととは、戦争そのものを悪として根絶しようとする努力そのものが戦争へと発展すれば、それは決して人道的ではなく、かえって非人道的な悲惨な結果をもたらすという矛盾である。(68)

政治的なものと道徳的な価値との結合は、シュミットにとって危険に満ちたものであった。先述したように、「戦争に反対する戦争」において戦争を根絶しようとするなら、非平和主義者をただ撃退するだけでは十分ではない。戦争に反対する者にとって非平和主義者は道徳的に軽蔑されるべき敵であり、絶滅させなければならない敵となる。

そもそもシュミットにとって人間による人間の「物理的殺害の現実的可能性」と関連して構成されている政治的なものは、善・悪、そして正義・不正といった道徳的な価値や目的と相容れない。いかなる道徳的価値も人間が互いに殺しあうことを正当化することはできない。自らを善あるいは正義とし、敵を悪あるいは不正なる存在として戦う戦争は、敵の存在そのものを絶滅せんとする戦争へとエスカレートするだろう。シュミットは、双方の側がもつ真・善・正義の確信が最悪の敵対関係をもたらすことを、ホッブズの正しい認識として取り上げている。(69)シュミットは、政治的なものの暴力的性格および敵対的性格から、政治的なものに対する価値判断のあらゆる可能性を閉ざした。

しかし、こうしたシュミットの態度は、シュトラウスからすれば、結果的に政治的なものに対する無批判的な記述を伴うことになる。シュミットにとって、政治的なものの現象はただ友と敵の集団化の現実的可能性と関連づけることによってのみ理解されうるものであるが、その結果として政治的なものに対する、どのような宗教的・道徳的・美的・経済的評価が生じるかはどうでもよいことであった。(70)そうしたシュミットの態度は、シュトラウスからすれば、ホッブズの態度とは根本的に異なっていた。リベラリズムの創始者であるホッブズは、自然状態を万人の万人に対する闘争状態として、それ自体存立不可能なものとして批判的に記述した。シュトラウスによると、それとは対照的にシュミットは、友と敵の集団化によって規定された政治的なものを無批判的に記述する。(71)

ただここで注意しなければならないのは、シュミットが政治的なものを無批判的に記述するといっても、それはシュミットが自らの価値判断から完全に離れて、ただ政治的なものを現実に即してあるがままに記述しようとしているわけではないことである。シュトラウスは、シュミットの政治的なものに対する態度の背後に、シュミットのある矛盾した態度があることを明らかにしていく。それはシュミットが、ただ単に政治的なものの現実を承認するだけでなく、脅かされた政治的なものを擁護し、そして政治的なものを積極的に是認していることから次第に明らかになる。(72)

なぜシュミットは、政治的なものを積極的に是認しようとしたのか。これよりシュトラウスの解釈に依拠しながら、その理由についてみていくことにしよう。

まずシュミットにとって、政治的なものが消滅した世界とは、「友と敵の区別が存在しない世界」、そして「消費と生産の協同組合（die Konsum-und Produktivgenossenschaft）」(73)としての完全に非政治的な「世界国家」である。(74)「消費と生産の協同組合」としての世界国家とは、敷衍して述べるならば、ただ生産活動と消費活動が繰返されるだけの世界、(75)人々がただ「現状の安全性」に甘んじているだけの世界である。かかる世界のなかで人々は、人間の自然に「排他的な集団を形成するという一次的な傾向がある」こと、そして友と敵の集団化が人間の自然とともに与えられていることを忘却してしまう。(76)シュトラウスによると、そうした世界は、シュミットにとって「娯楽の世界（eine Welt der Unterhaltung）」(77)であった。

その「娯楽の世界」はまたシュミットにとって真剣さが欠如した世界である。そこでは、友と敵に集団化する人間の危険性が忘却され、またそれとともに友と敵を区別すべく生死を賭けて決断するような、人間の真剣さが欠落している。[78]かかる問題意識をもつシュミットは、世界が「娯楽の世界」にならないために、友と敵の集団化によって規定された政治的なものを是認する。政治的なものを是認するシュミットの態度は、自然状態（ただし諸集団の、とりわけ諸国民の戦争状態）の是認である。[79]ホッブズは自然状態を否定し、克服することによってリベラリズムを構築したが、シュミットは自然状態を是認することによってリベラリズムに対抗する。[80]シュミットは自然状態を是認することで人々に友と敵に分かれ互いに対立しあう人間の危険性を想起させようとしている。[81]ただシュミットの本来の意図として、自然状態の是認は決して戦争の是認を意味しない。自然状態の是認は「現状の安全性を放棄すること」を意味しており、[82]シュミットは世界が娯楽の世界にならないための唯一の保証を政治と国家に求めた。[83]

以上のように、シュミットがリベラリズムを批判し、政治的なものを是認する背景には、政治的なものと同時に人間の真剣さが消滅した娯楽の世界に対する嫌悪があったとシュトラウスは分析している。ただシュミットが、そうした娯楽の世界に対する嫌悪感を明確に持っていたのか、議論の余地があることは否めない。それは、シュトラウスの分析であり、シュミットの政治的なものの背景に、実際に娯楽の世界に対する嫌悪があったのか、シュトラウスの推測の域を出ない部分があるのは否定できないであろう。

ただ「シュミットの政治的なものの是認の背後にあるもの」についてのシュトラウスの分析は、その後のシュトラウスの政治的なものに対する姿勢に大きな影響を与えたのは間違いない。そして、次のシュトラウスの記述にみられるように、シュトラウスの見るところ、シュミットの政治的なものの是認の背後には、人間の真剣さに対する危機感だけでなく、人間の生存そのものに関する危機意識があった。シュトラウスは、人間生活において政治的なものが占める位置についてのシュミット独特の見解を次のように明らかにしている。

だから人道のために政治的なものを根絶しようとする試みは、その必然的な結果として非人間性を増大させるだけである。それゆえ政治的なものは、人間生活の基本的性格であると言われるとき、換言すれば、人間は、政治的であることをやめることによって人間であることをやめると言われるとき、それはまさに次のことを意味している。すなわち人間は政治的であることをやめるとき、人道的（人間的）であることをやめるということである。[84]

シュトラウスからすれば、シュミットにおいて、政治的なものこそが、人間生活の基本的生活を規定している。[85]政治的なものを否定し、さらにそれを根絶しようとする試みは、戦争に反対する戦争に示されているように、非人道的（非人間的）な悲惨な結末を生む。シュミットは明確に次のように主張していた。つまり、「そのような戦争は、政治的なものを超えて、敵を同時に、道徳的にも、またその他の諸範疇においても蔑視し、ただ攻撃を防ぐだけでなく、徹底的に絶滅せざるをえないような非人間的な怪物へと変えてしまう」、そして「戦争に反対する戦争」は最も激烈で「非人間的」な戦争へ発展せざるをえない。そこでは明らかに、シュミットは、「非人間的（unmenschliche）」という言葉を用いている。

人間が政治的であることをやめようとすれば、その試みは非人道的（非人間的）な結末をもたらす。よって我々は、人道という観点から政治的であることをやめるわけにはいかない。シュトラウスによれば、シュミットは、リベラリズムによって政治的なものが脅かされていることに、人間の真剣さだけでなく、人道性そのものが脅かされていることを察知し、政治的なものを是認する。[86]ここでシュミットの態度の矛盾が露わになる。つまり、政治的なものに対する価値判断を閉ざしたにも関わらず、シュミット自らが政治的なものを、道徳的なもの（人間の真剣さ及び人道性）を基準として価値判断しているからである。

このことから、シュトラウスは、シュミットの政治的なものに対する態度の矛盾をつく。つまりシュミットにとって政治的なものの是認は、結局のところ、道徳的なものの是認にほかならない[87]。シュトラウスは、シュミットがジレンマに陥ってしまったことを見抜いていた。シュミットは、政治的なものに対して、人間の真剣さや人道といった道徳的な観点から価値判断を下している。

ただその一方で、シュミットの内面では、政治的なものの本質への理解から、政治的なものを価値判断する態度への疑念が芽生える[88]。そのようにシュミットの内面の葛藤を見抜いたシュトラウスは、シュミットが政治的なものを価値判断することに疑念を抱いたもう一つの理由をシュミットの記述を引用しつつ次のように説明する。

というのは、政治的なものを価値判断する立場は、「自由な、制御できない決心であり、自由に自ら決心する者以外の人には関わりのない決心」であろうし、本質的に「私的な事柄」ということになろうからである。しかし政治的なものはあらゆる私的な好みから隔絶されたものである。政治的なものは私的なものを越えた拘束力ある性格をもっている[89]。

すでに言及したように、シュミットによると、戦争ともなれば、国家は、場合によっては、国民に生命の犠牲を要求せざるをえない。戦争という例外事態で、国家の要求は私的なものを越えた拘束力をもっている。

一方、リベラリズムの個人主義的な立場からすれば、ただ当人だけがその身体的生命を意のままにできる。当人の意志に反して戦いを強いることは、私的個人からみて、自由に対する侵害、そして暴力であり、それゆえ悪であると価値判断される。ホッブズの自己保存の自然権からすれば、個人に暴力的死を強制することは悪である。そうした個人主義的な立場から政治的なものを価値判断の対象とすることは、シュミットにとって、政治的なものを価値判断という私的な事柄に拘束することであり、私的なものを越えた政治的なものの拘束力を否定することであった。

こうしたシュミットの見地をシュトラウスがどのように捉えていたのか。次のように要約することができるだろう。つまり、政治的なものを人間の真剣さや人道といった道徳的な観点から価値判断する立場に立つことは、政治的なものを価値判断するという点でリベラリズムの個人主義と同じ立場に立つことを意味する。そのため、シュミットは、自己矛盾に陥るのを避けるように政治的なものの是認の背後にある自らの道徳的な価値判断を隠蔽した[90]。シュミットは、首尾一貫した態度を示すために、自らの道徳的な価値判断を隠蔽しつつ、政治的なものに対する価値判断のあらゆる可能性を閉ざす。シュミットにとって、あくまで政治的なものが道徳的なものに優越し、また政治的なものは、道徳的な問題から切り離して是認されなければならない。

では、道徳的なものに対する政治的なものの優位を認め、道徳的なものを問題にせずに政治的なものを是認することが何を意味するのか。シュトラウスは、ここにおいてシュミットの政治的なものに対する態度への鋭い批判を次のように披瀝する。

> さて我々は、道徳的なものを問題にせずに政治的なものを是認することとは何か、道徳的なものに対する政治的なものの優位が何を意味するのかを根本的に明らかにしてみよう。政治的であるということは、「危急事態」に対応していることを意味する。それゆえ政治的なものをそれ自体として是認することは、闘争をそれ自体として是認することであり、何のために戦われるかということに関してまったく無関係なのである。それと関連して次のように言うことができる。すなわち政治的なものをそれ自体として是認する者は、あらゆる友と敵の集団化に対して中立的な態度をとるということである[91]。

シュトラウスによると、この中立的な態度という場合の中立性は、政治的なものをそれ自体として否定する者の中立性とは区別される。政治的なものをそれ自体として是認し、あらゆる友と敵の集団化に対して中立的な態度をとる者は、政治的集団から外に出ようとはしないし、私的な人間として生きようともしない[92]。政治的なものを是認する者は、自らも政治的集団に参加して戦おうとする意志をもつ。

それゆえ政治的なものをそれ自体として是認する者は、決断を回避しようとはせず、まさしく決断を待ち受けているとして、シュトラウスはシュミットがリベラリズムと同一の地平に立っていることを次のように喝破する。

> 政治的なものをそれ自体として是認する者は、戦おうとする者すべてを尊敬する。つまり彼は、リベラリストと同じように寛容である——ただし正反対の意図からではあるが。リベラリストはあらゆる「誠実な」確信を、それが法的秩序や平和を神聖なものとして承認するかぎり、尊敬し、そうした確信に対して寛容であるが、政治的なものをそれ自体として是認する者は、あらゆる「真剣な」確信、すなわち戦争の現実的可能性に向けられたあらゆる決断を尊敬し、そうしたあらゆる決断に対して寛容なのである[93]。

結局シュトラウスからすれば、シュミットは、リベラリズムに対する根底的な批判を為しえない。なぜならシュミットのリベラリズム批判は、リベラリズムと同一の地平で遂行されているからである。リベラリズムと同一の地平に立っているとは、シュミット自身が、「リベラリズム的思考の体系性」に囚われてしまっていることを意味する[94]。

ではその「リベラリズム的思考の体系性」とは一体何か。ここでシュトラウスの指摘から読み取れるのは、寛容の思考様式である。リベラリストはあらゆる「誠実な」確信を、それが法的秩序や平和を神聖なものとして承認するかぎり、尊敬し、そうした確信に対して寛容である。それと同じように政治的なものをそれ自体として是認する者は、戦争の現実的可能性に向けられたあらゆる決断を尊敬し、そうしたあらゆる決断に対して寛容な態度をとる。

シュトラウスにとって、シュミットは、政治的なものを是認することによって、娯楽の世界を拒否し、人間世界に秩序を取り戻そうとしたものの、政治的なものを無批判的に是認することによって、結果的にシュミットには、戦争の現実的可能性に向けられたあらゆる決断を許容してしまう危険が常につきまとう。それは、シュトラウスにとって、秩序をもたらすどころか、世界を危険に陥れるものでしかない。

シュミットの政治的なものに対する態度は、政治的なものの不可避性、そして道徳的なものとは相容れない政治的なものの性質を理解しているという点で確かに卓越した現実感覚を備えていた。しかしそれは一方で様々な矛盾や危うさを抱えている。とりわけシュミットが結果的に、自らの政治的なものに対する価値判断を隠蔽しながら、政治的なものに対する価値判断のあらゆる可能性を閉ざし、政治的なものをそれ自体として無批判的に是認することは、シュトラウスにしてみれば、友と敵の集団化と、戦争に向けた決断とを無批判的に許容することであった。

政治的なものと道徳的なもの、そして政治的なものに対する道徳的な見地からの価値判断の可能性、それらは、シュトラウスが自らの政治哲学を形成していくうえで、避けては通ることのできない論点であった。政治的なものに対する価値判断の可能性を閉ざすことは、政治哲学の存立基盤を危うくする。シュトラウスがその政治哲学を展開するうえで、シュミット批判が大きな分岐点の一つとなった。その後、シュトラウスは、中世イスラム圏の哲学者マイモニデスについて、さらにイギリスではホッブズについて本格的な研究に取り組むことになった。そして、彼は、本書でも後に言及する、過去の哲学者・思想家の著述の技法に関する研究、そして、ソクラテス、プラトンやクセノフォンといった古代ギリシャの政治哲学者に関する研究、そして自然権等へとその研究の幅を広げていく。ではシュトラウスが再生させようとする政治哲学とは、どのような学問であったのか。本書では、その政治哲学の特徴を明らかにするために、まず、シュトラウスの「政治哲学とは何か（What is Political Philosophy?）」（一九五九年）という論考に記述されている政治哲学の解説について考察していく。その際、本書は、第一章で言及したシュトラウスのシュミット批判を受け継ぐ形で、シュトラウスの政治哲学の特徴について分析する。そのシュミット批判から多くの年月を経ているにも関わらず、シュトラウスが確立した政治哲学の特徴は、なおもシュミットとの対比において明確になると考えるからである。

第二章　シュトラウスの政治哲学と古典的政治哲学

第一節　政治哲学とは何か

シュミットは、究極的に暴力を手段とする政治と善や正義といった道徳的なものとの緊張関係・懸隔を強調した。それに対してシュトラウスは、善や正義といった道徳的な基準によって政治的なものを見つめ、理解しなければならないと説く。そこには、シュトラウスのどのような意図が隠されているのだろうか。

シュトラウスの論考「政治哲学とは何か」では、彼の政治・政治哲学・哲学への考え方が端的に示されている。まず、シュトラウスは、政治哲学が出現する前提について次のように述べる。

あらゆる政治活動は、保存か変革かのいずれかを目指す。我々がいまの状態を維持しようとするとき、我々はより悪しき方向に変化することを阻止しようとする。我々が変革を望むとき、我々はより善きことを成し遂げようとする。それゆえあらゆる政治活動は、より善きこととより悪しきことに関する思考によって導かれている。しかし、より善きことないしより悪しきことに関する思考は、善に関する思考を含んでいる。我々のあらゆる行動を導く善の意識は、意見（opinion）という性格をもっている。それはもはや問題にされることはないが、よく考えてみれば、疑問の余地があることが判明する。まさに我々がそれを問題にすることができるという事実は、もはや問題にされえない善に関する思考へと――つまりもはや意見ではなく、知識であるような思考へと向かわせる。それゆえあらゆる政治的行動は、それ自身において、善の知識、つまり善き生や善き社会の知識へと向かう方向性をもっている。というのも、善き社会は、完全な政治的善だからである。[1]

このようにシュトラウスによれば、政治活動を導くのは、善に関する思考であり、それはまず善に関する意見として表出する。善に関する意見は疑問の余地を内在させており、その意見を問題にすることができるという事実は、もはや意見ではなく、善の知識、善き生や善き社会の知識へと向かわせる。その方向性が明らかになったとき、つまり人々が、善き生や善き社会の知識を獲得することを自分たちの明白な目的として設定したとき、政治哲学が出現するという。[2]

そしてそのような知識の探求を政治哲学と呼ぶことで、政治哲学は、より大きな全体としての哲学の一部分を形成していることを暗示しているという。ここでシュトラウスは、「政治哲学（political philosophy）」という表現における、「政治的（political）」と「哲学（philosophy）」という二つの言葉の表わす意味について次のように説明している。まず「哲学」とは、根底に至りかつ包括的な取り扱いの方法を示している。そして「政治的」とは、主題と機能を示している。よって政治哲学は、政治的な事柄を、政治的生活にとって適切とされるような方法において取り扱う。政治哲学の主題は、政治的行動の究極的な行動と同じであり、人類の偉大な目的、つまり自由と統治ないし統治権（government or empire）、すなわちすべての人間をして、その惨めな自己を超越させる諸目的である。(3)

またシュトラウスは哲学と政治哲学との学問的関係について次のように説明する。まず政治哲学は、政治的生活、非哲学的生活、人間的生活に最も近接した哲学の一部門である。知恵の探求としての哲学とは、普遍的知識、すなわち全体に関する知識の探求である。そうした探求が必要となるのは、全体に関する知識が直接的に獲得されえないからである。ただそうした全体に関する知識の欠如は、人間が全体に関する思考をもたないことを意味するわけではない。つまり人間は、全体に関する考えや意見をもっている。よって、全体に関する意見が必然的に哲学に先行し、哲学とは「全体に関する意見を全体に関する知識によって置き換えようとする試み」である。(4) この全体とは、「万物」をあらわすこともあり、「万物」に関する知識の探求とは、神、世界、そして人間に関する知識の探求、あるいはむしろ万物の諸本性（the nature of all things）に関する知識の探求を意味する。(5)

政治哲学もそうした哲学の一部門であることによって、哲学と同じく意見が知識に先行している。政治哲学とは「政治的な事柄の本性（the nature of political things）に関する意見を政治的な事柄の本性に関する知識によって置き換えようとする試み」である。(6)

またシュトラウスは、次のように、政治的なものに付随する価値判断の必然性を説く。政治的な事柄は、その本性によって賛成や不賛成、選択や拒絶、賞賛や非難を免れない。(7) また政治的な事柄は本質的に、中立的であることではなく、人々の服従、忠誠、決定、判断を求める。(8) つまり政治的なものは価値判断の対象であり、政治的なものの存在によって我々は価値判断を下すことを余儀なくされる。そしてシュトラウスは、政治哲学を善き政治秩序を知ろうとする試みであるとして、善や正義と政治哲学の密接な関係について次のように論じている。

もし、善や悪、正義や不正の観点から判断されるべきだとする、政治的な事柄の明示された、あるいは暗に示された要求を真剣に理解しないならば、すなわち善や正義に関する諸基準によって政治的な事柄を判定しないならば、それらはそれ自体のものとして、すなわち政治的な事柄として理解されない。十全に判定するためには、真の諸基準を知らなければならない。政治哲学がその対象とする事柄を正しく評価しようとするならば、善や正義の諸基準に関する純粋な知識を得ようと努めなければならない。政治哲学とは政治的な事柄の本性とともに、正しい、あるいは善き政治秩序を真に知ろうとする試みである。(9)

すでに指摘したようにシュミットにとって戦争の現実的可能性こそが、常に政治的なものの前提にあり、(10)「戦争に反対する戦争」の可能性においてこそ、戦争が現実的可能性として存在すること、そしてただそのことだけが、友と敵の区別そして政治的なものの認識にとって重要であると主張していた。(11) シュトラウスは、シュミットが政治的なものに対する価値判断の可能性を閉ざして、戦争の現実的可能性に向けられた決断に対して寛容な態度を取らざるをえないことに批判の矛先を向けたのである。さらに、シュトラウスからすれば、表向き政治的なものに対する価値判断の可能性を閉ざしたシュミットも、結果的には、政治的なものに対して価値判断を下すことを避けることはできなかった。

それに対してシュトラウスは、政治的なものに対する価値判断の必然性を強調し、政治的な事柄は、善や正義といった道徳的な諸基準によって判断されなければ政治的な事柄として理解されないと自らの旗幟を明確にする。

では、なぜシュトラウスは、政治的なものを理解する際に、善や正義といった道徳的基準の知識の探究をかくも重視するのであろうか。

シュミットは、政治的なものについて考察するとき、「危急事態」あるいは「例外事態」である戦争に着目していた。シュミットにとって、「例外事態」が事物の核心を暴露する意義をもっていたのである。[12] 政治的なものから逃れられないこと、また政治的なものを否定しても、その否定が悲惨な結果をもたらすこと、それらは、まさに戦争という例外事態から明らかにされていった。ここではまず、シュミットとシュトラウスの政治的なものに対する態度の違いを鮮明にするために、シュトラウスが戦争をいかに見つめ、また戦争に対してどのような態度をとっているのかを詳しく考察していくことにしよう。

シュトラウスは、戦争における世界と個人の状況の違いに着目している。つまり「世界は戦争によって支配されていても、個人は自己と平和な状態にいる」という状況である。[13]

確かに世界が戦争状態に陥れば、個々人も国家と国家の対立のなかで、そして友と敵の対立の狭間で引き裂かれるかもしれない。しかし、「たとえ戦争の原理そのものを否定するように強いられない場合でも、戦争が個人の根底まで達することはない」とシュトラウスは主張する。[14]

個人は国家間の対立に巻き込まれたとしても、そうした対立は個人の内面を常に規定しない。国と国とが戦争していても個人の内面では、国家間の対立を超えて、善と悪、そして多種多様な善や正義の観念が相克し、葛藤を引き起こす。また戦争では友と敵として位置づけられている対戦国の個人同士が、ふとした交流により国家間の対立の是非を問い、結果的に友好な関係を築くことも可能であろう。シュトラウスと同時代人の哲学者であり、シュトラウスとも交流のあったカール・レーヴィット（Karl Löwith, 1897-1973）は、そのシュミット論のなかで、次のように指摘している。

まさに戦争は次のことを示す。すなわち人間は危急事態（der Ernstfall）においても全く単純に敵の敵となるのではなく、それどころか双方の側でその「私的な」非政治的性質を保持するということである。戦争の最中に、互いに殺し合う用意のできた同じ人間同士が、平和的な仲間となって、たがいに交渉し対話し、それにもかかわらず依然として政治的な敵のままである、ということが起こりえたのである。戦時捕虜の状態は、こうした平和的な敵対関係の極端な一例にすぎない[15]。

人間は、戦争という危急事態においても、国家が定めた政治的な友と敵の関係によって常に規定される存在ではない。

シュトラウスは、「たとえ戦争が避けられず、また戦争に身を捧げなくてはならない場合であっても、戦争を悪として、また罪深いものとして否定しなければならない」と戦争を明確に断罪している[16]。戦争が個人の根底にまで達することはないこと、そして戦争が避けられない場合でも、戦争を悪として、また罪深いものとして否定しなければならないとするシュトラウスの明確な態度表明は、政治的なものに対するシュミットの態度と対照をなしている。

シュミットの「戦争に反対する戦争」に関する記述に関連して示されていたことは、人間は政治的なものから逃れることはできず、政治的なものを根絶する試みは、悲惨な結果を生むということであった。シュトラウスからすれば、それは、シュミットにとってまさに友と敵の集団化によって規定された政治的なものが人間生活の基本的性格をなすものであり、人間は政治的であることをやめることによって、人間であることをやめるのだということを意味していたのである。さらにシュトラウスの解釈によれば、シュミットにとって政治的なものが人間の真剣さを保証するものであった。

一方、シュトラウスにとって、友と敵の関係は、人間の生をその根底から規定しない。人間は、友・敵関係のみによって常に規定されない存在である。さらに、シュトラウスにとって、正しさに関する問いを断念することは、人間が人間であることを断念することであった[17]。シュミットと対比して、シュトラウスの人間の生への基本理念を要約すれば、次のように言えるだろう。つまり、善とは何か、正義とは何かを問う道徳的思考こそが、人間の生活においてより基本的なものである。

ただ、こうした人間観だけでは、なぜシュトラウスが政治的な事柄を善や正義に関する諸基準によって判定しようとするのか、その意図を明らかにするには不十分であろう。つまり、シュトラウスにとって善や正義を問うことが人間の生の基本的部分を構成するとしても、それは、なぜ善や正義に関する諸基準によって政治的な事柄を判定するのかという問いに対する回答にはならない。シュトラウスとシュミットの人間観、すなわち人間の生を根底から規定するものへの認識の違いを明らかにすることだけに留まってしまう。

むしろシュミットからすれば、善や正義を問うこともまた、友と敵の対立を生み、その対立をより深刻化させるであろう。シュトラウス自身も、そうしたシュミットが指摘する問題を共有しており、シュトラウスは、「カール・シュミット『政治的なものの概念』への注解」のなかで、人間が何が正しいのかを真剣に問うならば、そうした問いの解き難き問題性に直面して、争い、つまり生死を賭した争いが突発することに言及している[18]。さらにシュトラウスは、その注解のなかで、まさに「我々は、常にただ正義と善なるものについてのみ、互いに、そして我々自身と争う」と主張する[19]。

善や正義に関する問いも、そうした問いの解き難き問題性に直面するならば、友と敵の対立へとエスカレートする可能性が常に存在する。そしてシュミットにしてみれば、善や正義に関する問いが、友と敵の対立へと進展した場合、その対立は、もっとも激烈な対立となって現われるであろう。すでに指摘したように、対立する側がもつ真・善・正義の確信は、最悪の敵対関係をもたらす。

シュミットとは対照的に、人間生活の基本的性格を善や正義に関する問いに求めるシュトラウスは、政治的活動が道徳的な思考によって導かれていること、そして政治的な事柄は善や正義の諸基準から判定されなければならないことを指摘し、政治的なものに対する価値判断の必然性を強調している。そうした立場に立つシュトラウスにとって、戦争は明確に悪として否定されなければならないものであった。

ではこうしたシュトラウスの態度は、シュミットが言及した、政治的なものを否定し、戦争を根絶しようとする絶対的な平和主義者の態度といかに異なるのだろうか。シュミットによれば、非平和主義者を悪とし、戦争を根絶しようとする平和主義者の態度は、友と敵の集団化によって規定された政治的なものの不可避性を認識しえないがゆえに、かえって非人間的な悲惨な状況を招来する危険性を孕んでいた。こうしてシュトラウスは、シュミットが指摘した政治的なものの不可避性をいかに理解しているのかという問題が浮上してくる。さらにその疑問は、シュトラウスのいう政治哲学が実践的な学問であることによって、切実な問題としてシュトラウスの政治的なものに対する態度に疑問を投げかけるだろう。

シュトラウスにとって政治哲学とは、善き政治秩序を探求する試みであると同時に、政治的な事柄の本性を探究する試みである。それは一見、政治の実践とは関わりのない、純粋に理論的な学問のように思われるかもしれない。

しかしシュトラウスにとって本来政治哲学とは、単に理論的な学問ではなく、実践的な学問であった。すでに述べたように政治哲学の主題は、実際の政治活動の究極的目的、つまり「すべての人間をして、その惨めな自己を超越させる諸目的」に向けられている。[20] シュトラウスにとって社会科学は社会的諸問題に対する合理的ないし理性的な解決策を発見しようとする学問であり、[21] そのなかで政治哲学は、根本的な政治的選択肢について理解することに限定されず、賢明な行為の究極的目標とは何かについて答え、根本的な政治的問題を解決しようとする[22]。そうした政治哲学の実践的性格を強調するシュトラウスは、政治の実践者と同じく、政治的なものに固有の論理についての視点、そして政治に対する現実的感覚を保持していなければならないであろう。

次節からは、こうした疑問に答えるべく、古典的政治哲学、とりわけソクラテスとプラトンの政治哲学に対するシュトラウスの解釈に注目したい。シュトラウスにとって、古典的政治哲学に立ち返ることが、政治的な事柄を鮮明に、かつ直接的に見つめるために必要だったからである。

第二節　最善の体制と政治的なものの限界

シュトラウスは、古代ギリシャのソクラテス、プラトン、アリストテレス、またクセノフォンといった哲学者の政治哲学を古典的政治哲学という範疇で捉えている。近代の政治哲学、そして実証主義的な社会科学とは異なる原理のもとに展開される政治哲学として、シュトラウスは、古典的政治哲学に着目する。シュトラウスの政治的なものに対する態度およびその政治哲学も、古典的政治哲学に対するシュトラウスの解釈がベースとなって形成されている。

シュトラウスによると、長い間、古典的政治哲学は近代の政治哲学やその継承者たちのレンズを通して理解されてきた[23]。また古典的政治哲学以後のあらゆる時代において、政治的な事柄に対する哲学者の研究は、近代政治哲学といった古典的政治哲学以後の政治哲学の伝統を介して行われてきたものであり、その政治哲学の伝統が、政治哲学者と政治的な事柄とを遮断するスクリーンとして作用している。つまり政治哲学の伝統が、政治的な事柄を鮮明にかつ直接的に見つめることを妨げている[24]。

そのため政治的な事柄を鮮明にかつ、直接的に見つめるためには、そうした伝統が存在しなかった古典的政治哲学を注意深く詳細に分析しなければならない。それがシュトラウスの基本姿勢であった。ではその古典的政治哲学は、どのような特色を持っていたのだろうか。

ここからは、シュトラウスの古典的政治哲学に対する解釈を詳細に検討し、古典的政治哲学が政治に対して果たしていた役割について明らかにしたい。そこから善や正義といった道徳的価値基準によって政治的な事柄を判定するシュトラウスの姿勢がもつ意味を明確にしていく。

まず、シュトラウスによれば、古典的政治哲学の特徴は、それが直接的に政治的生活と結びついていたところにある。古典的政治哲学の方向性と範囲を決定づけていたのも、古典的政治哲学と政治的生活との直接的な関係であり、古典的政治哲学の方法も政治的生活そのものによって示されている(25)。

古典古代の政治的生活は、それぞれ相反する要求を主張する諸党派の紛争（conflicts）によって特徴づけられるものであった。要求を主張する側は、それぞれ自分たちの要求が、自分たちにとって、また多くの場合、共同体全体にとって善きことであると信じている。また実践的に、すべての場合において、それぞれの要求は正義の名のもとに提起された。したがって対立する諸党派の要求は、善とは何か、正しいこととは何かということに関する意見に基づいている。政治的生活において対立している諸党派は、自分たちの要求を正当化するために、善や正義をめぐる論争を展開していく。

シュトラウスは、こうした論争に即して古典的政治哲学者の役割について次のように論じている。つまり政治的生活における諸党派の紛争の存在は、それぞれの党派が真に受けるに値するものを付与する調停や仲裁、そして賢明な決定を必要とする。そうした賢明な決定を下すためのいくつかの素材は、対立する諸党派自身によって与えられる。ただ、それぞれの党派によって与えられる素材は、それが党派的な偏ったものであり、それゆえ不十分なものである。その不十分さこそが判定者（umpire）によって完全なものへと向かう方向を指し示しているという。その卓越した判定者とは、政治哲学者のことである。判定者としての政治哲学者は最高かつ永続的に重要な政治的論争を解決しようと試みる[26]。

ここで注目すべきことは、政治哲学者は調停や仲裁よりも内戦における勝利を好むような「根っから」の党派人では決してないということである[27]。政治哲学者は、党派的な人間の精神ではなく、善き市民の精神で、また人間的卓越性の要求に最も合致した秩序を目的として、重要な政治的論争を解決しようとした[28]。善き市民の義務は、まさに市民の紛争を終結させ、説得によって市民たちの間に合意を作り出すことにあった[29]。

政治哲学者が卓越した判定者となるのは、彼が立法者の教師として、政治的共同体内で権力を求めて争っている諸集団間の論争のなかでも、根本的かつ典型的で重要な政治的論争を解決しようとするときであった。その重要な政治的論争とは、いかなるタイプの人間が共同体を統治すべきかということに関わる論争である[30]。共同体内部で政治権力を求めて争っている諸集団の紛争は、どの集団が統治すべきか、言い換えれば、いかなる政治秩序が最善の秩序であるのか、という問題を引き起こす[31]。政治哲学者は、最善の政治秩序とは何か、最善の体制とは何かという問題に答えることによって、現実の政治的紛争を解決しようとした。シュトラウスによれば、この最善の政治秩序とは何か、最善の体制とは何かという問題によって導かれていることが、古典的政治哲学と今日の政治学とを分ける最も顕著な違いであった[32]。

では一体、最善の体制とは何か。そして最善の体制の問題がなぜそれほど重要だったのだろうか。以下、プラトンの『国家』で展開される最善の体制論に対するシュトラウスの解釈を中心に、古典的政治哲学者の政治的なものに対する態度についてさらに検討していくことにしよう。

プラトンは『国家』において、「いかに生きるべきか」というソクラテスの問いを常に念頭におきながら議論を展開していった[33]。最善の体制とは何かという問題も、「いかに生きるべきか」、「善き生とは何か」、そして「正義とは何か」という問いに依拠して論じられている。ソクラテスを始祖とする古典的政治哲学は、善き生、正義といった道徳的な問題を政治的なものを考察する基軸として議論を展開していった。そうした議論展開の意義を探るために、ここではまず『国家』の冒頭部分で登場するポレマルコスとソクラテスが正義をめぐって展開する対話、および両者の対話に関するシュトラウスの解釈に注目したい。

『国家』は、「正義とは何か」をテーマとして、様々な登場人物が対話を展開する。まず正義とは何かという問いに対し、ポレマルコスは、「正義とは友に利益を与え、敵を害することである」と主張した[34]。このポレマルコスの正義の概念は正義に関する当時の最も有力な意見を反映しており、また都市[35]の政治的現実を如実に反映している。都市は潜在的に他の諸都市の敵であり、そうした都市の住人として自分の都市に献身的に尽くすこと、それが当時の最も有力な正義の内容だった[36]。

それに対してソクラテスは、たとえ相手が敵であろうと、人を害することは正しい人間の行いではなく、不正な人間が為すことだと主張する。つまりソクラテスにとって正しい人間とは、誰も害さない人間のことである[37]。このソクラテスの正義の概念は、個人が追求すべき善き生の構想に依拠している。

ただこうしたソクラテスの正義の概念は、あくまで個人の善き生に関わるものであって、都市が潜在的に他の諸都市の敵であるという政治的現実とは相容れない。古典古代のギリシャでは、それぞれ異なる目的をもった多くの都市が多種多様に存在し、また異邦人による侵略の危機にも晒されていた。そのため、都市の政治的指導者は、ソクラテスが提示する正義を政治的な理由で受け容れるわけにはいかない。戦争になると、都市の政治的指導者は、敵を害することを市民に求めざるをえない。それはソクラテスが示した正義と相反するからである。

そのため都市は、「正しい人間は、自分の友や隣人、すなわち自分の同胞を害する者ではなく、愛する者であるが、正しい人間はまた自分の敵、つまり少なくとも自分の都市の潜在的な敵である異邦人を害し、憎む」という正義の概念を提示しなければならない[38]。この正義の概念は「市民道徳（citizen-morality）」と呼ばれるものであり、都市は、潜在的に他の諸都市の敵であるという、その政治的現実ゆえに戦争の現実的可能性を否定できない以上、「市民道徳」を必要とする[39]。「市民道徳」とは、戦争の現実的可能性という政治的現実を反映した正義の概念であった。

この「市民道徳」をめぐって展開されるシュトラウスの解釈は、政治的なものと道徳的なものについてある注目すべき理解の仕方を我々に提示している。その理解の仕方は、次のシュトラウスの記述にあるように、これまでプラトン解釈者たちが見逃してきたことだった。

多くのプラトン解釈者たちは、プラトンのソクラテスが正義を説くことだけでなく、正義とは何かを理解すること、すなわち複雑な正義の問題全体を理解することに関わっていた可能性について十分検討していない。なぜならもし正義の問題を理解することに関わるなら、正義それ自体が市民道徳（citizen-morality）として現われる場面を詳しく検討しなければならず、ただ単にその場面を素早く片づけてしまってはならないからである[40]。

では「市民道徳」に関する議論によって、我々は何を理解するのだろうか。シュトラウスの解釈は「市民道徳」が抱えるジレンマをめぐって展開される。

まず戦争時において敵に損害を与えるために敵を欺くことは、「市民道徳」によれば、称賛に値する行為である。戦時において、都市の政治的指導者は、敵に対してであれば、欺くような行為を命じたり、賞賛したりする[41]。

だが平和時において、欺くという行為自体は誤った不誠実な行為でしかない[42]。つまり、敷衍して述べるならば、商取引など、人間の日常生活のなかで、欺くという行為を罰しなければ、公正な商取引を保障することができず、共同体内部の人々の信頼関係は崩壊し、共同生活の基盤が脅かされるであろう。それゆえ政治的共同体としての都市は「市民道徳」を日常的に守るべき道徳として認めるわけにはいかない。

こうしたジレンマを根本的に解決する方法は、都市が「世界国家（world-state）」へと変容することであるとシュトラウスは指摘する。なぜなら、もはや都市が互いに争うことのない世界国家の樹立によって、戦争そのものが無くなれば「市民道徳」は必要なくなるからである。

では、世界国家は可能なのであろうか。シュトラウスの議論は続く。つまり、いかなる人間、いかなる集団も、全人類を正しく支配することはできない。「世界国家」とは、神によって支配されるようなコスモス（the cosmos）である。それは唯一の正しい都市であるがゆえに、自然に従った唯一の真なる都市であることには違いない[43]。しかし、ここでシュトラウスは、そうした世界国家の樹立による正義の問題の解決、すなわち「市民道徳」をめぐるジレンマの解決が、政治的生活の限界を超えるものであるとして、次のように指摘する。

正義の問題に対するこうした解決は、政治的生活の限界を明らかに超えている。このことは都市内部で可能な正義が、ただ不完全でしかありえず、明白に善きものではありえないということを示唆している[44]。

古代ギリシャにおいて、人間は都市という、範囲が限定された小規模の政治的共同体しか構築しえず、都市こそが人間の知覚能力にふさわしい政治的共同体であるということ、それが古典的政治哲学者の認識であった[45]。古典的政治哲学者は、人間の限界を超えた巨大な政治的共同体に対して批判的であり、政治的共同体の限りない膨張はむしろ人間に悪影響を及ぼすと認識していたのである。(46)

こうした市民道徳をめぐるシュトラウスの議論が意味することは次のことであろう。つまり、結局、世界国家の樹立は不可能であり、市民道徳が抱えるジレンマを解消することはできない。こうして都市は、「市民道徳」という、善き生とは相反する矛盾を抱えた正義なしには存続しえないことが判明する。

このように正義が市民道徳として現われる場面とは、まさに善や正義といった道徳的なものが友と敵の対立という政治的現実との緊張を伴って現われる場面である。我々は道徳的なものを、そうした政治的現実に照らして考察することにより、人間理性の道徳的要求を完全に実現しえない政治的なものに固有の論理を理解する。政治的なものに固有の論理を理解することは、道徳的なものと政治的なものとの間に横たわる懸隔を理解していくことであり、こうした理解こそ、『国家』で展開される議論から看取すべきことであった。

市民道徳にあらわれているような矛盾は、現代世界においても存在する。つまり、国家が殺人を罰すべき刑罰としているにも関わらず、戦争において国家は兵士に敵国の兵士の殺害を命じることがある。国家が掲げる正義には二重の基準があり、矛盾がある。それは、現代においても変わっていない。

政治的なものに内在する矛盾の存在、政治と道徳のジレンマ、それらを浮き彫りにするのが、市民道徳をめぐる議論の特徴である。そうした市民道徳をめぐる議論と同様の特徴は、以下に示すような最善の体制論をめぐるシュトラウスの解釈を分析することによってさらに明確になっていく。

ソクラテスが『国家』において提示するより明確な正義の概念は、シュトラウスが古代の自然的正義（natural right）と位置づけるものである。シュトラウスが古典古代の「natural right」に言及するとき、「right」は、専ら「正しさ」つまり正義を意味している。「natural right」とは本来、自然的（natural）な正義（right）を意味していた。[47]

そしてまさに自然的に正しいものとは何かという問題、そして正義とは何かという問題は、言論における最善の体制の構築を通じて、すなわち最善の体制の理論的構築を通じてその完全な解答が見いだされることになる。[48]ソクラテスが主張する自然的正義の具体的な内容は、プラトンの『国家』において詳しく述べられている。人間の魂には、理知的部分と気概の部分、そして欲望的部分があり、魂の自然的な在り方からすれば、理知的部分が気概的部分と協力して欲望的部分を監督指導することが正しい。[49]したがって魂において正義をつくりだすとは「互いに制御し制御されるような自然的関係において、魂の諸法則をうちたてること」[50]である。このプラトンの見解に従ってシュトラウスは、自然的正義を、「人間の魂の自然的完成としての諸徳の自然的秩序」と定義している。[51]

シュトラウスは、善き生の一般的性格を確定する諸規則を「自然法（the natural law）」という言葉で表現している。[52]古代の自然的正義は、まさしくその「自然法」から導出されたものであった。では、その「自然法」から導出された自然的正義は、最善の体制とどのように関係しているのだろうか。

プラトンが『国家』のなかで構築した最善の体制とは、その自然的正義が政治秩序として現われるものであった。それは国家の理性的部分にあたる賢者（wise men）が、多数の賢明でない人々（the unwise）を絶対的に支配する体制である。[53]古典古代の理論家によれば、人間がその低級な欲望を抑制しなければ自然的完成に至りえないように、国家も賢明な人物が賢明でない人々を支配しなければ自然的完成に近づいているとはいえない。[54]シュトラウスは、古典古代の理論家にとって知恵こそが、最高度に自然に従った統治の根拠だったことを明らかにする。[55]それゆえ賢者が支配する最善の体制は、慣習的な秩序（conventional order）とは区別される、自然に従った政治秩序（the political order according to nature）であった。[56]

この最善の体制をめぐるシュトラウスの議論は、やがて最善の体制の実現可能性の問題に移る。シュトラウスの解釈によると、こうした最善の体制を実際に実現することは不可能に近く、少なくとも実現の見込みはほとんどなかった(57)。なぜなら、少数の賢者が、多数の賢明ではない人々を力によって支配することはできないからである。賢者による支配を確立するためには、賢明ではない多数者が、賢者を賢者として認め、さらには、賢者が知恵を持つ人物であるということを理由として、自発的に賢者に従わなければならない。しかし、賢者が賢明ではない人々を納得させる力にも限界がある(58)。個人としての人間は自然的完成に至ることができるが(59)、最善の体制が実現する見込みはほとんどない(60)。

では、実現困難な最善の体制を論じることにどのような意味があるのだろうか。ここで、シュトラウスは、最善の体制論について次のような解釈を披瀝する。

キケロが考察しているように、『国家』は最善の可能な体制ではなく、むしろ政治的な事柄の本性――都市の本性――を暴露している。ソクラテスは『国家』で、いかなる性質の都市が人間の最高の要求を満たすために存在すべきか、を明らかにしている。そうした要求に従って構築される都市が不可能であるということを我々に理解させることによって、彼は我々に都市の本質的な限界を、すなわちその本性を理解させている(61)。

『国家』における最善の体制論の目的は、政治的な事柄の本性を暴露することにある。その政治的な事柄の本性とは「政治的なものの本質的な限界（the essential limitations of the political）」であり、端的に言えば、人間理性による善や正義の要求を政治は完全に実現しえないということである(62)。それは、最善の体制でさえ「市民道徳」や戦士階級の存在なしには存続しえないことにも示されている。

最も正しい都市、すなわち最善の体制の都市といえども、それは特定の閉じた社会であり、他の諸都市の潜在的な敵である。[63] 最善の体制においても、「市民道徳」や戦士階級の存在が不可欠であること、そして戦士階級が生産者階級よりも位階と名誉において高次の存在であることは、政治的共同体の維持において、戦士の存在が重要であったことを示しており、古典的政治哲学においても、友と敵の関係、そして戦争が現実的可能性として常に想定されていたことをあらわしている。[64]

ハンナ・アレント（Hannah Arendt, 1906-1975）のプラトン解釈にみられるように、プラトンなどが提示した政治体制論はユートピア的であると認識されやすい。[65] しかし、シュトラウスのソクラテス解釈、プラトン解釈によって示されているのは、古典的政治哲学者が、政治的なものと道徳的なものとを密接に結びつけ、善き生とは何かという観点から政治哲学を展開するとしても、彼らは決して政治的現実から遊離した単なるユートピアを描くことを目的としたわけではないということである。シュミットとの関連で言えば、古典的政治哲学者は友と敵の集団化という政治的現実を見つめているのであり、「政治的なものの本質的な限界」を理解している。

シュトラウスは、「政治的なものの本質的な限界」を理解する意義として政治的理想主義からの解放という点を強調している。つまり、「政治的なものの本質的な限界」を理解することによって、我々が今日政治的理想主義と呼んでいるもののさまざまな魅力から実際に解放される。[66] こうした政治的なものの本質的な限界を見極めたソクラテスの姿勢に関するシュトラウスの分析は、「知恵（wisdom）」と「節度（moderation）」というシュトラウスの政治哲学の核となる概念の特徴を浮き彫りにする。

すなわち、「政治的なものの本質的な限界」を見極めたソクラテスは知恵と節度とを互いに切り離すことはなかった。[67] それはソクラテスが実践知（phronesis）をもつ人物であったことを物語っている。[68] つまり知恵によって探求される善や正義は、政治的な事柄の本性を考慮して政治的に実現されなければならないことをソクラテスは理解していた。それはまさにソクラテスが、政治的な事柄の本性だけでなく、人間理性の限界を自覚していたことをあらわしている[69]。古典的政治哲学はあらゆる熱狂から解放されていた。なぜなら、古典的政治哲学は、「悪は根絶されえないこと、それゆえ政治に対する期待は、節度をわきまえた（moderate）ものでなければならないこと」を知っていたからである[70]。

節度とは、敷衍して述べるならば、善や正義を探求する人間理性が、政治的なものに固有の論理と直面し、政治的なものの限界とともに人間理性の限界を自覚するときに生まれる人間の卓越性である。それは、まさに、理性を制御する一つの徳であり、理性が友と敵の対立といった政治的現実のパースペクティブを受け容れることである[71]。

『フランス革命の省察』（一七九〇年）を書いたエドマンド・バーク（Edmund Burke, 1729-1797）に代表される保守主義の思想は、政治社会の急激な改革の危険性を強調した。シュトラウスが古典的政治哲学を援用して主張する節度の重視も、そうした保守主義の延長線上にあるといってよいであろう。

ただ、シュトラウスの節度の概念だけをもって、シュトラウスが、単純に保守主義を志向していたと断定することはできない。古典的政治哲学にとって、政治の現実的なパースペクティブを受け容れることは、理性が現実の政治的なものの論理に取り込まれてしまうことを意味しない。古典的政治哲学および節度の意義を強調するシュトラウスを単純に保守主義の潮流の中に位置づけることはできない。なぜならシュトラウスは、本来の意味で「リベラル（liberal）」であることを志向するからである。

第三節　本来の意味で「リベラル」な政治哲学

これまで最善の体制論に対するシュトラウスの解釈を中心に、古典的政治哲学者の政治的なものに対する姿勢について、詳細に分析してきた。その古典的政治哲学者の態度は、次のようなシュトラウスの言葉によって特徴づけることができる。すなわち、近代以前の政治哲学、とりわけ古典的政治哲学は、言葉の本来の意味で「リベラル（liberal）」であったということである。[72] 本節では、シュトラウスが言及する「リベラル」概念について検討し、その概念に基づく政治哲学の特徴を明らかにしていきたい。

『国家』などのプラトンの著作は対話形式で議論が展開されている。そうしたプラトンの手法は、ソクラテスの対話術（dialectics）を応用したものだった。対話術とは、「対話の、あるいは友好的な論争の技術」であり、[73] シュトラウスによればこの対話術こそソクラテスにとって哲学そのものだった。

ソクラテスの対話術は、善や正義に関する意見の矛盾から出発する。個々人の意見に矛盾があることがわかれば、それぞれの意見の違いを超えた首尾一貫した見解を求めざるをえない。シュトラウスにとって、事物に関する矛盾した意見は、真理、すなわち「事物の本性」を探究する際に必要だった。[74] それは、次のようなシュトラウスの記述からも窺い知ることができよう。

人々が語ることに矛盾があるという事実は、彼らが語っていることのなかに真理が隠されていることを示している。そして真理を明らかにする対話の技術、すなわち対話術（Dialektik）は、まさにそうした対話を、正しい方法で正しい時に、真なるもの、それゆえ、しっかりと保持されるべき見解へと導くことに存する。あらゆる争い、あらゆる敵対関係の根底にある最も明瞭な矛盾は、正義、美、そして善に関係している。それにも関わらず、人々は、善に関して他の何らかの対象に関するよりも一致しており、しかも、その現実の一致が起こりうるすべての一致の究極的な根拠であるという仕方で、そうなのである。善に関してはすべての人が、それを現実に持ちたいと語る。(75)

人間の争いや対立の根底には、正義、美、善をめぐる矛盾や対立が存在する。しかし「何が善であるか」について人々の意見が異なるにしても、人々は、自らが善くあることを望む。他方、正しいことや美しいことに関して、人々は自分が美しく思われることや正しく思われることを行い、他者から自分が美しい、あるいは、正しいと思われることで満足するかもしれない。つまり美しいこと、正しいことに関しては、その見せかけや外観だけを求めるかもしれない。

しかし、善についてはたとえ意見の違いがあり、論争を引き起こすとしても誰もが見せかけの善ではなく、善そのものを求めるとソクラテスは語る。(76)ソクラテスの対話術は、この善への志向性のもとに人間の対立を友好的論争へと転換させ、事物の本性を探求する技術なのである。

シュトラウスにとって、善への志向性と最善の体制の探求が古典的政治哲学の核となるものであった。こうしてシュトラウスは、古典的政治哲学の政治的なものに対する態度について次のように議論を展開する。

まず、古典的政治哲学者にとって、最善の体制の探求は、政治的な形式での善き生の探求に過ぎない。(77)ソクラテス、プラトンにとって善き生とは何かを問うことと、最善の体制について問うことは密接に関連していた。そして善き生とは何かを問うことが、政治的な事柄の本性を理解していくうえで必要とされている。実にソクラテスやプラトンは、それ自体選択に値する善き生の在り方から政治を見つめることによって、「政治的なものの本質的な限界」を理解した。そして、政治的なものの限界、さらに人間理性の限界を認識することによって、政治に対し幻想的な期待を抱く政治的理想主義から解放される。

ただ、シュトラウスの強調点は、次の点にあるだろう。つまり、政治的理想主義からの解放は、現実の政治を侮蔑したり、善き政治秩序の探求を断念させたりするものではないということである。政治的理想主義の魅力からの解放は、政治哲学者の政治的責任を弱めるのではなく、逆に強化する。[78] その政治的責任は、政治を善き方向に導くことにあった。

古典的政治哲学者は戦争の現実的可能性を承認するとしても、古典的政治哲学者にとって都市の目的は、あくまで人間の尊厳に合致した平和的活動であって、戦争や征服ではなかった。古典的政治哲学者は、友と敵の集団化という現実を見据えているが、それでも人間の完成、善き生といった視点のもとに政治を価値判断し、政治を善き方向に導こうとする。[79]

こうした態度こそ、古典的政治哲学が言葉の本来の意味で「リベラル」であったゆえんである。まさに古典的政治哲学は、万人は先祖伝来のものでも、また伝統的なものでもなく、自然によって善を求めるという認識によって導かれているがゆえに、単純に保守的（conservative）とはいえない。[80] そのように指摘するシュトラウスは、さらに本来の意味で「リベラル」であることが、人間の卓越性と結びついていたことを強調する。つまり、「リベラル」であることとは、「リベラリティー（Liberality）」という卓越性を身につけ、それを実践することであった。[81]「リベラル」な人間は、低級な欲求を満たすものではなく、それ自身において選択に値するものを求める。またほとんどの人間は財産を尊重するが、財産を善として追求するために生きる者は、財産の奴隷にすぎない。また「リベラル」な人間は、より善き生を探求し、不当であると見なす権威には決して従属しない。彼は自立した生き方を尊重するのであって、専制君主や征服者には従属しない[82]。このようにシュトラウスは、本来の意味で「リベラル」であることについて語っているが、それは、政治哲学が政治的なものや権威に対してどのような姿勢を取るべきか、といった学問的な姿勢を特徴づける重要な鍵概念である。

シュトラウスにとって本来の意味で「リベラル」であることとは、善を行い、より善き生を追求することと関連しているが、そうした善き生への視点がなければ、政治的なものの限界を認識することもできず、それゆえ政治的なものがもつ権威を相対化し、政治への批判的視点を維持することができなくなるであろう。シュトラウスからすれば、「権威に服従することによって、哲学、特に政治哲学は、その特徴を失う[83]」。そして権威に従属した政治哲学は、イデオロギーに、すなわち所与の、あるいは現われつつある社会秩序のための護教論へと堕落する[84]。このことに関連して、ここで再び自然的正義の議論に立ち返り、古典的政治哲学における自然的正義および最善の体制論について、シュトラウスが指摘しているもう一つの重要な意義を指摘しておかなければならない。

シュトラウスからすれば、古典的政治哲学が、不当な権威に従属することなく、善き政治秩序を探求することができるのは、自然を基準として認めているからである[85]。そして、シュトラウスは、自然を基準とする次のような古典的政治哲学における善き生の構想を導き出す。すなわち、自然的正義の基礎にあるのは、人間の魂の自然的な位階秩序である。人間の魂の自然的な位階秩序からすれば、魂は身体よりもより高次に位置する。人間の魂と動物の魂とを分けるものは、人間がもつ言葉・理性・知性であり、人間固有の働きは、思慮深く生きることである。人間にとって善き生とは、そうした人間の魂の自然的な位階秩序に従った生であり、端的に言うと、自然に従った生である。自然に従った生とは、人間的卓越性ないし徳の生であって、快楽の生ではないとシュトラウスは指摘している[86]。

さらに、シュトラウスによれば、自然的正義の基礎にあるのは、人間の自然的な社会性である。人間は自然的に社会的な存在、つまり他者と共に生きなければ、善く生きることができない存在である。このことは、人間が絶対的に自由に行動できるような、人間と人間の関係などありえないことを示唆している。[87]

古典的政治哲学において人間の幸福ないし幸福の核心は、人間的卓越性にあると考えられていた。そして自由と統治という人類の偉大な目的は、そうした幸福の要素ないし条件として要求されているものであり、まさに「自由」と「統治」という言葉によって呼び起こされる感情は、身体の安寧、虚栄心の満足を幸福と同一視する幸福観よりもより適切な幸福観を指し示しているとシュトラウスは言う。[88] さらに続けて、古典的政治哲学において、政治が向かうべき方向は、そのような善き生の理解およびそれに基づく幸福観によって方向づけられており、古典古代において、政治活動は、それが人間的完成ないし徳へと方向づけられているなら、適切に方向づけられているとシュトラウスは指摘する。[89]

古典的政治哲学において、人間の魂の自然的秩序とそれに則した善き生の在り方こそが、政治を善き方向に導く指針であり、基準であった。[90] そしてそれゆえにこそ、戦争や征服は都市の目的では決してなく、人間の尊厳に合致した平和的活動こそが、都市が追求すべき目的だったのである。シュトラウスにとって、善き生の構想を指針とする古典的政治哲学は、平和を希求するものであった。

ただここで、最善の体制論をめぐるシュトラウスの議論のなかで、ある検討すべき課題が浮上してくる。つまり最善の体制は、人間の善き生の構想を政治的に体現するものであり、最善の体制のもとで、人間は自然に従った善き生を生きることができるとしても、すでに論究したように、最善の体制を実際に実現することは不可能に近く、少なくとも実現の見込みはほとんどなく、概して実践できないものであったことである。[91] シュトラウスは、『国家』における最善の体制論の目的の一つは、政治的な事柄の本性を暴露することにあることを明らかにしていた。では、善き生の構想を指針として、権威に従属せず、平和を希求する、本来の意味で「リベラル」な態度との関連において、最善の体制論は、どのように位置づけられるのであろうか。

このことについて、シュトラウスは、最善の体制について次のように述べる。つまり、最善の体制は、「現実に、今、ここにあるものから区別される、またあらゆる現実の秩序を超越した」体制であり、そのような体制であることを意図している(92)。そしてまさにそのことが、最善の体制のもう一つの重要な役割を示している。すなわち、最善の体制は、現実の秩序を超越することによって、責任ある方法で現実の政治秩序を判定する基準であったということである(93)。

古典的政治哲学者は、最善の体制を基準として、現実の政治秩序を価値判断し、政治を善き方向に導こうとする。賢者が絶対的に支配する最善の体制の実現は不可能であるか、少なくともその実現の見込みはほとんどないが、その最善の体制をモデルとして、最善の体制により近い政治体制を提示することはできる。

シュトラウスは、プラトンだけでなく、クセノフォン、アリストファネスといった人物が描くソクラテス像にも着目する。政治哲学の領域では、ソクラテスについて、プラトンの書物を通じて言及されることが多いが、そのなかでシュトラウスは、プラトン以外の人物が描くソクラテス像に着目し、綿密な分析を行っている点で特異な位置を占めているといってよいであろう。そのシュトラウスが、実現可能な体制を提示した人物として着目するのが、クセノフォンである。シュトラウスは、クセノフォンが描くソクラテス像に依拠しながら、実践的で実現可能な最善の体制について言及している。

クセノフォンが描くソクラテスも、賢者の支配こそが政治的問題に対する唯一の賢明な解答であると理解していた。だが賢者の支配は、賢者が多数の賢明ではない人々を力によって支配することはできないという理由から実現の見込みはほとんどなかった。それゆえソクラテスは、賢者の支配に代えて、賢者が作成した法とその法をよりよく完成させ、法の不備を補う人々の支配を政治的問題に対する最善の解決策として提示した(94)。その法の不備を補う人々のことをシュトラウスは、貴紳(gentleman)と呼んでいる。貴紳は賢者と同一ではないが、賢者と政治的によく似た人物であり、貴紳は、賢者と同じく民衆が高く評価する多くのものを見下し、また高貴で美しいものを経験によって知っている存在とされる[95]。

シュトラウスの解釈によれば、古典的な自然的正義の教説は、最善の体制の問題に対する二重の解答に帰着することにその特徴がある。その二重の解答とは、完全なる最善の体制は、賢者による絶対的な支配であり、実践的な最善の体制は、貴紳による、法の下での支配、すなわち混合体制だということである[96]。政治的なものの限界を認識させ、政治的理想主義の魅力から解放することだけが、最善の体制論の目的であったわけではない。クセノフォンが描くソクラテスへのシュトラウスの解釈から浮かびあがるのは、ソクラテスが、賢者の支配としての最善の体制により近い政治体制を実践的で実現可能な最善の体制として提示したことである。ソクラテスは、自然的正義をプラクティカル、つまり実践的に実現しようとした。そこに、「知恵」と「節度」を分離しないソクラテスの姿勢が如実に示されている。

節度は政治的なものの本質的な限界および人間理性の限界を自覚することによって生まれる人間の卓越性であった。しかし、その節度という卓越性は、善き生の実現に向けた政治秩序の探求を断念させるものではない。政治的なものの本質的な限界と人間理性の限界を自覚しつつも、不当な権威に従属することなく、善や正義に関する基準によって政治的なものを価値判断し、善き政治秩序を探求する。それが、本来の意味で「リベラル」であることの核となるものだった。そして、こうした古典的政治哲学者の政治的なものに対する態度とシュミットの政治的なものに対する態度とを比較することによって、本来の意味で「リベラル」な古典的政治哲学の特徴がさらに明確になる。

シュトラウスのシュミット批判は、主にシュミットが政治的なものに対する価値判断の可能性を閉ざしたことに向けられていた。シュトラウスは、シュミット批判を契機として、シュミットとは別の道を進むのであるが、シュトラウスがシュミットとは別の道に進む分岐点になったのは、それぞれの政治的なものを見つめる分析視角の違いであったといえるだろう。

シュトラウスは、シュミットが「政治的なものの本質」に関する問題を、はじめから政治的なものの特殊性に関する問題として理解していることに注目している。(97) シュミットに関するかぎり、政治的なものの特殊性を規定するのは、常態ではなく、友・敵関係、そして戦争であり、政治的なものは、戦争という「危急事態」あるいは「例外事態」を引照基準として議論されていた。そうした議論は確かに政治的なものの現実を見つめるうえで重要であり、また危機的な状態に即応するための視点を提供している。しかし「危急事態」、「例外事態」たる戦争が政治的なものの本質を考察する引照基準として前面に出てくることにより、政治的なものを道徳的観点から価値判断する態度は後退を余儀なくされる。

シュトラウスは、マキアヴェッリが自然的正義を否定したときの状況を次のように分析しているが、それは、シュミットの政治的なものに対する分析視角と酷似しているといえよう。つまりマキアヴェッリは、正義の要求が緊急性の要求によって変容させられるような極端な状態において自らの位置を確かめており、正義の要求が厳密な意味で最高の法であるような通常の状態で自分の位置を確かめていない。(98)

一方、シュトラウスが示したように、古典的政治哲学は、政治的な事柄の本性を探求する際、善き生とは何か、正義とは何かといった日常生活でも行われている人々の道徳的区別から出発した。古典的政治哲学は、そのような道徳的区別が晒されることになる強力な理論的反論について、現代の独断的懐疑論者よりもよく知っていたにも関わらず、そうした道徳的区別から出発したという。(99)

古典古代、都市は常に戦争の可能性にさらされており、友と敵の対立は政治の現実そのものであった。しかし、友と敵の対立によって支配された都市の現実を、ソクラテスたちは善や正義をめぐる対話を通じて見つめている。やがて『国家』におけるソクラテスたちの対話は、正義とは何かというテーマのもとに、友と敵に分かれ、互いに対立する都市の限界を明らかにした。

そうしたシュトラウスの議論から、先述したように、古典的政治哲学の特質は次の点にあった。つまり、古典的政治哲学は、政治的なものを道徳的なものと関連させて議論しつつも、政治は人間理性の道徳的要求を完全に実現しえないことを理解していることである。そこには、道徳的なものとは相容れない政治固有の論理に対する視点が介在している。

シュミットによれば、人間は、友と敵の集団化によって規定された政治的なものから逃れることはできない。シュトラウス自身も、シュミット宛の書簡のなかで「人間のあらゆる結合は、必然的に他の人間に対する疎隔であり、そうした疎隔傾向は（それとともに人間の友と敵の集団化は）人間の自然とともに与えられている」と指摘した[100]。

ただシュトラウスが戦争を背景として強調したことは、我々は戦時下にありながらも、常に友と敵の関係に規定されたままの存在ではなく、政治によって定められた友・敵関係を超越した存在だということである。レーヴィットも指摘しているように、人間は戦争という危急事態においても、その「『私的な』非政治的性質」を保持する。私的な非政治的性質を規定するものは、シュトラウスからすれば、善や正義といった道徳的なものをめぐる人間の思考である。シュトラウスにとって、善や正義を問う人間の思考こそが、人間生活の基本的性格を形成している。

我々は「善とは何か」、「正義とは何か」といった道徳的な問いを発する存在である以上、政治的なものを道徳的な観点から価値判断せざるをえない。そして政治的なものとは何か、政治的な事柄の本性とは何かを問う際も、善や正義を基準とする道徳的な価値判断なしに首尾一貫した態度で適切な答えを発見することはできない。そうした基本的認識こそが、政治的なものを善や正義を基準として価値判断するシュトラウスの姿勢を支えている。

シュトラウスは、道徳的なものとの緊張関係のもとで政治的なものを考察する。そうした緊張関係のもとで理解された政治的なものは、人間の道徳的要求、あるいは知恵の要求を希釈させるものであり[101]、限界を本性とする不完全なものとなろう。そうした政治観に依拠するシュトラウスは、政治的なものと道徳的なものとの間にある懸隔を理解しており、結果的に政治的なものに固有の論理を忘却するという危険性から免れている。

ただ、シュトラウスは、政治的なものと道徳的なものとの間の懸隔を理解しているとはいえ、道徳的な観点から政治的なものを価値判断する態度を放棄しない。そこにはもう一つのシュトラウスの政治観が介在しているからである。つまり、シュミットが示したような政治的なものは、国家の、そして「秩序」の構成的な原理ではなく、国家の条件に過ぎないとする政治観である[102]。

シュミットに関して言えば、政治的共同体としての国家は、人間の身体的生命に対する支配権によって他のあらゆる種類の共同体ないし団体を超越している[103]。自らの決断に基づいて敵を決定し、敵と戦い、それによって公然と人間の生命を意のままにする可能性こそが、国家および政治的なものを他の存在から区別し、国家の至上性を示すものであった。

シュトラウスも、人間の友と敵の集団化は人間の自然とともに与えられており、また友と敵に別れる疎隔傾向は、運命というべきものであることを認めていた[104]。友と敵の集団化によって規定された政治的なものから逃れられないかぎり、善や正義に関する問いも、その解き難き問題性に直面するならば、友と敵の対立へとエスカレートし、生死を賭した争いを引き起こす危険性を否定できない。古典古代の政治的生活を規定していた善や正義をめぐる論争も、友と敵の対立へと発展する可能性をもっていたといえよう。

しかし、古典的政治哲学者は、そうした善や正義をめぐる論争を党派的な精神ではなく、善き市民の精神で、紛争の当事者としてではなく、判定者として調停や仲裁によって解決しようと試みる。まさに市民の紛争を終結させ、説得によって市民たちの間に合意を作り出すことが、善き市民の義務であった。それは、戦争に反対する平和主義者が、いわば自らも紛争の当事者となって、非平和主義者を悪として絶滅しようとする党派的態度とは異なる。古典的政治哲学者は紛争において勝利を好むような党派人ではない。古典的政治哲学者は、党派や権威に従属しない判定者として、自立した「リベラル」な立場に立って紛争を解決しようとする。

本来の意味で「リベラル」であることは、政治の現実を見据え、節度を重んじるものであるが、単純に保守的とはいえない。なぜなら、現実の政治秩序に対する批判的視点を提供し、善き生とは何かという観点から、人間の尊厳を重んじる善き政治秩序を探求するからである。本来の意味で「リベラル」であることは、政治的現実とともに、人間の限界を見据える節度と善き政治秩序を探求する知恵とを分離しない[105]。

以上みてきたように、シュミット批判、ソクラテスなどの古典的政治哲学者への解釈を通じて、シュトラウスの政治哲学の原型が見えてくる。つまり、本来の意味で「リベラル」な政治哲学こそ、シュトラウスが再生しようとする政治哲学の原型となっている。

ただシュトラウスが、現代において再生させようとする本来の意味で「リベラル」な政治哲学は、古典的政治哲学そのものではない。では、彼が現代において再生させようとする本来の意味で「リベラル」な政治哲学とは、どのような政治哲学なのか。その政治哲学の特徴を探るために、シュトラウスが、マックス・ウェーバーとどのように対峙し、またウェーバーの学問論において露呈した課題をどのように克服していったのか、を追わなければならない。政治哲学において、政治的な事柄は、善や正義の諸基準によって判定されるべきものであり、人間は善や正義の基準に関する知識を探求しうるということが、シュトラウスの政治哲学の不可欠な前提であった。だがその政治哲学の前提そのものが、ウェーバーによる二〇世紀の時代診断、すなわち「神々の闘争」の前に揺らいでいたからである。

第三章　ウェーバーとシュトラウス——学問と政治をめぐって

第一節　学問と政治——ウェーバーの場合

1. 神々の闘争と学問

シュトラウスは、『自然権と歴史』のなかで、「ウェーバー以来、彼に比肩しうるほどの知性、勤勉さ、そしてほとんど狂信的といえるほどの献身を社会科学の基本的な問題に対して捧げた人間はいない」と述べ、彼の誤りがいかなるものであろうとも、彼は二〇世紀の最も偉大な社会科学者であると評価している。(1) だがウェーバーの誤りを指摘するその文面からわかるように、シュトラウスはウェーバーを全面的に称賛しているわけではない。(2) シュトラウスは、ウェーバーに対して二〇世紀の最も偉大な社会科学者という賛辞を送りながらも、ウェーバー批判を展開していく。そのウェーバー批判の中心論点は、神々の闘争と呼ばれる、現代の価値の解き難き闘争のなかにあって、もはや学問(3)は、価値の対立を解決することはできないという基本的なスタンスである。

価値の対立状況を背景とした学問の役割をめぐる議論は、ウェーバーの『職業としての学問』の講演から、一〇〇年経った現在[4]においても重要な論点を提起しているといえよう。すなわち、多様な価値が分裂・対立している状況において、学問は何を為しうるのか、という問題である。

神々の闘争のなかにあって、学問は何を為しうるのか、学問が政治に対して果たすべき役割は何か、そして学問はいかなる政治秩序を描くことができるのか。現実政治の場面においても、多様な価値の相克があり、現代政治哲学の課題の一つが、多様な価値が分裂・対立しているなかで、政治秩序の構想を示すことであることを考えれば、ウェーバーが提起した議論は、現代の政治哲学においても重要な論点を提供している。

ウェーバーが『職業としての学問』の中で述べるところによると、こんにち世界に存在するさまざまな価値は、互いに解き難き争いのなかにある。まずウェーバーは、美しいもの、神聖なもの、善なるもの、真なるものをめぐる価値の分裂状況に言及している。つまり、美しくなくとも神聖であること、むしろ美しくないかぎりにおいて神聖でありうること、またあるものは善ではないというまさにその点で美しくありうるということ、こうしたことは、ニーチェ（Friedrich Nietzche, 1844-1900）以来知られており、またすでにボードレールの詩集『悪の華』においても示されているとウェーバーはいう。さらに、あるものは美しくもなく、神聖でもなく、また善でもないかわりに真でありうること、むしろそれが真でありうるのは、それが美しくもなく、神聖でもなく、また善でもないからであるという[5]。

こうした真・善・美、そして神聖なものをめぐる価値の分裂・対立状況は、価値をめぐる神々の争いのなかでも、最も単純な場合にすぎない。ウェーバーは、フランスの文化とドイツの文化を比較して、学問的にその文化の価値の高低を決定しようとしても、その方法はわからないと述べている。文化についても永遠の神々の争いがあり、学問はそうした神々の争いに決着をつけることができない[6]。

さらにウェーバーは、個々人の生活の拠り所となる究極的立場において神々の争いがあることを次のように指摘する。

> すなわち、各人の究極的な態度決定に応じて、一方は悪魔となり、他方は神となる。そして各人はそのいずれが彼にとっての神であり、そのいずれが彼にとっての悪魔であるかを決断しなければならない。しかもこれは生活のあらゆる秩序についていえることである。(7)

このようにウェーバーのいう神々の闘争は真・善・美、そして文化だけでなく、人々が依拠する究極的立場にまで及んでいる。ではこうした神々の闘争のなかで、一体学問は何を為しうるのだろうか。ウェーバーは神々の闘争の時代の学問の役割を次の諸点に求めている。

・技術的知識の提供

まず学問は、実際の生活において外界の事物や他人の行為を予測によって支配するための技術的知識を与える。そのために学問は、「思考方法、およびそのための道具と訓練」を提供する。(8)

・手段に関する知識の提供

次に学問が提供できるのは、ある目的を達成するために必要な手段に関する知識である。具体的にいえば、ある目的が与えられた場合、その目的の達成のために考えられる手段がどの程度その目的に適しているのか、またいかなる手段がその目的を達成するために適しているのか、といった手段の妥当性について学問は答えることができる。[9]

・目的と結果の相互秤量

次に学問が提供できるのは、目的の達成に伴う結果に関する知識である。つまり学問は、ある目的を達成しようとするとき、通例どのような随伴的な現象（結果）が伴うことになるのかを行為者に予見させることができる。[10]

より具体的にいえば、ある目的を達成しようとする場合、その目的を達成することによって、その目的以外のどのような価値が損なわれることになるのか、つまり目的以外の何を犠牲にするのか、という問題に学問は予見できる出来事の連鎖をたどって答えることができるという。[11] こうした学問の役割を論じるときウェーバーの念頭にあるのは、ある目的を達成しようとするとき、何かが犠牲になるという現実認識である。

責任をもって行為する人間の自己省察のなかで、目的と結果の相互的な比較秤量を避けて通れるようなものはない。そうした相互秤量を可能にすることこそ、ウェーバーにとって学問の技術的批判の最も本質的な機能の一つであった。[12]

ただここで注意しなければならないのは、この相互秤量に決着をつけるのは、学問ではなく、個々の人間だということである。目的を達成するために、その目的達成に伴うある程度の犠牲を甘受するのか、あるいは目的の達成を断念して、その目的達成に伴う犠牲を回避するのか、そのどちらを選ぶかという問題に学問は答えることができない。目的を達成しようと意欲している人間が、最終的に自分の良心と自分の個人的な世界観に従って、問題となっている諸価値を吟味し、選択しなければならない。[13]

・価値の明確化と諸価値の対立の自覚

目的と結果の相互的な比較秤量に決着をつけるのは、学問ではなく、個々の人間であった。ただ、相互秤量に際して学問は何も為しえないわけではない。学問は、目的を達成すべく意欲している人間を助けて次のことを為すことができる。つまり学問は、意欲する人間を助けて、あらゆる行為、そして行為しないことも、特定の価値に加担することを意味し、またその価値に加担することによって他の価値に敵対することを、その意欲する人間に意識させることができる。(14)

こうした学問の役割についてウェーバーは、『職業としての学問』のなかで次のように述べている。ある実際上の立場は、ある究極の世界観上の根本態度から、その本来の意味をたどって導きだされるのであり、他の根本態度からは導きだされないということ、そのことを学問は教示するということである。(15)

こうして神々の闘争の時代にあって学問は、具体的な目的の根底にある価値（理念）の意味を自覚させ、その価値（理念）を選択すれば、他の諸価値とは対立することを個々人に自覚させる。ウェーバーにとってそうした学問の役割こそが、人間の文化的な生活に関わる学問の最も本質的な任務の一つであった。(16)

・価値に対する形式論理的な評価

さらにウェーバーによると、学問は具体的な目的の根底にある価値（理念）をただ理解させ追体験させるだけでなく、それらの価値（理念）を批判的に「評価する」ことも教える。ただここで「評価する」とは、価値判断や価値（理念）のなかにある素材を形式論理的に評価するにすぎない。つまり「意欲されたものに内面的な矛盾がいっさいあってはならないという要請に基づいて理想を検討すること」に評価は限られる。(17)

自分が依拠する価値、すなわち自分の理想（理念）に矛盾がないかという観点からその理想（理念）を評価するのである。これは自分が依拠する価値に対して首尾一貫性と忠実さを要求するものだといえよう。

以上がウェーバーにとって、神々の闘争の時代における学問の主たる役割であり、また学問が為しうることの限界であった[18]。ウェーバーの学問論において、学問は価値の問題に全く関与しないわけではなかった。学問はある目的を意欲する者を助けて、その意欲した内容の根底にある究極の公理、またその意欲する者が出発点とした究極の価値規準を意識させ、反省させることができた[19]。学問は、自分が拠って立つ価値を明確にし、その価値を選択することは、他の価値と対立することを意識させる。

しかし、学問が個々人に対して、その依拠する価値を意識させ、反省を促すことができるとしても、学問は価値の対立を解決することはできない[20]。このことに関連してウェーバーは次のように断言している。つまり対立している諸目的の間の衝突がどのようにして調整されうるのかという問題に対して、何らかの決定をあたえるような、(合理的なあるいは経験的な)学問的な方法は存在しない[21]。

では目的や価値の対立に決着をつけるものとは何か。それは個々人の決断である。目的や価値をめぐる対立のなかで個々の人間が、自ら決断を下し、目的や価値を選択していく[22]。そして学問はそうした個々人の選択に際して、個々の人間が抱いている目的や価値を明らかにすることに努める。神々の闘争の時代にあって、学問は神々の闘争を解決することはできず、個々人の選択に対して補助的な役割を果たすにすぎない。

ではこうした学問的姿勢をとるウェーバーは、政治に対する学問の役割についてどのような見解を示しているのだろうか。ここから、政治と学問というテーマを中心として、政治に対するウェーバーの学問的姿勢を明らかにしていこう。

2. 政治に対する学問の役割

ウェーバーの神々の闘争という時代認識は、彼自身の政治観にも影響を与えている。そもそもウェーバーにとって、人間の生活を規定しているのは闘争（der Kampf）である。ウェーバーによれば、あらゆる文化生活から闘争を排除することはできない[23]。闘争には、外部のものをめぐって敵対する人々の闘争、つまり外面的な闘争もあれば、個人の内面において繰り広げられる心情的な闘争もある。常に闘争は存在する[24]。そしてあらゆる政治の本質（das Wesen aller Politik）を規定しているのも闘争であった[25]。闘争は、政治家である以上、常に、必然的に行わざるをえない[26]。そして闘争が政党間の闘争ともなれば、それは本質的な目標をめぐる争いとなり、また官職任命権をめぐる争いとなる[27]。

ウェーバーにとって政治とは、「権力に参加し、権力の配分に影響を及ぼそうとする努力」である[28]。そうした努力が闘争へと進展したとき、政治はそれぞれ異なった価値観をもつ人間が、自らの価値を達成する手段としての権力を追求する闘争となる[29]。

我々はこうした闘争を本質としたウェーバーの政治理解を、単に権力闘争を強調するものとして解してはならないであろう。政治の場における闘争は、権力を追い求めるだけのものではない。ウェーバーにとって政治の場における闘争は、それぞれが実現しようとする価値をめぐって展開される、価値をめぐる闘争だった[30]。そして政治における価値をめぐる闘争は、混沌とした解決できない価値の対立を生むわけではない。価値をめぐる闘争から、理想的なものが実現されるという視点がウェーバーにはあるからである[31]。つまりウェーバーは政治の場における闘争を、単なる権力闘争として見ていたのではなく、それぞれの政治家、あるいは政党がそれぞれの価値観をぶつけ合うことによって、理想的なものを実現する契機として捉えていた。

ウェーバーは、実践的な政治家（der praktische Politiker）にとって、意見の対立を調停することが、その意見のうちの一つに加担することと同じように、主体的に義務を果たすことだと指摘している[32]。さらにウェーバーは討議と妥協によって相対的に最上のものを成立させることを議会固有の仕事として認め、その仕事を成立させうることを、議会主義的立法の純技術的卓越性と呼んでいる。(33) このことは、現実政治の価値をめぐる闘争において調停や妥協の余地があることを示している。

現実政治の場において価値をめぐる闘争は、意見の対立となってあらわれる。その意見の対立を調停することも、実践的政治家の主体的義務であった。そして議会において相対的に最上のものを成立させるためには、妥協もいとわない。政治家は、価値をめぐる闘争のなかで、調停や妥協を通じて、合意を形成していく。

では価値をめぐる闘争に参入する政治的行為者や政党に対して、学問は一体どのような役割を果たしうるのであろうか。ウェーバーは、その役割について次の点をあげている。

> 学問は、それが規範的なものであれ、また経験的なものであれ、政治的行為者および争っている諸政党のために、ただひとつの非常に貴重な奉仕だけをすることができる。すなわち（一）この実践的問題に対してこれこれの異なった「究極的な」態度決定が考えられうるということ、そして（二）そうした様々な態度決定のなかで諸君が選択する際、諸君が考慮しなければならない諸事実は、これこれであるということ、以上のことだけを諸君に知らせることができる。(34)

まずここで示されている（一）の学問の役割は、ある実践的な問題に対する態度としてどのような究極的な態度が考えられるのか、その選択肢を明示することである。

次に（二）の学問の役割は、実践的な問題に対して幾つか考えられる究極的な態度のなかから究極的態度を選択するとき、その選択の際に考慮しなければならない諸事実を明示することである。この（二）の学問の役割の前提にあるのは、行為者が意欲した目的と、行為によってもたらされた結果との間には、多かれ少なかれ、一定の齟齬が生じるという、ウェーバーの認識である。ウェーバーによると、多くの場合、意図された目的の追求には、意図されざる副次的な結果が伴い、その副次的結果によって当初追求しようとした目的が幾分犠牲になる。それゆえ先述したように責任をもって行為する人間の自己省察において、目的と結果との相互秤量は避けては通れない。

この意図した目的と結果との間に齟齬が生じるということ、それはウェーバーがまさに『職業としての政治』のなかで論じた政治の論理そのものである。そのなかでウェーバーは、政治的行為の最終的な結果が当初の意図と食い違い、しばしば正反対なものとなる政治の論理について言及していた[35]。政治にとって決定的な手段が暴力であるという事実は、目的と手段との間に緊張関係を生み出す。政治が暴力、そして暴力を背景とする権力を手段とする以上、政治的行為において、善からは善のみが、悪からは悪のみが生まれるということは決して真実ではなく、しばしばその逆のことが起こる。

そうしたウェーバーが提起した問題は、過去の歴史を振り返るならば、時代と場所を超えた普遍性を有しているといえよう。これまでの多くの戦争や革命は、自らを正義や善とする大義名分のもとで行われてきたが、戦争や暴力を用いた革命は、必ずしも結果として善や正義だけをもたらしてきたわけではない。それはこれまでの人類の歴史が証明している。

旧体制の不平等を打破し、新秩序を構築しようとしたフランス革命は、王政を打倒したが、その後、ジャコバン派による恐怖政治が続き、さらにナポレオンの登場によってヨーロッパの各地が戦場と化した。ロシアの共産主義革命は独裁を生み、政治的粛清や強制労働といった人権侵害の数々の国家的犯罪が繰り返された。

二一世紀に入り、同時多発テロによって打撃を受けたアメリカは、テロとの戦いを掲げて、アフガニスタン、イラクと戦線を拡大させていった。イラク戦争の際、イラクが大量破壊兵器を保有しているという前提のもとに、アメリカはイラクに武力攻撃を加えた。それは、アメリカからすれば、正義の戦争であった。しかし、実際にイラクで大量破壊兵器は発見されず、アメリカの攻撃によってフセイン体制は崩壊したが、その後もイラクにおいて、テロは頻発した。

善悪といった道徳的価値観だけでは割り切れない、政治固有の論理、そして善悪といった道徳的なものと暴力を手段とする政治的なものとの間にある緊張関係・懸隔をいかに理解していくのか。ウェーバーにとって、善悪といった道徳的なものと相容れない、政治固有の論理が見抜けないような人間は、政治的に未熟な人間であった[36]。

それゆえ先述した（二）の学問の役割は、目的と手段の緊張関係のもとに置かれる政治的行為者にとって重要な意義をもっているといえよう。政治において、当初に意図した目的と結果とがしばしば食い違うものである以上、政治の行為者は、実践的な問題に対処する際、あらかじめその実践的問題に関する様々な事実を考慮に入れ、自分の行為によってどのような結果が生じることになるのかを予見しなければならないからである。そのとき考慮すべき事実を教示するのが、（二）の学問の役割である。

ただ、ウェーバーにとって、学問が政治的行為者に対して為しうることはここまでである。学問は、ある実践的問題に対する究極的態度の選択肢を明示し、その究極的な態度を選択する際に考慮すべき事実を提示するにとどまる。最終的に実践的問題に対してどのような態度をとるかは、政治的行為者および政党が決断しなければならない。つまり政治上のさまざまな価値をめぐる闘争に対しても、学問は、政治的行為者や政党に対して補助的な役割を果たすにすぎず、政治上の価値をめぐる闘争を解決することはできない。

第二節　シュトラウスのウェーバー批判

これまで、神々の闘争という時代認識を背景とするウェーバーの学問論、なかでも学問が政治に対して果たす役割について議論を展開してきた。ここからは、ウェーバーに対するシュトラウスの批判を綿密に分析する。シュトラウスのウェーバー批判は、まず、学問における価値判断の問題をめぐって展開され、その後、政治に対して学問が果たすべき役割とは何か、政治と学問とはどのような関係のもとに確立されるべきか、といった政治学上の根本的な問題をめぐって展開される。

1．価値判断と事実認識

ウェーバーにとって価値の対立は、学問によって解決されるものではなかった。ただそれは、学問が価値の問題に全く関与しないことを意味しているわけではない。社会科学の研究対象は、研究者自身の何らかの価値理念への関わりから選択される。社会科学的認識の対象は、研究者の価値理念を通じて混沌とした無数の事実の大海から浮かび上がってくるものであり、それが「価値関係（die Wertbeziehung）」と呼ばれるものである。[37]ウェーバーの社会科学の認識理論の特徴を示す価値自由の意味は、研究者は常に自分の研究の前提にある価値理念を意識しつつ、その価値理念からできるだけ自由でなければならないということにあった。[38]だがここで「価値関係」と「価値判断」とが異なることに注意しなければならない。シュトラウスは、「価値関係」と「価値判断」の違いについて次のように述べている。

しかし、ウェーバーは「価値関係」と「価値判断」の根本的な違いをも同様に強調している。つまりある事柄が政治的自由の点から意義があると言ったとしても、その人は、政治的自由を擁護したり、あるいは政治的自由に対抗したりするわけではない。社会科学者は「価値関係」によって構成された対象を評価することはない。彼はただそれらの対象を原因にまで遡ることによって説明するにすぎない。社会科学が関係し、行為者が選択の対象とする諸価値は明確にされる必要がある。その明確化は社会哲学の役割である。しかしその社会哲学でさえ、決定的な価値の問題を解決することはできない。社会哲学は、自己矛盾を含まないさまざまな価値判断を批判することはできないのである。[39]

ウェーバーは、ある目的を意欲する者を助けて、その意欲した内容の根底にある究極の公理、またその意欲する者が出発点とした究極の価値規準を意識させ、反省させる役割をもつ学問を社会哲学と呼んでいる。[40] しかし、シュトラウスによると、この社会哲学も重要な価値の諸問題を解決することはできない。[41]

ウェーバーにとって事実の学問的な論究と価値評価をともなう理性的判断とを混同することは、専門的研究にとって有害であった。[42] たとえ社会科学的認識の対象が研究者の価値理念によって選択されるとしても、研究者はその価値理念から可能な限り自由になり、あくまで事実を事実として分析しなければならない。そのためには価値の判断基準や選択基準を提示したり、また価値判断を下したりすることはできるだけ禁欲しなければならない。[43]

確かにそうした禁欲的態度は、厳密かつ客観的な事実認識のために必要であろう。だが一方で、厳密で客観的な事実認識に徹するあまり、事実に対する批判的態度が次第に消滅してしまうという危険性が常に付きまとう。シュトラウスのウェーバー批判は、まず、その点に向けられている。つまり、社会科学において価値判断を禁止すれば、強制収容所にみられる行為を厳密に事実に即して記述したり、また強制収容所に関わる行為者の動機を事実に即して分析したりすることは許されても、そうした強制収容所の残虐性について語ることは許されないという。(44)

さらに、シュトラウスは、社会科学における価値判断の拒否が社会科学的認識の歴史的客観性までも危険に晒すと批判する。

ここでシュトラウスは、ウェーバーの『プロテスタンティズムの倫理と資本主義の精神』（一九〇四―一九〇五年）の議論に即して次のような批判を展開していく。ウェーバーは、『プロテスタンティズムの倫理と資本主義の精神』のなかで、カルヴィニズム神学が資本主義精神の主要原因であると主張した。しかしそれは正確に言えば、カルヴァン神学の改竄ないし堕落が資本主義精神の出現をもたらしたというべきであった。というのも資本主義精神の出現をもたらしたといわれる予定説の特殊な解釈は、カルヴァンの教義の根本的誤解に基づいており、それはいわばカルヴァンの教義の改竄だったからである。(45)

シュトラウスがみるところ、ウェーバー自身も、純粋なカルヴァン神学が資本主義の精神の形成に寄与したとは考えていない。カルヴァン神学と資本主義の精神を結びつけた輪は、カルヴァンのエピゴーネンやカルヴァン派の平信徒の広範な層にあらわれたという事実をウェーバー自身も強調していたという。(46)

ここでウェーバーが「エピゴーネン」や「平信徒」という言葉を使うとき、そこにはすでにウェーバーのある価値判断がすでに込められているとシュトラウスは指摘する。それは、エピゴーネンや平信徒たちは、決定的な要点を見逃すことが多いという価値判断である。それゆえウェーバーはカルヴァン神学の改竄ないし堕落が資本主義精神の出現をもたらしたと主張すべきであり、そうした限定があってこそウェーバーの命題はウェーバーが言及している諸事実に一致したものになる。(47)

しかし、実際のところウェーバーは自分自身に価値判断に関するタブーを課していたために、改竄や堕落といった言葉によって自分の主張に限定を付することができなかった。ウェーバーは、自分の主張に必要不可欠な価値判断を回避したために、実際に起きた事柄について事実の点で不正確な描写をせざるをえなくなったのである。(48)

以上のようなシュトラウスのウェーバー解釈のもとに、価値判断の拒否が歴史的客観性までも危険に晒すというシュトラウスの批判が展開されている。価値判断の拒否は、我々が事実をあるがままに述べることを妨げ、解釈の客観性までも危険に晒すとシュトラウスは批判する。(49)

さらに、シュトラウスは、「偏狭な党派的精神」、「領袖による支配」、「政治家としての資質（statesmanship）」「汚職」「道徳的腐敗」といった現象、つまり価値判断によって構成される現象を扱うことが許されないとすれば、政治学はどうなるのかと疑問を呈する。(50) シュトラウスによればウェーバー自身も、かつて適切な仕方で社会的な諸問題について論じた他のあらゆる人々と同じように、強欲、貪欲、無節操、虚栄心、献身、バランス感覚やその他の類似の事柄について語ること、つまり価値判断を下すことを避けることはできなかった。(51) ウェーバーにおいても、実際のところ、価値判断を排除して、政治的なものを記述することはできなかったのである。

さらに思想の研究に関していえば、客観的な価値判断が不可能であることを当然視しているような歴史家は、客観的価値判断は可能であるとする過去の思想――実際には過去のすべての思想――を真に理解することができない。シュトラウスからすれば、そうした歴史家には、過去を、その過去が自らを理解しているように理解しようとする必要不可欠な動機が欠落している。(52)

2．学問的態度と政治的態度

これまでウェーバーの認識理論に対するシュトラウスの批判を取り上げた。ここからは、社会問題に対するウェーバーの学問的態度と政治的態度を中心論点として、政治に対して学問が果たすべき役割とは何か、政治と学問とはどのような関係のもとに確立されるべきか、といった政治学上の根本的な問題をめぐるシュトラウスとウェーバーの違いを明確にしていきたい。

先述したように、ウェーバーにとって学問は、ある実践的問題に対して考えられる究極的態度の選択肢を明示し、そしてその究極的な態度を選択する際に考慮すべき事実を提示するだけで、どの選択肢を選択すべきかについて答えることができなかった。そこには価値の対立に関する次のようなウェーバーの基本的認識があったことをシュトラウスは批判を交えて明らかにしている。

真の価値体系というものは存在しない。存在するのは同格の多様な諸価値であり、諸価値の要求は相互に対立し、その対立は人間理性によっては解決されえない。社会科学、あるいは社会哲学は、諸価値の対立とその対立のもつ意味のすべてを明確にするだけである。それゆえその解決は、各人の自由で非理性的な決断に委ねられなければならない。

ウェーバーの命題は必然的にニヒリズムに、つまりあらゆる選好は、それがいかに邪悪で、卑劣で、あるいは正気ではないものであろうと、理性の法廷の前では、他のあらゆる選好とも同等に正当なものとして判断されなければならないとする見解に至ると私は断言する。(53)

ウェーバーによると、学問が人間の行為に対して為しうることの一つは、あらゆる行為がそれぞれの帰結において、特定の価値への加担を意味し、また加担することによって他の諸価値に敵対することを行為者に意識させることである。[54] そして価値の対立状況を自覚した者は、その諸価値のうちどれが自分にとって神であり、悪魔であるかを決断しなければならない。[55] つまり学問は、価値の対立を解決する方途を示すというより、むしろ個々人に価値の対立を自覚させ、自分にとって神であるような究極的な価値を選択するよう促す。[56]

ここでこれまでのシュトラウスのウェーバー批判をふまえて、価値の対立に対するウェーバーの学問的態度と政治的態度との違いを鮮明にすると次のようになる。

先述したように、政治は価値をめぐる闘争の場でありながら、一方で諸価値の間に妥協を生み出す場でもあった。[57] 政治的態度として意見対立にあらわれる価値の対立を調停することが、実践的政治家に課された主体的義務の一つだったのである。

一方で学問は、個々人に価値の対立を自覚させ、決断によって究極的な価値を選択するよう促す。それは、価値の対立を調停しようとする実践的政治家の態度とは異なる。[58] ここから、ウェーバーの政治的態度と学問的態度との間に齟齬が生じることをシュトラウスは次のように指摘している。

ウェーバーが実践的な政治家（a practical politician）としてどれほど賢明であったとしても、また彼がどれほど狭隘な党派的狂信の精神を嫌悪していたとしても、社会科学者としての彼は、政治家としての資質（statesmanship）の精神とは何ら共通点もないような精神、そして狭隘な強情さを助長する以外のいかなる実践的目的も果たさないような精神に依拠して、社会問題に接近した。闘争の優位性（the supremacy of conflict）への彼のゆるぎない信念によって、彼は少なくとも節度ある方針に向けたのと同程度の高い敬意を、過激主義に向けるよう余儀なくされたのである。[59]

ここで節度ある方針と過激主義とは、一体何を意味するのであろうか。シュトラウスは、それぞれ別々の異なる価値に依拠する二つの要求が対立している社会問題を設定し、その問題に対してどのような解決策、すなわち社会的施策が考えられるかという観点から、節度ある方針と過激主義について説明している。(60)

シュトラウスは、ウェーバーがすべての価値は同格であると思っていたのであれば、それぞれ別々の価値に依拠する二つの要求を両方とも満足させる社会的施策のほうが、より限定された範囲の要求しか満たさない社会的施策、つまりただ一つの価値に依拠する要求しか満たさない社会的施策よりも一層選択に値すると指摘する。(61)

ただ、別々の価値に依拠する二つの要求が対立している場合、その二つの要求を両方とも完全に満足させるような施策を実施することは難しい。そのため、その二つの要求を両方とも満たそうとする包括的な施策を選択するとき、別々の異なる価値に依拠する二つの要求は、それぞれいくらか犠牲にされなければならない可能性がある。(62)

このときある問題が生じる。その問題とは、極端あるいは一面的な施策、つまり二つの要求のうちただ一方の価値に依拠する要求だけを満足させるような施策と、包括的な施策、つまり二つの要求をそれぞれ幾分犠牲にしながらも、その二つの要求をできる限り両方とも満たそうとする施策、この二つの施策のうち、一体どちらがより優れた施策なのかという問題である。(63)

この問題に答えるには、まずある可能性について考えてみなければならない。つまり二つの要求のうち、一方の要求を無条件に拒否しつつ、もう一方の要求だけを採択することが可能なのかということである。もしそれが不可能である場合、つまり一方の要求を無条件に拒否することができない場合、二つの要求を幾分犠牲にすることは、理性の命ずるところである。つまりシュトラウスは、二つの要求を幾分犠牲にしてでも、包括的な施策を選択することが合理的で賢明な選択であるとする。(64)

ここで節度ある方針と過激主義の意味が明らかになる。節度ある方針とは、包括的な施策、つまり二つの要求を幾分犠牲にしてでも、二つの要求をできる限り両方とも満たそうとする施策を選択することである。それに対して過激主義とは、極端あるいは一面的な施策、つまり二つの要求のうち、ただ一方の要求だけを満足させるような施策を選択することである。

ウェーバーにとって、政治の場は妥協の場でもあり、実践的な政治家の義務の一つは、意見の対立を調停することであった。さらにウェーバーにとって討議と妥協によって相対的に最上のものを成立させることが議会固有の仕事であった。[65]つまり政治の場において、価値の対立は、調停、そして討議と妥協によって解決されうるものであり、ウェーバーにおいても実践的政治家の義務の一つは、まさに節度ある方針をとることにあるといえよう。

一方で、先述したようにウェーバーにとって学問は、価値の対立を解決することはできない。どのような価値を選択するのか、それは個々人の決断に委ねられている。学問は、価値の対立を自覚させ、一つの価値を決断によって選択することを促す。そのとき、価値間の妥協や調停の余地はない。それゆえ二つの対立する価値が存在するとき、学問は各人にその二つの価値のうち、どちらか一つの価値を決断によって選択することを促す。それは上述した社会的施策でいえば、過激主義的な施策をとることを促すものといえよう。

シュトラウスは、こうした社会問題に対する学問の役割に関連して、次のような問いを提起している。つまり「社会科学は社会的な諸問題に対する賢明な解決に関わるべきか否か、そして節度（moderation）は、過激主義よりもより賢明であるか否か」ということである。[66]節度を重視するシュトラウスの答えを明らかである。つまり、社会科学は、社会的な諸問題に対する賢明な解決に関わるべきであり、節度ある方針のほうが、社会問題に接近する方法として賢明な方法を示している。この節度ある方針が賢明である理由は、対立や紛争の回避という面からも理解されるべきであろう。つまり、過激主義的な解決策は、要求を受け入れられなかった集団の憎悪を招き、さらなる対立や紛争を生むことが予想されるからである。

ウェーバーの学問論に依拠すると、学問は個々人の実践的な問題に対する態度としてまったく合理性を欠いた態度を促しているわけではない。先述したように学問は、行為者が意図した目的と意図されない結果との相互秤量を可能にさせるという役割を担っていた。

また政治的な場面で学問は政治的行為者に、ある実践的な問題に対する究極的態度の選択肢を明示し、その究極的な態度を選択する際に考慮すべき事実を提示する役割を担っていた。こうした学問の役割は、政治的行為者に実践的な問題に対する判断の材料を提供し、賢明な判断を促すという点で合理性を有する。

しかし、その合理性は、どの価値やどの目的を最終的に選択すべきかという、価値や目的の選択そのものにまで及んではいない。ウェーバーの場合、合理性ということに関してはっきりしているのは、どうすればすでに選択された価値や目的を合理的に達成できるかという、価値や目的を達成するための手段に関わる合理性である。

第三節　ウェーバーの決断主義的人間像

シュトラウスの見解に即していえば、ウェーバーは、実践的政治家としては、社会問題に対して節度ある方針をとることができるが、社会科学者としては、その社会問題に対して過激主義的な方針をとるように促される、ということになろう。では、なぜウェーバーの政治的態度と学問的態度との間に根本的な方針の違いが生じるのか。それは、ウェーバーが政治と学問をそれぞれ別次元のものとして分離したことから当然現われてくるものであるといえよう[67]。

学問は、実践的な問題に対する究極的態度の選択肢を明示し、また選択の際に考慮すべき事実を示す。そして政治家は、その示された選択肢と選択する際に考慮しなければならない事実を勘案して、どの選択肢を実際に採用するかを決定する。

ウェーバーは学問と政治の役割を明確に分けており、学問的に示された事実や態度の選択肢の中から、政治家が討議を尽くして、最終的に態度を決定することが、政治家に任された任務と責任であり、また政治家の自由を保障しているともいえるだろう。この点において、シュトラウスは、学問の政治に対する役割を過大視し、また政治に対する学問の介入の領域を広く設定することによって、政治家自らがその任務と責任において決定を下す自由の範囲を狭めていると解釈することもできる。

では、ウェーバーの政治的態度と学問的態度の相違をめぐるシュトラウス批判の核心はどこにあるのか。それは、いかに政治家としてのウェーバーが狭隘な党派的狂信の精神を嫌悪していたとしても、個々人の根本的な態度決定が結局、個々人の決断に委ねられている限り、過激主義的な方針か、節度ある方針か、という二者択一の態度決定も最終的には個々人の決断に委ねられてしまうことである。ここで我々は、ウェーバー特有の人間の生に関する問題意識に注目する必要がある。

ウェーバーによると、究極的価値の間にはいかなる相対化も妥協もない。しかし事実という側面からみて、いたるところで価値の相対化や妥協が行われている。実際、現実に人々が為すほとんどの重要な態度決定において、価値の諸領域は、交錯し、からみあっている[68]。そして、このように価値が交錯し、からみあっている状況に安住することは、次のウェーバーの指摘にあるように日常を浅薄にするものであった。

言葉の最も本来の意味での「日常」を浅薄にするものは、まさに次のことに存する。すなわち、日常において漫然と日々を過ごしている人は、こうした、一部は心理的に、一部は実際的に引き起こされた、激しく敵対している諸価値の混同を意識していないということ、とりわけまたそのことを全く意識しようとはしないということ、むしろ日常において漫然と日々を過ごしている人は、「神」と「悪魔」との間の選択を避け、衝突している諸価値のうち、どれが神によって支配され、どれが悪魔によって支配されているのか、ということについての自らの究極的な決断（die eigene letzten Entscheidung）を避けているということである。[69]

ウェーバーによると、全体として人間の生は一連の究極的な決断を意味し、魂の持ち主である人間は、まさに決断によって、自分自身の運命と自分の行為と存在の意味を選択する。[70]ウェーバーにとって、決断こそが人間の生にその意味を付与する。そしてそれは近代的な自我の自律性を強調する立場と直結している。[71]

ウェーバーは、決断することに個人の存在意義と自由を求めている。その決断には、責任が伴う。決断は、全く倫理的制約を受けないわけではない。個々人は自分が依拠する根本的な価値を決断によって選択するが、それとともに、その価値に依拠した行為の結果に対して責任を負わなければならない。このように自由に価値を決断によって選択し、自らが主体的に選択した価値とそれに基づく行為に対して責任を負う人間像こそが、ウェーバーにとって神々の闘争の時代のなかで生きる理想的な人間像であった。[72]

この人間像は、自らの決断と行為の結果に責任を負うかぎりにおいて、決して無責任な態度を容認しているわけではない。しかし、個々人の究極的な態度決定もまた、神々の闘争のなかにあることに変わりはない。

ここでシュトラウスの節度ある方針と過激主義的な方針に関わる議論に立ち返ると、そうした神々の闘争のなかでは、節度ある方針を取ることも、過激主義的な方針を取ることも、等しく尊敬されるべきものであり、二つの方針の間に優劣関係は存在しない。いかに、ウェーバーが政治の領域において妥協や調停の余地を認め、狭隘な党派的狂信の精神を嫌悪し、節度ある方針を求めていたとしても、人間が生きる意味を決断に求めるその実存主義的な態度の前では、妥協や調停を重視する態度の優位性は失われてしまう。つまり、妥協や調停を拒否し、過激主義的な方針を取る態度も、それがその人の決断に依拠し、その帰結に最終的に責任を負うのであれば、妥協や調停を用いて解決策を案出しようとする態度と等しく容認される。ウェーバーの政治的態度と学問的態度の相違をめぐるシュトラウスの批判は、その点に向けられているといえよう。

こうしたウェーバーの決断主義的傾向に対して批判を浴びせたのは、さらに、カール・レーヴィット、マックス・ホルクハイマー（Max Horkheimer, 1895-1973）といった、全体主義の台頭とともにドイツを去った知識人たちであった。

まず、レーヴィットによると、預言者不在の権威なき時代にあって、各人は自分で何を為すかを決断しなければならないとするウェーバーのまったく個人主義的なテーゼから、「全体的な心情の営みのなかへ、そして、何を信じ、何を為すべきかを大衆に告げる雄弁な総統の意志のもとへ、完全に組み込まれてしまうまでには、ほんの一歩で足りる」という[73]。さらにレーヴィットは次のように指摘している。

こうして多様な可能性のなかでの自由な選択を一度選ばれた総統へ譲渡することによって、自分自身の「決断」は命令に断固として従うことに、「帰属」は服従に、「被傭者」は職務管理者に、「人間機械」は全労働戦線に変容する。ただ自分にだけ責任を負う解放された個人は、担うには重すぎる自己決断という重荷を喜んで譲り渡すことができる人物へと急変するのである[74]。

このようにレーヴィットによると、自分が為すべきことを自分で決断しなければならないとする自己決断の責任の重荷に耐えきれない個人は、その重荷を喜んで、雄弁な政治的指導者に譲り渡す人物へと変容してしまう。預言者不在の権威なき時代に、自分が為すべきことを自らの責任によって決断しなければならないとするテーゼは、現実には決断の放棄と雄弁な政治的指導者への従属へと向かう。また、ホルクハイマーは、自分以外に何ら基準を必要としない人間の独立性の増大が、服従の増大へと至ることを次のように指摘している。

人間は次第に行為の絶対的な基準や普遍的な拘束力をもつ理想に依存することが少なくなった。人間は自分以外になんら基準を必要としないほど、完全に自由であると考えられている。しかし、逆説的にも、こうした独立性の増大は、それと並行した服従の増大へと至った。手段に関する人間の計算が抜け目のないものになるにつれて、人間の目的の選択――それはかつて客観的な真理に対する信念と相互に関係づけられていた――は、思慮のないものとなった。個人は、客観的理性の神話を含む諸神話のあらゆる断片から浄化されると、順応の一般的な様式に従って自動的に反応するものとなる。(75)

ホルクハイマーの分析では、ウェーバーは主観主義的傾向に固執していたために、人間が一つの目的を他の目的から区別する際の合理性を少しも考えることはなかった。さらにホルクハイマーは、ウェーバーに関連して、「我々の衝動や意図、そして最終的に究極的な決断が、アプリオリに非合理的なものであるならば、主観的理性は、相互に関連させるだけの働きとなり、それゆえ主観的理性自体、本質的に『機能的』なものだ」と指摘している。(76)

決断のほかになんら選択の原理をもたない個人は、結局、自ら決断を下さなければならないとする責任の重荷に耐え切れずに、決断と責任を放棄し、何を為すべきかを告げる雄弁な総統の意志に身を委ねる。それは決断によって生きる自律した強力な自我が、専制的な体制に服従する自我へと変容してしまう一つの逆説であり、それを鋭く抉り出したのが、レーヴィット、ホルクハイマーたちであった。目的を選択する際の客観的な基準や理想が失われるなかで、明確で壮大な構想を提示する指導者が登場したとき、人々は、決断によってその指導者を選択するものの、自分たちの決断の以後は、指導者の決断に身を委ねる。それは、人間に自由をもたらす道ではなく、独裁体制への隷従の道であった。

シュトラウスは、「『スピノザの宗教批判』への序文」のなかで、ワイマール共和国の弱さがその急速な破壊を確実にさせたが、その弱さはナチスの勝利を確実にしたわけではないことを指摘し、ドイツにおいてナチスの勝利が確実になった原因を、強力な意志、ひたむきさ、比類なき無慈悲さ、大胆さ、そして配下に対する権力などを備えた人間が革命の指導者だったことに求めている。[77] ナチスの政権樹立によって起こった歴史的に類を見ない未曾有の悲劇は、実際に政治権力を掌握し、数多くの非人道的な命令を下したヒトラーをはじめとして、その命令を実行した者たちに第一の責任があるだろう。

ただ、一方でシュトラウスは、『自然権と歴史』のなかで、全てをヒトラーに還元することを避けるべきだと主張している。[78] 第一次世界大戦の敗北、屈辱的なヴェルサイユ体制、世界恐慌によるインフレと深刻な失業率などの対外的・経済的問題を背景として、ヒトラーは、ドイツの栄光を取り戻すことを強烈にアピールし、人々の支持を獲得していった。ワイマール共和国が崩壊し、ナチスの体制へと移行した原因には、多様なものがあり、問題を単純化することはできない。ヒトラー率いるナチスが、その政権獲得過程においてプロパガンダ、さらには、威嚇、暴力的行為等を行使していたことは確かである。[79] ただナチスが政権を獲得するうえで、選挙が重要な契機の一つであったことは否めないであろう。シュトラウスは、そうした時代の背景に人間理性の危機が存在していたことを自然権への考察を通じて明らかにしていく。

第四節　自然権と政治哲学の危機

シュトラウスは、その『自然権と歴史』のなかで、ギールケ（Otto Friedrich von Gierke, 1841-1921）の言葉を引用しつつ、一九二〇年代のドイツの思想的状況を当時の西ヨーロッパの思想的状況と対比させながら次のように述べている。つまり「西ヨーロッパが、依然として自然権に決定的な重要性を認めていたのに対して、ドイツでは『自然権（natural right）』や『人間性（humanity）』という語そのものが、『今やほぼ理解不可能となり、その本来の生命と生彩を全く失った』[80]」ということである。そして自然権を放棄することによって、ドイツの思想は歴史感覚を作り出し、結果的には無制限の相対主義に到達したという。そして、その無制限の相対主義は、単にその当時のドイツに限定された思想的危機ではなく、今や西洋思想一般に当てはまるようにみえるという[81]。

第一次世界大戦後に誕生したワイマール共和国は、一九三三年のナチスの権力掌握によって事実上、瓦解した。その背景にある思想的危機は、シュトラウスにとって無制限の相対主義である。彼がなぜ自然権について議論するのか。その主眼は、単にワイマール体制の崩壊の原因を究明することだけに置かれているだけではない。無制限の相対主義の危機は、第二次世界大戦後も続いている。それは、西洋思想一般を覆う危機であり、その危機は、シュトラウスによって自然権の危機として描かれていく。

シュトラウスからすれば、自然権は、政治哲学が成立するために必要不可欠な前提である。政治的生活において、自然権は避けることができない問題として意識されるようになる。自然権の理念を知らない政治的生活は、政治学の可能性に気づくことはなく、また学問そのものの可能性に気づくことはない。学問の可能性を意識する政治的生活は、必然的に自然権を問題視するという[82]。

ではシュトラウスにとって、自然権はどのような意義・役割を持っているのだろうか。シュトラウスは、自然権の意義について次のように述べる。

自然権(natural right)を拒否することは、すべての権利(正義)(right)が実定的な権利(正義)であると言うに等しく、何が正しいかは、専らさまざまな国の立法者や法廷によって決定されることを意味している。今日「不正な」法あるいは「不正な」決定について語ることは、明らかに意義あることであり、また往々にして必要でさえある。そのような判定を下す際、我々が示唆することは以下のようなことである。すなわち実定的な権利(正義)から独立し、実定的な権利(正義)よりも高次の正義・不正に関する基準、すなわち我々が実定的な権利(正義)を判定することができるような基準が存在しているということである[83]。

シュトラウスは、さらに続けて、我々が自分たちの社会の理想の価値に対して問題を投げかけることができるという事実こそが、人間のなかに自分の社会に完全には隷属してしまうことのない何かがあることを示していると主張する[84]。それゆえに我々は我々自身の社会だけでなく、他の社会の理想を判断しうるような基準を探求することができるし、また探求するよう義務づけられているという[85]。

このようにシュトラウスは、自然権という基準から、政治や司法の決定、そして社会の理想を価値判断し、批判的態度をとりうることに人間の尊厳と自立性をみている。自然権こそが、立法府や司法の決定、さらには社会的理想を判定する基準である。

さらにシュトラウスにとって、その自然権は、単に政治や社会に対して批判的距離を取るために必要とされているだけではない。自然権に関する知識は、社会のなかで対立しているさまざま要求（ニーズ）の問題を合理的に解決するために必要とされている。

つまり、それぞれの社会とその諸領域では互いに対立する多くの要求がある。それぞれの要求の対立を解決するためには、互いに対立する要求に優先順位をつけなければならない。そうした優先順位をつけるためには、真の要求と虚偽の要求とを峻別する基準、さらに多様な真の要求の位階秩序を認識するための基準が必要になる。我々は自然権の知識を持たないなら、社会のなかで対立する要求が提起する問題を合理的に解決することはできないとシュトラウスは主張する(86)。

このように自然権は、政治や司法の決定、さらには社会が理想と掲げるものを判定し、社会的諸問題を合理的に解決するために必要とされるものであった。シュトラウスにとって、政治哲学がその対象とする事柄を正しく評価しようとするならば、善や正義の諸基準に関する純粋な知識を得ようと努めることが必要であり、政治哲学とは政治的な事柄の本性とともに、正しい、あるいは善き政治秩序を真に知ろうとする試みであった。古典的政治哲学において、「natural right」、すなわち自然的正義がその諸基準の一つであり、プラトンの『国家』において、自然的正義の知識は、政治的な事柄の本性を明らかにすることに加えて、善き政治秩序の探求においても必要とされるものであった。

では、近代の自然権について、シュトラウスは、どのような議論を展開しているのだろうか。すでに本書の第一章第一節で言及したように、リベラリズムの成立にあたってホッブズ、ロックの自然権論が果たした役割は大きい。ただそのリベラリズムの成立に寄与したホッブズ、ロックの近代自然権論に対するシュトラウスの解釈をさらに綿密に分析すると、彼の近代自然権に対する評価が複雑なものであることが分かる。

シュトラウスによれば、リベラルな相対主義の根源は、寛容の自然権の伝統のなかに、すなわち万人は、自分で理解するかぎりでの幸福を追求する自然権をもつという観念のなかにあるが、そうした寛容の自然権の伝統自体、不寛容の温床だとする。(87) シュトラウスにとって、その寛容の自然権の伝統とは、近代の自然権の伝統でもある。

シュトラウスは、ホッブズの政治哲学において、自己保存の権利としての自然権が、あらゆる法、秩序、義務の起源となっていることを指摘した。そこで、さらにシュトラウスが問題にするのは、自己保存の手段に関する判断基準をめぐる問題である。

ホッブズは自然権を万人に平等に付与されるべきものとした。そして自己保存の自然権が万人に平等に付与されるに伴い、自己保存にとって如何なる手段が必要であるかを判定する権利も万人に付与されることになった。ここでシュトラウスは、万人が自然的に各自の自己保存にとって何が必要であるかを判定する判定者であるならば、あらゆることが自己保存にとって必要だと正当に解されると指摘する。それは、あらゆることが自然的に正しいことを意味している。(88) このようにシュトラウスは、ホッブズの自然権論において、自己保存の手段に関する判断基準が主観的かつ相対的になったことを明らかにしている。また第一章第一節で論及したように、幸福追求の自然権において、各人は、自分が思い描く幸福を追求する権利をもち、各人が思い描く幸福は、他のどんな幸福の概念にも優越するものではない。

シュトラウスによれば、こうした近代自然権に内在する相対主義をさらに先鋭化させ、制限を取り払ったのが、寛大なリベラリストたちであった。寛大なリベラリストたちの思考は次のような点に集約される。つまり何が本質的に善ないし正義であるかということに関して我々は真正な知識を獲得することができない。それゆえ善や正義に関するあらゆる意見に寛容でなければならないし、あらゆる選好やあらゆる「文明」を同等に尊重しなければならない。寛大なリベラリストにとって、無制限の寛容（unlimited tolerance）だけが理性に従っており、何が善であるかを知ることができるという前提にたつ「絶対主義者」の立場は非難されなければならない。[89] そしてシュトラウスは、無制限の寛容と、自然権のある特殊な解釈との関連性について、次のように指摘している。

あらゆる「絶対的なもの」を激しく拒否する根底には、ある自然権の承認、より正確には、唯一必要なことは多様性や個性を尊重することであるとする、自然権の特殊な解釈があることを我々は理解する。しかし多様性ないし個性の尊重と自然権の承認との間には緊張関係がある。リベラリストが、自然権の最もリベラルな見解によってさえ多様性や個性に対して課されている絶対的な制限に耐えられなくなったとき、彼らは自然権か、あるいは個性の制約なき陶冶か、ということの間で選択しなければならなくなった。彼らは後者を選択した。一度この歩みが踏み出されると、寛容は、多数のもののなかの一つの価値ないし理念として、つまり寛容の反対のものに本質的に優越しない価値ないし理念としてあらわれてきた。言い換えると、不寛容も寛容とその尊厳において同等の一つの価値としてあらわれたのである。[90]

すでに論じたように、古典古代の自然的正義の理論において、人間の幸福ないし幸福の核心は、人間的卓越性にあると考えられていた。一方で、近代において成立した幸福追求の自然権において、いかなる幸福の概念も他の幸福の概念に本質的に優越しない。万人は自分が幸福だと解する幸福を追求する自然権を有するとされる。[91] 近代の自然権によって、多様な幸福観を容認し、人々がそれぞれの幸福を追求しうる条件を保障する政治社会の秩序が描かれていったのである。まさに多様性と個性を尊重するリベラリズムは、寛容の自然権の伝統のもとに成立する。

シュトラウスが近代の自然権（自然法）をただ否定的に捉え、古代の自然法（自然権）へと回帰する人物として評価されることがある。[92] しかし、シュトラウスは、「カール・シュミット『政治的なものの概念』への注解」のなかで、近代自然権の成果をすべて否定していない。つまり、生命保存の権利としてのホッブズの自然権は、譲渡できない人権としての、すなわち国家に先行し、国家の目的とその限界を決定する個人の要求という性格を完備しているという。[93] また、ホッブズにとって政治的な根本的事実は個人の正当な要求としての自然権であり、その際、義務は個人に後から追加された制限であるが、こうしたアプローチから、国家への、また国家に対抗する個々人の要求としての人権宣言に対する根本的な異議、および社会と国家の区別やリベラリズムに対する根本的な異議を唱えることはできないとシュトラウスは指摘している。[94]

近代の自然権は、政治権力を限界づける基準であり、人権やリベラリズムといった今日の政治秩序を支える主要な原理の一つである。リベラリズムにおいて国家は、各人の自然権を保護する役割を有しており、各人の自然権を侵害することは許されない。たとえ、近代の自然権が義務ではなく、権利から出発し、義務は後から追加された制限であるとしても、それが国家に対抗する個々人の要求としての基本的人権として、リベラリズムの原理の成立にあたって寄与した成果を否定することはできない。少なくとも、「カール・シュミット『政治的なものの概念』への注解」を発表した一九三二年当時のシュトラウスは、近代自然権について、そうした肯定的な評価を下していたのであり、また、後に本書の第五章、第六章で論じるように、シュトラウスは、万人に与えられた生命、自由、幸福の追求の権利を謳ったアメリカ独立宣言を評価し、立憲主義とリベラル・デモクラシーを支持する立場に立っている。

では、シュトラウスにとって、近代自然権をめぐる最大の問題は、どこにあるのだろうか。それは、唯一必要なことは多様性や個性を尊重することであるとする、寛大なリベラリストによる自然権の特殊な解釈にある。多様性や個性は、幸福追求の自然権を基盤として保障されるものであり、自然権そのものを拒否する態度まで尊重することは、多様性や個性を尊重するリベラリズムそのものを崩壊させる。多様性や個性は、自然権そのものを拒否しない範囲で尊重されなければならない。

ところが、シュトラウスの記述にあるように、そうした制限にさえ耐えられなくなった寛大なリベラリストは、その制限そのものを取り払ってしまった。そうなると不寛容に対する寛容の価値的な優越性は失われる。価値に優劣をつける基準が否定されることによって、すべての価値が平準化される。あらゆる価値に同等の尊厳を認める無制限の寛容によって、価値の位階秩序が否定され、すべての選好や選択は同等の価値を持つものとなった。

そして、シュトラウスは、価値の位階秩序の否定が、決断主義を引き起こす過程を次のように描く。つまり価値の位階秩序を否定するとしても、我々は実際のところすべての選好や選択を同等の価値をもつものとして放置しておくわけにはいかない。我々は何らかの基準に従って目的を選択していかなければならないからである。ただ、もはやその選択の基準を目的間の価値の位階秩序に求めることはできない。選択の基準を価値ないし目的の位階秩序に求めることができないとすれば、選択の基準を「選択という行為そのものの位階秩序」に求めるようになる。偽りの卑劣な選択とは区別される真の選択とは、断固たる真剣な決断である。断固たる真剣な決断こそが、判断と行為の唯一の基準となる。[95]

こうして自分の行為の原理には、断固たる真剣な決断という盲目的な選択以外に何も支えがないことに気づけば、我々はもはや責任ある存在として生きることができないとシュトラウスは主張する。[96] 今や生きるためには、簡単に沈黙させられる理性の声を沈黙させなければならない。その理性の声が告げるのは、「我々の原理はそれ自体において、他のあらゆる原理と同様に善くもあり、また悪しくもある」ということである。[97] 我々はそうした理性を磨けば磨くほど、ニヒリズムに陥り、また社会の誠実な成員ではなくなるという[98]。そうしたニヒリズムが行き着く先は、冒頭で述べた狂信的蒙昧主義（fanatical obscurantism）である[99]。シュトラウスにとってナチス政権の台頭の背景にあったのは、この狂信的蒙昧主義であったというべきであろう。

第一章第一節で論究したように、シュトラウスは、リベラルな国家が私的領域で起こるユダヤ人差別を防ごうとしないことにリベラリズムによるユダヤ人問題の解決の限界を見出していた。しかし、たとえリベラルな国家が積極的な差別解消の対策を十分に為しえなかったとしても、個々人の生命保存や幸福追求の権利が、宗教や民族の差異を超えた普遍的な自然権として、政治の領域のみならず、社会の領域にも広く受け入れられ、そうした自然権に基づく法的な対抗手段が実行力ある形式で整備されていれば、自然権は私的領域におけるユダヤ人差別への歯止めとして機能したであろう。しかし本節の冒頭で言及したように、シュトラウスからすれば、一九二〇年代当時のドイツにおいて自然権や人間性という語が、本来の生命と精彩を失っていた。そして、自然権の危機は、自然権をめぐる解釈のみならず、二つの大きな思想的潮流によって引き起こされるものであった。その潮流の一つが、歴史主義である。シュトラウスにとって歴史主義とは、人間の思想と社会そのものが歴史によって規定されているという立場を指す[100]。歴史主義的見地からすれば、人間の思想はその思想が登場した時代や歴史に規定されており、思想家が取り扱う問題も歴史に規定されている。そうした立場に立つ歴史主義は、時代を経ても変わらず存在する永遠不変の問題、つまり「善き社会とは何か」といった問題の存在を否定してしまう[101]。さらに歴史主義は、シュトラウスにとって、普遍的正義の存在を否定するものであった。すなわち、歴史が教えているのは、正義に関するあらゆる原理が変転しやすいことであり、歴史上存在するのは無限に多様な正義の観念であること、それゆえ普遍的に承認されるような正義は存在しないということである[102]。

さらに、今日、自然権は、「互いに対立する多様な正義や善に関する不変的原理が存在しており、そのうちどの原理も、他の原理に優越することは証明されえない」という立場からも拒否されている。[103] シュトラウスからすれば、それこそマックス・ウェーバーが依拠した立場だった。[104] こうして自然権は拒否されるに至った。シュトラウスは、その自然権の拒否による悲惨な結果を、社会科学の危機として次のように指摘する。

現代において自然権が拒否された結果、社会科学は、我々が選択した目的を達成するための手段について我々を賢明にすることができるかもしれないが、それは正当な目的と不当な目的、そして正しい目的と不正な目的とを区別するための助けにはならない。そうした社会科学は、道具的な学問であり、生まれながらにして現存する権力や利害の侍女である。[105]

自然権を拒否する社会科学に従うならば、あまり重要ではない、二次的な事柄すべてについて賢明になることができるが、最も重要な事柄に関しては、完全な無知に身を委ねるしかない。選択に関する究極的な原理について、いかなる知識も持ちえないのであり、選択の原理には、恣意的で盲目的な決断以外に何も支えがない。そうした不安定な選択の原理しか持ちえなくなると、些細で取るに足らない事柄に関わるときは、正気で冷静でいられるが、重要な問題に直面すると、狂人のように一か八かの賭けに出ることになる。選択の原理について、盲目的な選好以外に何ら支えがないとすれば、人間が思い切ってしようと思うあらゆる事柄は許される。自然権の拒否は、ニヒリズムへと通じている、いなそれは、ニヒリズムと同じである。[106]

以上のようなシュトラウスの議論から、道具的な学問であり、また現存する権力や利害の侍女として位置づけられている社会科学が、本来の意味で「リベラル」な政治哲学の対極にあるものとして論じられていることが理解されるだろう。さらに自然権を拒否する社会科学についてのシュトラウスの議論は、手段に関する計算能力の向上と、それに伴う目的を選択する際の理性の機能停止という、ホルクハイマーが指摘した問題を共有している。

自然権を拒否する社会科学に従うならば、我々は、目的を達成するための手段に関して合理的に思考し、行動することができる。しかし、どの目的を選択すべきか、さらには重要な問題に対していかなる解決策を選択するのか、ということに関して、我々は恣意的な選好以外に何ら選択の原理をもたない。価値や目的を達成するために、どのような手段が最も有効であるかを判断する道具的理性は、抜け目のないものとなった。ところが、目的の選択に関わる理性の機能は停止する。目的や重要な問題に際しての究極的な態度決定の際に、人間は非合理な決断に身を委ねるほかない。

シュトラウスは、ニヒリズム、そしてその帰結たる狂信的蒙昧主義の過酷な経験こそが、自然権に対する一般的関心を復活させることになったと指摘し、次のような注目すべき記述を残している。

我々が狂信的蒙昧主義を嫌悪することによって、我々は自然権を狂信的蒙昧主義の精神で受け容れるようになってはならない。ソクラテスが目指したものを、トラシュマコスの手段や気質で追求するような危険性に注意しよう。確かに自然権の必要性が重大であるとしても、そのことは、その必要性が満たされうることを証明したわけではない。(107)

この記述は、シュトラウスが、ニヒリズムとその帰結である狂信的蒙昧主義に対抗するために、ただ単純に自然権の必要性を指摘し、そこから即座に自然権を復権させる方向に進まないことを示している。自然権が拒否され、狂信的蒙昧主義に至った思想的危機の核心を剔抉し、それを克服しないかぎり、たとえ単純に自然権の必要性を強調しても、自然権の拒否という危機を克服することはできない。つまり、シュトラウスが自らの課題とするのは、基準としての自然権、もしくは自然法の復権よりも前に、それらの拒否に至った思考の問題を明確にし、その問題を克服することである。

では、シュトラウスにとって、その危機の核心はどこにあるのか。それは、価値についての知識の否定、とりわけ善や正義についての知識を否定する「善や正義の非知識性」の主張である。

先述した寛大なリベラリストは次のような立場に依拠していた。つまり何が本質的に善ないし正義であるかということに関して、我々は真正な知識を獲得することができない、それゆえ善や正義に関するあらゆる意見に寛容でなければならないし、あらゆる選好やあらゆる「文明」を同等に尊重しなければならない。さらに寛大なリベラリストにとって、無制限の寛容だけが理性に従っており、何が善であるかを知ることができるという前提に立つ「絶対主義者」の立場は非難されなければならないものであった。

さらに自然権を拒否した歴史主義において、歴史上存在するのは、無限に多様な正義の観念であり、普遍的に承認されるような正義は存在しないものとして措定されている。[108] また、シュトラウスからすれば、「互いに対立する多様な正義や善に関する不変的原理が存在しており、そのうちどの原理も、他の原理に優越することは証明されえない」というウェーバーの立場からも自然権は、拒否されていたのである。[109]

シュトラウスは、価値に関する知識についてのウェーバーの立場を次のように論じている。ウェーバーが社会哲学および社会科学の倫理的中立性を主張した真の理由は、当為に関するいかなる真正な知識も存在しないとウェーバーが信じていたからである。[110] つまりウェーバーは、真の価値体系に関する、経験的なものであれ、合理的なものであれ、いかなる科学も人間はもたないことを主張し、また科学的なものであれ哲学的なものであれ、真の価値体系に関するいかなる知識ももたないことを主張したということである。[111]

善や正義に関する知識を得ることができないということ、すなわち「善や正義の非知識性」の主張が冒頭で述べたように、シュトラウスにとって近代性の危機を最も端的な形で示しており、それは、自然権のみならず、本来の意味で「リベラル」な政治哲学が成立する地平そのものを崩壊させる。

本来の意味で「リベラル」な政治哲学を再生させるために、シュトラウスは、善や正義に関する知識を探究する地平を回復しなければならない。その取り掛かりは、ウェーバーが下した「神々の闘争」という二〇世紀の時代診断と格闘することにある。

次章からは、「神々の闘争」に対するシュトラウスの応答について明らかにすべく、善や正義の非知識性を中心論点として、二〇世紀において科学そのものが陥った危機の実態とその危機を古代ギリシャ哲学に遡ることによって乗り越えようとするシュトラウスの足跡を追う。

第四章　科学の危機と古代ギリシャ哲学

第一節　価値への信仰と科学の危機

ギリシャ哲学の研究者である藤沢令夫によると、自然科学は、当面の研究対象となる特定の事象の仕組みや構造の究明に直接関係のない事柄（たとえば、研究者自身の感情や情緒、価値観、人生の意味など）をいっさい切り捨てて関心の外に置き、ひたすらその対象の「客観的」なあり方だけに全注意を集中することによって、目覚ましい成果をあげてきた。[1] そうした価値の問題を科学的探究の埒外に置く近代の自然科学が想定しているのは、二つの世界の乖離・分裂である。つまり、科学が「客観的事実」として設定している、「物」とその運動の世界、そして人間の具体的な生活や経験に根ざしている価値や倫理や道徳の世界であり、その二つの世界が互いに乖離し、分裂している。端的に言えば、事実（存在）の世界と価値（善）の世界の乖離・分裂である。[2]

また、藤沢によると、自然科学は、その二つの世界のうち、事実（存在）の世界を対象とし、事実に関わる「客観的知識」を探究する。そうした探究において、価値（善）に関わる「主体的な知恵」は捨象される。それゆえ、二つの世界の乖離・分裂はまた、人間の知が、事実に関わる「客観的知識」と価値（善）に関わる「主体的知恵」の二つに分裂することを示している。その二つの世界の乖離・分裂状況のなかで、やがて「価値や道徳や倫理の問題は厳密な知識とはなりえない」という価値・倫理の「非知識性」が主張されるようになった。(3)

ウェーバーは、価値と事実を分離し、客観的な事実認識を目指した。そして、価値間の対立は、学問によっては解決しえないものとして措定し、事実を事実として認識する客観的な社会科学を追求した。

ここで、ウェーバーの学問的姿勢に対する根本的な疑問が生じる。なぜウェーバーは、価値と事実を分離し、価値間の対立は、学問によっては解決しえないものとしたのか、という根本的な疑問である。ただ客観的な事実認識のために、価値判断と事実認識を峻別することだけが理由だったのだろうか。

ここでは、ウェーバーが価値間の対立を解決しえないとした理由を、シュトラウスとウェーバーの記述をもとに、認識の客観性の要請とは別の視点から考察していく。それは価値への信仰という視点である。

ウェーバーによると、価値判断を主張する企ては、当の価値への信仰を前提とする場合にのみ意味をもつ。そして価値の妥当性を評価することも信仰の問題であり、それは生活と世界の意味をもとめる思弁的な考察と解釈の課題であって、経験的な学問の対象ではないとウェーバーは主張している。(4)

さらにウェーバーは、政治家が何のために権力を追求し、また何に権力を行使するかという問題についても、それを各政治家の信仰の問題（Graubenssache）に帰している。政治家が奉仕する目標は、国民的なこともあれば、人類的なこともある。また社会的で倫理的なこともあれば、文化的なこともあり、さらに現世的なこともあれば、宗教的なこともある。ここで政治家が何を自らが奉仕する目標として選択するかは、政治家個人の信仰に基づく。(5)

ウェーバーにとって学問の役割の一つは、具体的な目的の根底にある価値（理念）の意味を自覚させ、その価値（理念）を選択すれば、他の諸価値と対立することを個々人に自覚させることにあった。そして神々の闘争の時代にふさわしい人間像に示されているように、諸価値の対立状況を自覚した個人は、諸価値のうち、どれが自分にとって神であり、また悪魔であるかを決断しなければならない。

この場合、個人が価値を選択する際、一方の価値に加担しつつ、もう一方の価値にも加担するということは不可能である。自らが選択した価値が神となり、他の価値が悪魔として措定された場合、両者の間に横たわる深淵の幅は大きく、深い。シュトラウスもまた、ウェーバーにとって、多様な価値が互いに両立不可能であり、一つの価値を是認することは、もう一方の価値あるいは、他の諸価値を拒否することを意味すると指摘している。[6]

以上のように、一つの価値を選択することは、他の価値を拒否することであるとするウェーバーの基本的な認識、すなわち価値の両立不可能性の認識が、ウェーバーの学問論およびその理想とする人間像の前提にあったといえる。それは一個人において、ある宗教への信仰が、他の宗教への信仰と両立し難いことと似ている。そうした両立不可能性が、価値への関わりを価値への信仰としたウェーバーの姿勢の根本にある理由の一つであるといえよう。

ウェーバーによると、古代ギリシャの世界が神々やデーモン（守護霊）の支配を脱していなかったころ、人々はアフロディテやアポロに、また自分が所属する都市の守護神にそれぞれ供物を捧げていた。ウェーバーは、こうした姿勢がもつ魔力が脱落した現代でも、古代ギリシャと同様のことが行われていると主張する。[7] つまり、かつての多くの神々は、その魔力を失いつつも、その墓から現われ、価値の闘争となって永遠の争いを始めている。[8] そうした価値の闘争に決着をつけるのは、決して学問ではない。[9]

シュトラウスもまた、ウェーバーにとって目標（大義）や理想に対するすべての献身の根源には、宗教的信仰があると指摘する。[10] ここにおいて、なぜウェーバーが、価値の間の対立を学問は解決しえないとしたのか。シュトラウスもまた、その理由を価値と信仰の問題に見出している。

シュトラウスによると、多様な諸価値の対立は人間理性によっては解決されず、その解決は、各個人の自由で非理性的な決断に委ねられねばならないというウェーバーの命題は、あらゆる選好は、それがいかに邪悪で、卑劣で、正気ではないものであっても、理性の法廷の前では、他のあらゆる選好とも同等に正当なものと判断されなければならないという見解に行きつく。そして、その必然性の紛れもない徴候は、西洋文明の将来の予想について述べたウェーバーの主張のなかに与えられているとシュトラウスは述べる。[11]

その西洋文明の将来の予想とは、『プロテスタンティズムの倫理と資本主義の精神』において、ウェーバーが示した、精神的再生（「まったく新しい預言者たち、あるいは古き思想と理想の力強い復興」）か、あるいは「一種の発作的な尊大さの感覚によって粉飾された機械化された硬直状態」（それは、すなわち「精神や見識無き専門家と魂無き享楽人」となること以外のあらゆる人間の可能性の消滅である）か、という二者択一の将来である。[12] その二者択一に直面したウェーバーは、いずれの可能性を選んで決断するとしても、それは価値、あるいは信仰（faith）の一つの判断であり、それゆえ理性の能力を超えるもの（beyond the competence of reason）であると感じたとシュトラウスは指摘している。[13]

価値、さらには目標（大義）や理想に対する関与が信仰の問題となることによって、それらの対立は信仰をめぐる対立となる。ウェーバーは、人間が価値、さらには目標（大義）や理想に関与するその根底に、「信仰」を据えた。「どの価値を選択するか」、「どの目標（大義）や理想を選択するか」という問題は、「どれを自分の神として信仰するのか」という信仰の問題となる。

ウェーバーの価値への信仰に関わる議論、そしてそれに対するシュトラウスの見解から見えてくるのは、次のことであろう。すなわち、価値、さらには目標（大義）や理想の間の対立は、信仰をめぐる対立となるが、その信仰をめぐる対立を解決することは、理性の能力を超えている。それゆえ、理性は、価値、さらには目標（大義）や理想の間の対立を解決しえない。また、価値への人間の関与が、信仰という、不明瞭で、なおかつ理性によってその根拠を合理的に説明できないものに根差しているため、価値に関する知識は成立しない。

さらに、ウェーバー自身は、研究者の個人的な信仰が、その研究の方向を示すと指摘した。このことがさらにシュトラウスにとって学問の根底を揺るがす大きな問題へとつながっていく。まずウェーバー自身は、次のように述べている。

> 研究者の価値理念がなければ、素材を選択するいかなる原理もなく、また個性的実在に関するいかなる有意味な認識もないであろう。また、何らかの文化内容の意味に対する研究者の信仰（der Glaube des Forschers）がなければ、個性的実在を認識しようとするいかなる研究も全く意味がないように、彼の個人的な信仰の方向、彼の魂に映る価値の色彩の分光が、彼の研究に方向を示すであろう(14)。

このように、ウェーバーは、研究者の価値理念への関わりも「信仰」によって表現している。ウェーバーにとって、社会科学的認識の対象は、研究者の価値理念を通じて選択されるものであった。社会科学的認識の対象もまた、研究者の価値への信仰に基づいて選択されるものであったといえるだろう。

シュトラウスのウェーバー論は、ウェーバーという一人の人物の学問論という枠組みでは収まりきれない普遍性と深遠さを持っている。それは、一人の社会科学者の学問論の批評を超えて、科学そのものの限界や存在意義に関わる議論である。つまり、シュトラウスにとって、ウェーバーの学問的方法論は、科学の限界に関する反省であり、人間の知識の限界に関する反省である。さらにシュトラウスによれば、知識こそが、あらゆる地上の存在者のなかで人間の特殊な性質を構成するものであるとすれば、ウェーバーの学問的方法論は、人間の限界あるいは人間そのものの条件に関する反省を含む哲学的な議論でもあった[15]。このことを理解しなければ、シュトラウスがなぜウェーバーを取り上げるのか、その真の理由が見えてこない。

ウェーバーの学問論にあらわれた危機をどのように捉え、また克服するのか。それは、シュトラウスにとって政治哲学再生の大前提であると同時に、学問そのものの意義をどのように捉えるのか、というさらに大きな課題を孕んでいる。研究者が何を自分の学問的認識の対象とするかは、個々の研究者の価値への信仰によって決まる。そうしたウェーバーの学問観は、シュトラウスの次の指摘にあるように、学問そのものを危機的状況に陥らせるものであったからである。

彼（ウェーバー）は、科学あるいは哲学は、結局は人間の意のままになる明確な諸前提にではなく、信仰（faith）に基づくと主張した。彼は、科学あるいは哲学だけが人間が知りうる真理に到達できることを認め、その可知的な真理の探求は善であるかどうかという問題を提起して、そのような問題はもはや科学あるいは哲学によっては答えられないと断定した。科学あるいは哲学は、それ自身の基礎について明確な、あるいは確実な説明を与えることができない[16]。

学問の諸前提が信仰という科学的認識とは相容れないものに基づくことによって、学問はそれ自身の基礎について、さらには学問の必要性やその存在意義について明確に説明することが困難になったのである[17]。

ウェーバーによると、かつて学問は「真の実在への道」、「真の芸術への道」、「真の自然への道」、「真の神への道」、また「真の幸福への道」であり、その存在意義に関してさまざまな見解が存在していたけれども、今やそれらすべてが幻影として滅び去った。そしてウェーバーは、そうしたかつての学問の存在意義が滅び去った二〇世紀において、学問の意味を明らかにしていった[18]。

かつての学問の存在意義が失われることによって、「科学あるいは哲学は、人間に接近可能な極めて限定された真理を確かめるという目標しか持ちえなくなった」とシュトラウスは指摘する[19]。ウェーバーにとって科学と哲学は、個々人の価値判断に関わりなく、我々に妥当するような認識可能な真理、つまり第三章で明らかにしたような、技術的な知識や手段に関する知識を提供し、そして諸価値の対立を自覚させるという目標しか持ちえなくなった[20]。

こうした科学ないし哲学の根底に潜む根本的な問題について、さらにシュトラウスは次のように議論を続ける。すなわち、ウェーバーにとって、科学ないし哲学は、幻想から離れて自由へ向かう道であり、知性を犠牲に捧げることを拒否し、現実をその厳しい局面において敢えて見つめる生活の基礎であった[21]。知性を犠牲に捧げることを拒否したウェーバーは、宗教の復活も、預言者も、救済者も待望しなかった。ところが、ウェーバーは、目標（大義）や理想に対するすべての献身の根源には、宗教的信仰があること、それゆえ、宗教的信仰の衰退は、究極的に、すべての目標（大義）や理想の消滅に至ることを確信していた[22]。哲学、すなわち人間が獲得しうる明白な知識への探求に捧げられた生活は、それ自体、不明確で、恣意的な、すなわち盲目的な決断に基づいている。このことは、啓示への信仰がなければ、首尾一貫して完全に誠実な生活の可能性は全く存在しないという信仰の命題をただ確証するものに過ぎない[23]。そのようにシュトラウスはウェーバーの立場を示す。

ウェーバーは、自律的洞察という理想に誠実であり続けようと努めたが、科学ないし哲学によって忌み嫌われた知性の犠牲が、科学ないし哲学の根底にあると感じたとき絶望した[24]。そう指摘するシュトラウスはまさに、啓示と哲学ないし科学との間の対立こそが、ウェーバーをして、科学ないし哲学の理念が致命的な弱点を負っていると断言させたのだと分析している。

この啓示と哲学ないし科学との対立とは、いわゆるイェルサレムとアテナイの対立である。このイェルサレムとアテナイの対立は、シュトラウスがスピノザに倣ってさらに、「神学・政治問題」という言葉によっても表現したものである。[25]

T・L・パングルは、シュトラウスの『プラトン政治哲学研究』（一九八三年）の序文において、シュトラウスにとって「神学・政治問題」とは、理性の要求と啓示の要求の解決不可能な対立を示していると指摘している。パングルによると、その対立は、シュトラウスがスピノザから学んだところによれば、「神学的」ないし「哲学的」問題であるのと同じように政治的な問題であった。なぜなら啓示は、単純に「宗教的な経験」として理解されるものではなく、神的な法（トーラー、シャリア、「旧約」、「新約」）を人間に対し、権威あるものとして開示するものであり、その法の規則は、個人ないし家族に対してと同じく集団的にも人間の存在全体に対し究極的な指針を与えるからである。[26]

シュトラウスは、その「神学・政治問題」が、スピノザ研究以来、自分の研究のテーマそのものであり続けていると述べている。[27]そして、マイケル・プラットは、シュトラウスが三つの抗争ないし問題の理解に専心したと述べる。すなわち古代人と近代人の抗争、哲学と聖書の啓示の抗争、そして、哲学と詩の抗争である。[28]

そしてシュトラウスは、そのウェーバー論のなかで、イェルサレムとアテナイが、人々の生き方を導く善の知識を提供するものであることを次のように論じている。シュトラウスのウェーバー論は、ここにおいて、イェルサレムとアテナイという西洋文明の根源に関わる議論へと展開する。

> 人は光、導き、知識がなければ生きていくことができない。善の知識を通じてのみ、人は自分が必要とする

善を見つけることができる。それゆえ根本的問題は、次のことである。つまり、人々は、それなしには自分たちの生活を、個人的にも、集団的にも導くことができないような善の知識を自分たちの自然的な力による自立的な努力によって獲得することができるのか、あるいは、人々はそうした善の知識を神の啓示に頼っているのか、ということである。人間の導きか、それとも神の導きかということ以上に根本的なものはない[29]。

善の知識を人間の自然的な力だけの努力によって獲得する可能性が、哲学ないし科学の特質を示しており、神の導きは、聖書に示されている。聖書によって必要であると宣言されているものは、従順な愛の生活であり、哲学によって宣言されているものは、自由な洞察の生活である。それらを調和させたり、総合したりするあらゆる試みにおいて、それぞれの対立する二つの要素は、犠牲にされる[30]。

シュトラウスによると、このイェルサレムとアテナイの二つの陣営は、両方とも、相手方の陣営を論破することに成功していない。そしてイェルサレムとアテナイの対立は、結果的に哲学的生活そのものの正当性を揺さぶることになった。

シュトラウスによれば、啓示とは、理性にとって常に不確かなものである。ただ他方で、人間の知識は常に限られているため、啓示の可能性が論破されることはない。こうした状況は、哲学にとって取り消すことができないものであり、一方で啓示にとって有利である[31]。啓示が本当にあったのかどうか、確証を得ることは困難である。ただ、啓示が存在しなかったことも人間の理性は証明できない。それは人間の限界であり、哲学は、啓示の可能性を否定できない。

このことがアテナイ側の陣営を揺り動かす。つまり、啓示の可能性を認めることは、もしかすると、哲学が必ずしも唯一必要なものではないかもしれないということを認めることになるからである。啓示の可能性を認めることは、哲学的生活が必ずしも明白に正しい生活とは言えないことを意味する。[32] そのようにシュトラウスは、哲学的生活が抱える根本的な問題を明らかにする。

そして、シュトラウスからすれば、ウェーバーは、イェルサレムとアテナイの対立をめぐる葛藤のなかで、やがて哲学や科学、さらには、価値や目標（大義）や理想までもが結局、人間自身が意のままになしうる明白な諸前提にではなく、信仰に基づくものであることを発見して絶望し、哲学や科学によって解決される問題の範囲を狭めてしまった。

このように、科学と哲学の基盤が揺らいでいることは、シュトラウスにとって、ウェーバーに限定した問題ではない。その問題は、ウェーバーを超えて、広く蔓延しつつある。明瞭な知識の探求が不明瞭な前提に依拠しているという困難さ。シュトラウスは、その困難さが、今日のあらゆる哲学的思索の根底にあるという見逃すことができない指摘を行っている。つまり、哲学ないし科学は、それ自身の必要性について弁明することができないという哲学ないし科学の存在意義に付随する困難である。[33]

なぜ哲学あるいは科学は、自らの必要性を主張できないのか。それは、価値判断の排除と価値の非知識性の主張と関係している。つまり、科学者には価値判断は許されないとする主張が台頭することによって、また諸価値に関する合理的な知識が存在しないことによって、そもそも科学そのものは善であるのか否か、また科学が善であるとすれば、それはどのような意味において善であるのか、そうした科学の存在意義に向けられた根源的な問いに対して科学そのものが答えることができないという事態が生まれる。[34] シュトラウスにとって、価値判断の排除と価値の非知識性の主張は、人間が生存するために、また善く生きるために、科学は必要であるという合理的価値判断を科学自身が明確に示すことができないという問題を生じさせた。[35]

シュトラウスによると、功利主義的な傾向が残存していたときは、科学者と社会科学者は、健康や長寿、繁栄は善きことであり、科学はそれらを確保し、手に入れるための手段を発見しなければならないということを当然のことと見なしていた[36]。つまりその時は、まだ科学の目的や存在意義も明確であった。

しかし、「価値」に関する科学的な、それゆえ合理的な知識の可能性など存在しない、つまり科学ないし理性には、善い目的と悪しき目的とを区別する力はないという意見がますます受け入れられるようになると、功利主義的な目的ですら、それがかつて有していた明証性を主張することができない[37]。科学は、価値判断を排除して、認識の客観性という強固な基盤を追い求めようとしたが、辿り着いた末に見つけたのは、強固な基盤などではなく、自らの存在意義すら主張できないという、極めて不安定な地盤の上に立つ自らの姿であった。

また科学は技術と結合することによって、その存在意義が問われている。シュトラウスは、水爆兵器の時代において、人類の生存と科学との積極的な関係は、元来それが有していた明らかな明証性をすべて喪失したと指摘する。科学は、人類の生存さえ脅かしかねない核兵器を生み出し、それによって科学そのものが善であるという明証性そのものが失われてしまった[38]。

科学には光の側面だけでなく、影の側面がある。その影を象徴するものとして、原子力の軍事的利用がある。科学の進歩は、人間社会に繁栄をもたらした。しかし、原爆・水爆兵器の登場によって、科学の進歩は、必ずしも人間社会に繁栄のみをもたらすのではなく、人間の生存を脅かし、人間社会の生活基盤を根底から崩壊させる危険性を持つことが明らかになった。そうした科学の負の産物もまた、科学そのものの存在意義を揺るがしている。それにも関わらず、科学は、自らの存在意義を主張することはできない。

科学が価値判断を下すことを放棄することによって、科学それ自身の基盤が揺らぎ、なぜ科学なのか、科学的探求は人間にとって善きことであるのか、そうした問いに対して科学それ自体が答えることができないという事態が、アテナイ側の基盤の崩壊ともいえる状況を示している。

ウェーバーが陥った苦境とあわせて、そのことは、シュトラウスにおいても、政治哲学を含む哲学や科学の成立基盤をも崩壊させるような重大な苦境であった。こうした危機を乗り越える方途は、一体どこにあるのだろうか。シュトラウスは、その危機を乗り越えるために、まずは古代ギリシャ哲学の始原へと遡る。

第二節　意見を出発点とする古代ギリシャ哲学

シュトラウスは、学問が常に存在するもの、不変的なもの、真に存在するものを対象とし、自然権についてもそれが真に存在しなければならず、またあらゆるところで同一の力をもつものでなければならないと主張している。[39] ただ実際には、正義に関する人間の思想は、不一致と流動の状態にあることをシュトラウス自身も認める。正義に関して人々の間には不一致があり、また正義の観念も歴史的に流動的である。[40]

シュトラウスにとって善や正義の非知識性が最も如実にあらわれたのは、自然権の拒否であった。ここで自然権が現代において拒否されている理由をもう一度確認すると、まず歴史主義による自然権の拒否は、次のような主張に依拠していた。つまり歴史はあらゆる正義の原理が変遷することを示唆している。それゆえ存在するのは、無限に多様な正義の概念であり、自然権は存在しないということである。

またシュトラウスによると、ウェーバーが依拠する次のような見地からも自然権は拒否されていた。すなわち「互いに対立する多様な正義や善に関する不変的原理が存在しており、そのうちどの原理も、他の原理に優越することは証明されえない」ということである。[41] ここで、歴史主義およびウェーバーが、自然権を拒否する主たる論拠は、歴史的文脈であれ、また同時代的な文脈であれ、多様な正義の観念が存在するという、正義の多様性にある。

実は、正義の多様性から、正義の知識の存在を否定する議論は、古典古代においても行われていた。シュトラウスは、正義の多様性から、正義の知識の存在を否定する議論と、それに対抗する哲学者の姿勢にまず着目する。ここからは、古典古代の自然的正義（natural right）の発見前後の人間の知的営為に関するシュトラウスの解釈をもとに議論を進めていきたい。

シュトラウスによれば、自然的正義の観念は、自然の観念を知らない限り知ることはできない[42]。自然的正義の発見について論じるには、まず哲学による自然の発見について言及しなければならない。

自然的正義が発見される以前、古典古代のギリシャにおいて正しさの基準はそれぞれの人間の集団ごとに存在する神の法にあり、神の法とその掟が何が正しいことなのかを人々に知らせていた。神の法を確立したのは、それぞれの人間の集団の先祖にあたる人たちであり、その先祖は神々あるいは神々の息子たちであると信じられていた。この時点では、先祖伝来のものが善きもの、あるいは正しいものとみなされていたのである[43]。

だがこの先祖伝来の神の法は、やがて疑問に晒されることになる。その端緒となったのは、それぞれの人間の集団ごとに信奉されている神の法の掟が互いに矛盾していたことであった。つまりある集団が信奉する神の法の掟が、子どもを生贄に捧げることを要求しているのに対し、もう一方の神の法の掟は、あらゆる生贄を忌まわしいこととして禁止している。ここで一体どの神の法の掟が正しいのかという疑問が生じざるをえない[44]。

こうした神の法に対する疑問こそが、自然を基準とする哲学を出現させる。善いものと先祖伝来のものとが同一視されることで神の法には権威が備わっていたが、哲学は先祖伝来の神の法の権威に疑問を呈することによって、自然に依拠する善を探究していく。こうして「先祖伝来の慣習によって善いもの」と「自然によって善いもの」とが区別される。[45] それはまた人間の集団、すなわち部族によって異なるような慣習、すなわち約束事（convention）と、時と場所を超えて同一の自然（nature）とが区別されたことを意味していた。[46] この自然の発見こそが、自然的正義の前提にあり、自然を発見したのは哲学だった。哲学は先祖の権威を根絶することによって、自然が基準であることを認めたのである。[47] まさに権威への疑いや権威からの解放が、自然的正義の発見にとって必要であった。[48] ただこの自然の発見、そして自然と約束事との区別の発見は、自然的正義が出現するための必要条件であるが、十分条件ではない。すべての正義が約束事によるものかもしれないからである。[49]

確かに哲学の出現によって約束事と自然とが区別されるようになったが、このことは自然が正義の基準になったことを意味しない。むしろ先祖伝来の神の法の権威が揺らいだことにより、正義にはなんら超人間的な基盤はなく、正義と不正の区別は、人間の約束事および取り決めによるものであるとする見解が台頭してきた。コンベンショナリズム（conventionalism）である。[50] このコンベンショナリズムは、「『正しいこと』は社会ごとに異なるがゆえに、自然的正義は存在しえない」と主張する立場である。[51] コンベンショナリズムの議論において、異なるそれぞれの社会はそれぞれ異なる正義の観念や正義の原理をもつということ、つまり正義の観念が多種多様に存在することは、自然的正義（natural right）が存在しないことを理由づけるものであった。そして、こうした議論は、あらゆる時代において驚くべき生命力を示してきた。[52] シュトラウスからすれば、歴史主義とウェーバーの立場も多様な正義の観念の存在から、自然権（natural right）を否定する点において、コンベンショナリズムの延長線上にあるといってよいであろう。

正義の観念の多様性から、自然的正義の存在を否定したコンベンショナリズムに対して、シュトラウスは、次のように指摘する。つまり、宇宙に関して人々が多様な見解をもっているからといって、それは、宇宙が存在しないとか、宇宙に関する真なる説明は存在しないとか、また宇宙に関する最終的な知識には決して到達しえないことを証明したことにはならない。それと同様に、人間が多様な正義の観念を持つからといって、それは、自然的正義が存在しないとか、自然的正義は知りえないということを証明したことにもならない[53]。

さらにシュトラウスは正しいことと合法的なことに関する人々の態度に言及して、次のようにコンベンショナリズムに反駁する。

コンベンショナリズムによれば正義は人間の取り決めによるものであった。そしてその取り決めの具体的な表現が法であり、法律が命じることを行うことが正しく、正しさは合法的なことに等しいものとされる。

しかし、人々は正しいことが合法的なことと同じであることを否定する。我々は正しくない法について語ることがあり、正しいことは合法的なことと同じであるとする信念は支持しがたい。このまさに支持しがたいという性格そのものが、自然的正義を反映している。そこには、人間の取り決めを超えた何らかの自然的な計らいが介在しているとシュトラウスは指摘する[54]。

古代の自然的正義の探求では、都市が規定する法への疑念もまた出発点となった。都市の法が有害で、悪しきものである可能性は否定できない。もし都市の法が有害で、悪しきものであれば、その法が規定する正義も、悪しきものであるかもしれない。そこで、正義が、悪しきものではなく、善きものであるためには、正義を本質的に法から独立したものとして考えなければならない。そこから、法によってではなく、自然に従って正義を探求することが求められる[55]。そのようにシュトラウスは、自然的正義と都市の法との関係を示す。

すべての法や習慣が必ずしも正しいとは限らないという意識、現実の法や習慣を超えた正義が存在するという意識は、人間の思考に自然的に内在している。そして正義に関する見解の矛盾が、人間の思考のなかに、自然的正義の探求に向けた直観的な察知と混乱を生じさせる。シュトラウスは、社会ごとに異なる、重量、寸法、貨幣に関する取り決めは相互に矛盾することはないが、正義の原理に関するさまざまな見解は相互に矛盾し、深刻な混乱を惹き起こすとして次のように主張している。

かくして正義の諸原理に関する不一致は、自然的正義の直観的な察知、あるいは、自然的正義の不十分な把握によって惹き起こされた真の混乱——何か人間の理解を受けつけない実在するもの、あるいは何か自然的なものに起因する混乱を、あらわにするように思われる。[56]

社会ごとに重量、寸法、貨幣などが異なっていても、共通の尺度や変換の方法などを双方の社会の成員の合意によって取り決めることができれば、深刻な混乱は起きないであろう。しかし、正義の原理に関する不一致は、尺度や貨幣の相違とは異なり、深刻な混乱を惹き起こす。

ソクラテスは、多様な正義の意見の不一致から引き起こされる混乱状況のなかから、正義を知識として探究していった。シュトラウスにとってソクラテスこそ、古代の自然的正義の理論の創始者であり、それとともに政治哲学の創始者である。[57] ではソクラテスは、多様な正義の意見から、どのようにして自然的正義を知識として探究していったのであろうか。

ソクラテスにとって哲学とは意見から知識へと上昇することにあり、ソクラテスはこの上昇を対話術と呼んだ。[58] ソクラテスが意見から出発したのは、意見が「純粋な真理の汚れた断片」[59]だったからである。事物の本性に関する多様な意見を無視することは、我々が有する事実へと接近する最も重要な方法、あるいは我々が到達できる範囲にある真理の最も重要な痕跡を放棄することである。[60] 事物の本性についてより矛盾のない、つまりより真理に近い知識に到達するには、より多様な意見から出発しなければならない。[61]

このようにソクラテスの哲学的探求のプロセスを描くシュトラウスは、ソクラテスにとって多様な意見の存在こそが、真理の探究を促す動因であったことを強調している。事物の本性に関する意見にそれぞれ矛盾がみられるという事実、その事実こそがより矛盾のない見解に到達しようとする哲学的営為を生み出した。そこには、先祖伝来の神の法が多様に存在し、互いに矛盾していたことが、哲学者にとって自然的に善きものへの探究を促す動因であったことと同様の原理が示されている。

正義に関しても、正義に関する多様な意見の存在が、自然的正義の存在と両立しうるだけでなく、自然的正義によって要求されている。[62]ソクラテスの対話術にとって、正義に関する意見の多様性こそが、自然的正義の探究の動因であり、かつ必要な条件であった。[63]

シュトラウスが、ソクラテスの哲学に遡ることによって明らかにしたことは、正義に関する多様な意見の存在が、自然的正義の存在と両立するだけでなく、自然的正義によって「要求されている」ことである。この「要求されている」ということの意味は、まずシュトラウスの指摘に沿って、次の点に求めることができよう。つまり、正義に関する多様な意見の間の矛盾こそが、正義に関する知識の探究を促す動因であることである。

またさらに、意見が「純粋な真理の汚れた断片」であり、事物の本性に関する多様な意見を無視することは、我々が有する事実へと接近する最も重要な方法、あるいは我々が到達できる範囲にある真理の最も重要な痕跡を放棄することであったとするシュトラウスの指摘から、我々は、多様な意見の存在が、自然的正義によって「要求されている」ということの第二の意味を次のことに見出すことができよう。つまり、正義に関する多様な意見を検討することが、より包括的な正義の知識へと通じることである。

正義に関する多様な意見があれば、その多様性を排除することが正義の知識に通じる道ではない。正義に関する多様な意見があれば、それぞれの意見の比較のなかで矛盾や齟齬が生じ、正義の解釈をめぐる議論が巻き起こる。議論の結果、正義の意見に不備が見つかれば、その不備を克服する新たな正義の解釈が必要となり、場合によっては根底からその正義の解釈の問い直しが必要となるかもしれない。多様な正義の意見の限界・限定性を超えて、より包括的な正義の知識に至る道は、多様な正義の意見を視野に入れ、吟味しつつ、正義の内容を洗練させていくことにある。(64)

シュトラウスは、「意見」と「知識」の違いについて、次のように言及していた。つまり、我々のあらゆる行動を導く善の意識は、「意見」という性格をもっているが、よく考えるならば、その「意見」には疑問の余地があることが判明する。我々がその「意見」を問題にすることができるという事実は、もはや問題にされえない善に関する思考へと、つまりもはや「意見」ではなく、「知識」であるような思考へと向かわせる。(65)

「意見」のなかには、確かに偏見や独断などが含まれている。しかし、それらの「意見」を単純に誤謬として否定するのではなく、多様な「意見」の内容の一つひとつを取り上げ、学問的な議論の俎上に載せて吟味し、その内容をより包括的なものへと洗練させていくことが、「意見」から「知識」へと向かうプロセスであったといえよう。

古代ギリシャにおいて哲学者は、神の法の矛盾から、神の法の権威を否定し、自然を発見した。古代の哲学者は、信仰の対象となっていた神の法の矛盾から、どの神の法の掟が正しいのかという疑問を抱き、部族によって異なる慣習とは区別される、時と場所を超えて同一の不変的かつ普遍的なもの、すなわち自然を発見する。つまり古代の哲学者は信仰の対象となっていたもの（神の法）を、学問的議論の対象として位置づけ、そこから自然の存在を認識していった。

シュトラウスの学問的姿勢は、まさしくそうした古代の哲学者の学問的姿勢とも重なり合う。シュトラウスは、ウェーバーが信仰の対象とした価値を再び学問的な議論の俎上に載せて、価値を「知識」として成立させる基盤を発見しようとするからである。

第三節　学問的探求の基盤――イェルサレムとアテナイ

シュトラウスは、実際に人間理性によって解決しえない価値の対立が存在することを認めることは賢明なことだと述べている[66]。ただ彼は、頂上が雲によって隠れている二つの山のうち、どちらがより高いかを決定することはできないとしても、山はモグラ塚より高いと決定できないのだろうかと疑問を投げかける[67]。

たとえ人間理性によって解決しえないような価値の対立があり、またそれを自覚することによって、人間理性の限界を自覚するとしても、そうした価値の対立の存在は、すべての価値の対立が解決しえないことの根拠にはならず、また価値に関する知識の存在を否定する根拠ではない。

また多様な価値が存在するとしても、その多様な価値の存在は、すべての価値が同等であり、またすべての価値を尊重しなければならないことの根拠にはならないし、また価値の位階秩序が存在しないことの証明にもならない。

先述したように、理性は、価値、さらには目標（大義）や理想の間の対立を解決しえないとするウェーバーの姿勢のあらわれとして、シュトラウスは、西洋文明の将来の予想について述べたウェーバーの言葉を提示していた。

つまり、精神的再生（「まったく新しい預言者たち、あるいは古き思想と理想の力強い復興」）か、あるいは「一種の発作的な尊大さの感覚によって粉飾された機械化された硬直状態」（それは、すなわち「精神や見識無き専門家と魂無き享楽人」となること以外のあらゆる人間の可能性の消滅である）か、という二者択一を前にして、ウェーバーは、いずれの可能性を選んで決断するとしても、それは価値、あるいは信仰の一つの判断であり、それゆえ理性の能力を超えるものであると感じたとしている。[68] そして、このことは、シュトラウスにとって、「精神や見識無き専門家と魂無き享楽人」の生き方も、預言者アモスや哲学者ソクラテスによって推奨された生き方と同じように擁護されるうることを結果的に容認するものであった。[69]

このうち、アモスによって推奨される生き方は、イェルサレムの側が推奨する生き方であり、ソクラテスによって推奨される生き方とは、アテナイの側が推奨する生き方である。イェルサレムとアテナイの側がそれぞれ推奨する生き方のうち、どちらが優れているのかを人間理性は判定することができないであろう。しかし、イェルサレムとアテナイの側が推奨する生き方と、「精神や見識無き専門家と魂無き享楽人」の生き方とを同列に並べることには疑念が生じる。つまりイェルサレムとアテナイの側が推奨する生き方がそれぞれ異なるとしても、その両者が推奨する生き方は、それぞれの方法によって獲得された善の知識に従って、道徳的に生きることである。そうした両者が推奨する道徳的な生と「精神や見識無き専門家と魂無き享楽人」の生き方との間には、明らかに位階秩序がある。人間理性によって解決しえない価値の対立があったとしても、すべての価値の対立を解決しえないわけではない。そのようにシュトラウスは理解していたといえよう。

イェルサレムとアテナイとは、緊張関係にあり、両者の間の対立が完全に解消されるわけではない。哲学の側からの啓示への反駁も、啓示の側からの哲学への反駁も、共に相手を完全に論破してしまうことはない。それは、人間理性によって決して解決されることのない対立である。シュトラウスによれば、西洋の伝統は、その二つの要素の総合を認めず、ただそれらの緊張を認めるだけである。このことは、西洋の伝統が、最終的な根本的な矛盾を解決すること、つまり矛盾のない社会を許さないことをあらわしているという。[70]

またユダヤ教、キリスト教、仏教、といった宗教の間に、世界観や教義などにおいて、相互に矛盾したり、対立したりする教説があるとしても、人間理性はその矛盾や対立を解決することはできない[71]。それぞれの宗教の教義とその根拠となっている伝承の真偽を科学的に完全に解明することは不可能であろう。

しかし、シュトラウスは、イェルサレムとアテナイの対立および啓示による科学ないし哲学への反駁が、社会科学の正当性を否定するものではないことを次のように指摘する。

ウェーバー自身も指摘しているように、社会科学は、社会生活を現世の視点から理解しようとする。社会科学は人間の生活に関する人間の知識である。その光は自然の光である。社会科学は、社会的問題に対する合理的ないしは理性的な解決策を発見しようとする。社会科学が到達する洞察や解決策は、超人間的知識や神的な啓示に基づいて疑問に付されるかもしれない。しかし、ウェーバーも指摘しているように、社会科学は、そうした疑問に注意を向けることはできない。なぜならそれらの疑問は、自立した人間理性には決して明白ではない諸前提に基づいているからである[72]。

先述したようにシュトラウスからすれば、ウェーバーも社会科学が到達する洞察や解決策が、超人間的知識や神的な啓示に基づいて疑問に付される可能性があるとしても、それらの疑問は、自立した人間理性には決して明白ではない諸前提に基づいているがゆえに、社会科学は、そうした疑問に注意を向けることはできないということを理解していた。そして、ウェーバーは、自律的洞察という理想に誠実であり続けようと努めた。しかし、結局のところ、科学ないし哲学によって忌み嫌われた知性の犠牲が、科学ないし哲学の根底にあると感じたとき絶望した[73]。先述したようにシュトラウスは、啓示と哲学ないし科学との間の対立こそが、ウェーバーをして、科学ないし哲学の理念が致命的な弱点を負っていると断言させた原因であると分析した[74]。

では、シュトラウスは、イェルサレムとアテナイの対立のなかで、どのようにして社会科学の可能性、とりわけ政治哲学の可能性を救い出すのであろうか。その回答は、シュトラウスが、イェルサレムとアテナイの対立にいかに対峙するのか、という根本的な問題に対する回答でもある。

確かに、シュトラウスにとって、イェルサレムとアテナイの対立は、解消されることはない。解消されないことが、矛盾なき社会を構築できないことおよび人間理性の限界を示している。しかし、シュトラウスの次の指摘にあるように、彼は、イェルサレムとアテナイの間に、対立点と同時に一致点を見出している。そのことを決して見逃してはならない。

つまり、イェルサレムとアテナイの二つの伝統は、道徳を補い、完成させるものについて、そして道徳の基礎について一致していないとしても、道徳の重要性に関して、また道徳の内容について、さらにはそうした道徳が実際には、決定的に不足していると見る点で一致している。[75] さらに、シュトラウスにとって、イェルサレムとアテナイの緊張こそが、西洋の生命力の秘密であった。[76]

人間が、個人的にも、集団的にも、自分たちの生活を導く必要不可欠な善の知識を自分たちの自然的な力による自立的な努力によって獲得することができるのか、あるいは、そうした善の知識を神の啓示に頼るのか。極めて根源的な問いである。ただ、たとえそこに根源的な違いや対立があるとしても、それぞれの善の知識を介して、人は自分が必要とする善を見出し、その善の知識によって自らの生活を導くことができる。二つの伝統はともに、生活を導く善の知識の重要性を認めるという点で一致している。

啓示と哲学は人間の生活を導く善の知識を提供するという点で共通しており、啓示はその点で決して不合理なものではない。シュトラウスにとって、啓示、そして啓示された法は、理性に敵対するものではなく、理性を超えたものである。[77] 啓示が理性に敵対するものであれば、理性の能力に疑問が呈される。社会科学の純粋な洞察が啓示に基づいて疑問に付されることがあれば、啓示は理性を超えるものではなく、理性に敵対するものとなる[78]。そのように指摘するシュトラウスにとって、理性を超えたものの存在は、人間理性による善の知識の探求そのものを阻害するものではない。人間が、啓示の力を得なくとも、自らの自然的な力によって、生を導く善の知識を獲得することができる。シュトラウスにとってアテナイとイェルサレムの対立は、西洋文明の分裂を示すものではない。また、その対立は、人間理性の限界を示すものであるとしても、人間理性を不可知論や懐疑主義に陥らせるものではない。

イェルサレムとアテナイについては、両者の間の不一致について注目される傾向にあるが、シュトラウスの指摘によれば、イェルサレムとアテナイのまさにその不一致は、ある一致を前提としている。なぜなら、人々はその何ものかについて一致していないとしても、その何ものかの重要性について一致しなければならないからである。その一致は、純粋に形式的な一致よりも、深淵なものであるという[79]。

さらにシュトラウスが、「善き社会に関する様々なパースペクティブ」という論文の冒頭で述べていることは、善き社会の構築に向けて、宗派の枠組み、さらには、学問と宗教の枠組みを超えた基盤があることを示す具体的な事例であるといえよう。そこでは、善き社会への視点と善き社会の構築に向けた努力こそが、宗教や学問的見地の違いを超えた共通の基盤になりうることを示唆している。シュトラウスは、ユダヤ―プロテスタント協議会に出席したときの心境について次のように述べている。

私は、その協議会の報告書を書くという理解でもって、その協議会に一人のオブザーバーとして参加した。私は一人のユダヤ人であるが、私は、ユダヤ人としてではなく、オブザーバーとして、つまり、非党派的で友好的なオブザーバーとして、あるいは一人の社会科学者としてその報告書を書くことになっていた。なぜなら、社会科学者は、善き社会に向けられたあらゆる努力に特に関心を持つべきだからである。その関心は、参加者とオブザーバーの共通の基盤であった。というのも、その協議会は、それぞれの深刻な意見の相違にも関わらず、ユダヤ人とプロテスタントは、善き社会への関心と善き社会をつくる、あるいは善き社会を守るという努力のもとに一致しうる、という前提に基づいていたからである。(80)

善き社会への関心と善き社会をつくり、善き社会を守るという努力が、研究者と宗教者、そして宗派を超えた対話を創出する。その対話こそが、善き社会に向けて、多様な違いを超えた共存の可能性を拓く。(81)そのなかで、政治哲学の任務は、自立的な理性の力によって善き社会を探求するものであり、善き社会の探究は、啓示宗教の要請とも合致しうる。啓示宗教の存在は自立的な理性による善き社会の探求を阻害するものではない。善き生や善き社会を導く善の知識は、たとえそれが人間によって独自に探求されるものであっても、また啓示によって示されるものであるとしても、イェルサレムとアテナイの双方が共に求めるものであった。

善や正義といった価値の拠り所を「信仰」に求め、さらにその「信仰」が自立した人間理性には決して明白ではないものであると定めるならば、信仰と理性との間の隔たりは大きく、諸価値は、決断によって選択されるべき、解決不可能な神々の闘争のなかに巻き込まれてしまう。しかし、信仰と理性が互いに相容れない性質を持つとしても、その両者に共通する志向性が明示されるならば、理性による善や正義の知識の探求は、信仰の存在によって揺るがされるものではなくなるであろう。そして「信仰」や「啓示」に頼らずに、理性が自立して善や正義の知識を探求する道は、「多様な意見から知識へ向かう思考」にある。

シュトラウスがソクラテスの哲学に立ち返って強調したのは、善や正義といった価値に関する思考の表出を「意見」に求め、多様な善や正義に関する意見から、善や正義を知識として学問的に探究することである。その際、意見は、単なる誤謬として退けられるものではなく、「真理の断片」であり、問いの対象として位置づけられている。そして、善や正義に関する意見の多様性は、善や正義に関する知識の存在を否定するものではなく、むしろ善や正義に関する知識を学問的に探究する際の動因であり、またより包括的で、普遍的な善や正義に関する知識を探究するために、多様な善や正義に関する意見を検討することが求められていた。

一般的に受け入れられている意見は、正義を探求する際の出発点であり、正義に関する意見を一つひとつ検討していくことが自然的正義の探求の特徴であった。それは、第二章第二節で論じた、ソクラテスとポレマルコスの対話にもその特徴があらわれているといえよう。

シュトラウスによれば、人々が、善き生や善き社会の知識を獲得することを自分たちの明白な目的として設定したとき、政治哲学が出現する。その善き生や善き社会に関する思考は、まず意見として表出する。その意見をさらに検討していくならば、意見の間の矛盾などが明らかになるが、人間の思考は、その矛盾などの問題点をそのままにするわけではない。思考は、より矛盾のない洗練された善き生や善き社会の思考、すなわち意見ではなく、知識であるような思考へと向かう。(82) つまり正義のみならず、善についても意見こそが学問的出発点であった。

以上のようなシュトラウスの記述およびその記述から読み取れることは、シュトラウスが、「善き生と善き社会への志向性」と「多様な意見から知識へ向かう思考」を学問の基盤に据えて、歴史主義とウェーバーの姿勢に対抗したことである。そして、「多様な意見から知識へ向かう思考」はまた、寛大なリベラリストの善や正義の非知識性の主張に対抗して、善や正義を知識として探究する基盤であった。

寛大なリベラリストは、唯一必要なことは多様性や個性を尊重することだとする自然権の特殊な解釈から、自然権そのものを否定する立場をも、多様性の一部、個性として容認することになってしまった。また多様性や個性を尊重することを唯一必要なことと措定することによって、理性の前にすべての選好や選択は等価的になってしまい、判断と行為の基準は、善や正義の知識ではなく、断固たる決断に委ねられることになったのである。それは言い換えるならば、「多様な意見から知識へ向かう思考」の停止を意味する。その思考の停止は、決断主義を帰結した。

解決困難な対立や問題を前にして、思考を停止し、問題を投機的な決断によって性急に対立を解決しようとすれば、我々は、結果を一か八かの運に委ねる非合理主義へと陥る。シュトラウスにとって、決断主義とは本来の意味で「リベラル」な政治哲学の否定である。本来の意味で「リベラル」な政治哲学は、政治および社会の対立や問題を前にしても、思考の停止から思慮なき決断主義に陥ることなく、合理的かつ賢明な視点から解決しようとするからである。

正義や善に関する知識を否定することによって、断固たる決断にしか活路を見いだすことができなくなった思考の隘路を脱出し、善や正義の知識を探究する基盤は、まずシュトラウスにとって「善き生と善き社会への志向性」と「多様な意見から知識へ向かう思考」にある。

その中で、「多様な意見から知識へ向かう思考」は、シュトラウスにとって、現代のコンベンショナリズムに対抗することに加えて、学問の存在意義を問い直す起点となる。なぜ古典古代において、哲学は、政治哲学となったのか。哲学が政治哲学へと移行し、さらに政治哲学として担うことになる責任をめぐるシュトラウスの描写に注目してみよう。

先述したように、ソクラテスの哲学にとって、意見が哲学的探究の出発点であった。意見が発せられる領域とは、政治的領域であり、意見を出発点とする哲学は、自らの行為を反省し始めるやいなや、その意見の領域たる政治の領域が哲学的関心の的にならざるをえない。

さらに哲学がそれ自身の目的と本性を十分理解するためには、その本質的な出発点である政治的領域を理解しなければならず、また政治的な事柄の本性を理解しなければならない[83]。そして哲学がその出発点である意見の領域、すなわち政治的領域を出発点とし、やがて政治的な事柄を哲学的考察の対象として設定することが、なぜ哲学なのか、そしてなぜ人間の生活に哲学が必要なのか、という問いに答える責任を哲学者に課すことになった。

シュトラウスによると、「なぜ人間の生活に哲学が必要なのか」という問いに関して、人間の生活は共に生きることであり、より正確に言えば政治的な生活であるから、「なぜ哲学なのか」という問いは、「なぜ政治的な生活に哲学が必要なのか」ということを意味する。そして哲学者は政治的共同体の法廷の前でその問いに答えなければならない。なぜなら古典古代において、哲学の意味は決して一般的に理解されておらず、それゆえ哲学は多くの善意の市民たちによって信頼されず、嫌われていたからである。そうしたなかで、「なぜ政治的な生活に哲学が必要なのか」という問いは、哲学を政治的に責任あるものとし、哲学者が政治的生活を無視してしまうことを禁じる[84]。

哲学者は生き残るために、必然的に哲学を政治的共同体の法廷の前で正当化しなければならない。哲学を政治的共同体に対して正当化するためには、哲学が政治的共同体の安寧に貢献することをアピールする必要がある。シュトラウスによると、プラトンの『国家』は、他の古典古代の哲学者の著作と同様に、政治的共同体の安寧が決定的に哲学の研究に依存していることを示すことによって、哲学を政治的に正当化しようとする試みとしての性格をもっていた[85]。

この点において、シュトラウスは、本書の第二章で言及した政治哲学の定義とは異なる解釈を披瀝している。つまり、政治哲学という表現における「政治的」とは、主題となる事柄を示しているのではなく、取扱いの方法を示している。そして「政治哲学」とは、政治の哲学的な取扱いではなく、哲学の政治的な取扱いを示しており、哲学への政治的な導きであり、市民として適格な人々、むしろそうした人々の息子として適格な人々を政治的な生から、哲学的な生へと導く試みであると主張する。(86)

「レオ・シュトラウス――哲学とアメリカの社会科学」という論文の著者であるミラーは、シュトラウスが社会科学の実証主義を批判した理由について明らかにしている。ミラーによると、社会科学の実証主義に対するシュトラウスの批判は、永続的な哲学の仕事を実行すべく企図されたものである。哲学者は、有害で間違った理論が引き起こす脅威から、有益な意見や思慮深い判断等を守ることによって政治的共同体を助ける。ただその究極的な目的は、哲学的探求が政治的共同体を危険に晒すという疑惑を和らげることによって、哲学に利益をもたらすことにあった。つまり哲学を保護し、永続させるという仕事が、社会科学の実証主義に対するシュトラウスの批判の背景にあると分析している。さらにミラーは、シュトラウスの実証主義批判が、哲学を政治的に守り、また哲学を永続させるための戦略であると解釈している。(87)

シュトラウスが、哲学の保護という役割を政治哲学の役割の一つとして認めているのは確かであろう。しかし、その一面だけが過大視されることは、シュトラウスが意見を出発点としていることの意味、そして政治的共同体に対する責任の所在を捉えそこなう危険性がある。

哲学者は、ただ哲学を政治的に正当化するためだけに、政治的共同体ないし政治的領域の安寧に貢献しようとしていたわけではない。すでに指摘したように、意見は真理の断片としての性質をもっており、哲学にとって欠くことができない学問的出発点であった。それゆえ意見の領域である政治的領域は、哲学者が自らを正当化しなければならない法廷としての役割だけでなく、哲学的探究にとって欠くことのできない学問的基盤としての役割を持っていた。

哲学は意見の領域を学問的探求の基盤としている以上、意見の領域が崩壊すれば、哲学的探求も成立しない。

そうした認識がやがて、意見の領域に対する哲学の役割と責任への自覚に深化していく。哲学は、政治哲学として必然的に意見の領域たる政治の領域を善き方向に導く役割と責任を担っている。古典的政治哲学の主要な関心とその存在意義は、ただ単に、政治的生活を記述したり、理解したりすることだけではなく、政治的生活を正しく導くことにあった。そしてそれゆえにこそ古典的政治哲学は価値判断によって導かれていたというべきであろう[88]。このように哲学が、政治哲学へと移行する過程についてのシュトラウスの立論は、学問的探求が、共同体に対して担うべき責任を明らかにする。

「多様な意見から知識へ向かう思考」、そして意見の領域が政治的領域であり、学問は意見の領域たる政治的領域を学問的出発点として基盤としていること。そのように、シュトラウスが、古典古代の政治哲学に立ち返って強調したことの基本線は、さらに、フッサールの生活世界論によって補完される。シュトラウスが現代の科学の危機を克服し、本来の意味で「リベラル」な政治哲学を再生させるための議論は、フッサールの生活世界論を検討し、その生活世界論がシュトラウスの政治哲学に与えた影響を明らかにすることによって、より現代的な意義を帯びるであろう。

次章では、フッサールの生活世界論およびそれがシュトラウスの政治哲学に与えた影響を分析することによって、現代科学の危機を克服し、本来の意味で「リベラル」な政治哲学が成立する地平を現代的観点から明らかにしていく。その後、本来の意味で「リベラル」な政治哲学の特徴を科学的政治学に対するシュトラウスの批判を通じて浮き彫りにしていく。

第五章　根源としての生活世界

第一節　フッサールの生活世界論と前科学的知識

古代ギリシャにおいては、世界・自然のあり方に関する知の探究である自然学と、人間の生き方・行為の在り方に関する知の探究である哲学・倫理学は、全体の理解に向けた人間の知的営為のなかに包摂されていた。ところが、一七世紀以降、数世代を経るうちにニュートン物理学のような新しい科学が成功するに従って、哲学と科学との間に大きな区別が生じたとシュトラウスは指摘する。つまり、「科学」とは近代の哲学ないし科学の成功した部分であり、「哲学」とは成功しなかった部分となった。こうして、科学は、哲学よりも高い地位をもつようになり、その結果として、科学的ではないすべての知識は軽視されるようになる。そしてシュトラウスによると科学こそが、世界に関する人間の自然的理解の完成態とみなされるようになった(1)。

しかし、一九世紀に非ユークリッド幾何学の発見と物理学におけるその応用などが起こることにより、科学は、世界に関する人間の自然的理解の完成態とみなすことはできず、むしろ世界に関する人間の自然的理解の根本的な修正であるということが明らかになった。[2] つまり、それまでの世界の科学的理解というものは、自然的理解の完成態ではなく、その根本的修正を経て生まれるものであることが明らかになったのである。[3] そのことについてシュトラウスは、フッサールに言及して次のように述べている。

フッサールは誰よりも深く次のことを理解していた。つまり世界の科学的理解は、我々の自然的理解の完成態では決してなく、我々をして科学的理解の基盤そのものを忘却させるようなやり方で、世界の自然的理解から派生してきたものである。したがってあらゆる哲学的な理解は、世界に関する我々の常識的な理解から、すなわちあらゆる理論化に先行して感覚的に把握される我々の世界理解から出発しなければならない。[4]

シュトラウスは、一九二一年ハンブルク大学で博士の学位を得たあと、一九二二年フライブルク大学に赴いたが、そこで彼はフッサールから思想的影響を受けており、フッサールの哲学は、シュトラウスの政治哲学に対して大きな影響を与えている。[5] 以下、まずはフッサールの『ヨーロッパ諸学の危機と超越論的現象学』（一九五四年）をもとに、生活世界と学問の関係についてみていくことにしよう。

フッサールによれば、「学（Wissenschaft）」とは人間の精神の作業であり、その作業は歴史的にも、また学ぶ者それぞれにとっても、存在するものとして前もって共通に与えられている直観的な生活環境から出発することを前提としている。[6] その生活環境とは、生活世界である。生活世界とは、現実に知覚によって与えられ、経験することができる日常的な世界である。[7] 「学」がある問いを提起したり、またその問いに答えたりするとき、その問いは初めから、そして必然的にその後も、この前もって与えられている世界、つまり問いが提起され、あらゆる普段の生の実践が行われている生活世界を基盤としており、生活世界の存立に依拠している。[8] どのような学者

（科学者）であろうと、探究されるべき問いを提起するのは、私たちが実際に生きている生活世界であり、実験の計測器を見たり、データを収集したりするのも、生活世界である。

さらにフッサールからすると、実際に最初のものは、「学」以前の（vorwissenschaftlich）世界生活の「単に主観的―相対的な」直観である。(9) しかしながら、近代の客観性の理想に従う研究者にとって、そうした「単に主観的―相対的な」ものはすべて、客観性に乏しいものとして侮蔑的に扱われている。この生活世界で生起するすべてのものは、科学的な目的やその他の目的のために必要に応じて利用されるが、「客観的真理」をテーマとする自然科学者にとって生活世界は、「単に主観的―相対的な」特徴をもっており、その「主観的―相対的なもの」は克服されるべきものとされている。(10)

「客観的真理」を探究する自然科学者にとって、我々が生きているこの生活世界で人々が見たり、考えたりすることは、単に主観的で、相対的なものでしかない。それは科学的客観性に乏しいものとして、自然科学者から軽視されてきた。ただ、自然科学者は、そのように客観的なものに関心をもち、客観的に活動するが、「主観的―相対的なもの」は、とるに足らない通過点ではない。「主観的―相対的なもの」は、あらゆる客観的検証のために理論的―論理的な存在的妥当性を究極的に基礎づけるものとして機能する。つまり、明証性の源泉、検証の源泉として機能するとフッサールは指摘する。(11)

近代科学が把握しようとする世界、つまり「客観的で」「真の」ものとされる世界は、あくまで理論的―論理的構築物であり、原理的に知覚することも、またその固有の存在自体について経験することができない。例えば、科学が最新の理論を用いて宇宙の全体像を説明するとしても、我々は、その全体像を知覚することはできないし、また経験することもできない。それは理論的―論理的に構築されるだけである。

それに対して、生活世界的に主観的なものは、あらゆる点で現実に経験しうるという特徴をもつ。それゆえフッサールは、生活世界こそが、学問（科学）の根源的な明証性の領域であると主張する。[12] フッサールにとって、経験こそが純粋に生活世界において起こる明証性であり、それ自体は決して客観的なものの経験ではない学問の客観的立証の明証性の源泉になる。[13]

数学的知識によって世界を理解してきた科学は、生活世界における前科学的な知見や直観を「主観的かつ相対的なもの」とし、客観性に乏しいものとして侮蔑してきた。しかし、そうした生活世界の前科学的な知見ないし直観こそが、あらゆる客観的検証のために理論的―論理的な存在的妥当性を究極的に基礎づけるものとして機能する。

生活世界で人々が抱く「学」以前の知見や直観こそが、科学の客観性を基礎づける。それは、シュトラウス自身の学問的探求の基底にあるものであった。シュトラウスは、科学的知識が人間の知識の最高形態であるという信念には、前科学的知識（pre-scientific knowledge）[14]を軽視する意味合いが含まれていると指摘する。[15] 政治哲学は、まさにその前科学的知識を重視するものであり、シュトラウスにとって、政治哲学とは、「政治的な事柄の本性とともに、正しい、あるいは善き政治秩序を真に知ろうとする試み」[16]であり、まさに「政治的なものとは何か？（what is political）」という問いは、科学的に取り扱われるのではなく、対話術によって（dialectically）取り扱われる。そして対話術による取り扱いは、必然的に前科学的知識より始まり、それを最も重視する。[17]

すでに指摘したように、プラトンの『国家』において、「正義とは何か」をめぐって展開されるソクラテスとポレマルコスの対話が、政治的な事柄の本性を理解する上で重要な役割を果たしていた。人間にとって「善き生とは何か」といった日常でも問われるテーマをめぐって展開される対話が、政治的な事柄の本性を明らかにしたのである。

近代の自然科学は、望遠鏡や顕微鏡による観察によって得られる知識によって発展してきたが、器具を用いない人間の目で、つまり科学的な観察者の視点とは異なる市民の視点において、あるがままの姿で認識できるものがある。そのように指摘するシュトラウスは、コペルニクスの登場以来、信頼できないと思われている前科学的知識、もしくは「常識的な」知識に光を当てる[18]。

その姿勢は、社会科学、そして政治学においても貫かれている。シュトラウスは、一九六三年に行った「現代の危機」という講演のなかで、社会科学は、あらゆる科学的理解に先立つ、政治的な事柄に関する常識的理解と呼べるものについての、首尾一貫した、包括的な理解を駆使しないならば、自らが行っていることについて明瞭な理解に到達しえない、そして、まず何よりも一般市民や政治家が経験したように、政治的な事柄を理解しないならば、社会科学は政治的な事柄についての明瞭な理解に到達しえないと断言している[19]。

政治的な事柄についての明瞭な理解に到達するためには、その常識的な理解についての首尾一貫した包括的な理解を獲得しなければならない。常識とは、シュトラウスにとって「事柄についての市民の理解」を意味する[20]。政治的生活は本質的に、政治的知識と、誤謬・推測・信念・偏見・予測に基づく政治的意見とが交じり合ったものによって導かれている。そのように指摘するシュトラウスにとって、政治的意見を政治的知識によって置き換えるものが、政治哲学であった。すなわち政治哲学は、「政治的な事柄の本性に関する意見を政治的な事柄の本性に関する知識によって置き換えようとする試み」として、意見を学問的出発点とする[21]。

意見を出発点とするというソクラテスの伝統は、シュトラウスに受け継がれており、意見を知識に置き換えるのが政治哲学者の任務である。ここで注目すべきは、一般の市民は、意見のみならず、政治的な事柄に関する知識を保有しているというシュトラウスの認識であろう。分別ある大人ならば、ある程度の政治的知識を保持しており、誰もが税、警察、法、刑務所、戦争、平和、休戦について何かを知っている。さらに誰もが、戦争の目的は勝利であること、戦争は最大の犠牲と他の多くの損失を要すること、また勇気は賞賛に値し、臆病は非難に値することを知っている。そしてシャツを買うこととは、投票することとは区別され、本質的に政治的行動ではないことを知っている。[22] そうした普通の人がもつ政治的知識は、長く政治的経験を積んだ聡明な人がもつ政治的知識と比べると確かに乏しいけれども、普通の人も常識としてある程度の政治的知識を保持しているとする。

では、なぜ、シュトラウスは常識をこれほどまでに重視するのか。その手がかりを、戦争に関するシュトラウスの次のような記述に求めることができよう。

戦争の知識は、人間の生活のなかで戦争が占める位置についての知識を含む。いかに漠然としていても、戦争そのものについて、また人間の生活のなかで戦争が占める位置そのものについて、何らかの観念を持つことなしに、一定の期間に行われている戦争について何も知ることはできない。[23]

つまり、戦争を知るということは、戦闘行為の事実的経過だけを知ることではない。戦争を知るということは、それが人間生活においていかなる意味を持つのか、という包括的視点によって戦争を知ることである。戦争とは何か。その知識は、人間生活において占める戦争の位置も含めた包括的かつ全体的な視点によって獲得できる。

政治的な事柄に関するあらゆる知識は、政治的な事柄の本性に関する了解事項を含んでいる。それは、単に一定の政治的状況に関する了解事項だけでなく、政治的生活や人間の生活そのものに関する了解事項を含んでいるとシュトラウスは明言している。[24]

政治に関する知識は、ただ政治的な事実だけを認識することによって獲得されることはない。政治に関する知識は、個別具体的な政治的状況に関する理解だけでなく、人間の生活そのものに関する理解が含まれているのであり、人間の生活という包括的な視点のなかで、政治的なものは理解されなければならない。そのような認識に立つシュトラウスにとって、政治哲学は、個別具体的な政治的状況に規定された学問的探求ではなく、人間生活における戦争の位置を問うなど、包括的であることを意図していたといえよう。そして包括的であるためには、科学者が観察によって獲得する知識だけでなく、常識、すなわち「事柄についての市民の理解」を把握することが必要であった。それはまた生活者の視点に根差した理解であったといえる。

ここでフッサールが与えたシュトラウスへの影響についてまとめると以下のようになる。フッサールによれば、世界を客観的に理解しようとする自然科学は、その科学的理解の基盤が生活世界にあるにも関わらず、生活世界を主観的―相対的なものの領域として侮蔑してきた。しかし、その主観的―相対的なものは、単なる通過点ではなく、あらゆる客観的検証のために理論的―論理的な存在的妥当性を究極的に基礎づけるものとして機能する。その主観的―相対的なものとは、生活世界における前科学的な知見や直観であり、シュトラウスの政治哲学の議論に当てはめるならば、それは、人々が抱いている意見や常識である。政治的なものを理解するとき、シュトラウスにおいても、意見や常識は、主観的―相対的なものとして捨象されるものではなく、意見や常識こそが、政治的なものの理解にとって必要な基礎を提供する。

さらに、フッサールによれば、生活世界は理論的であれ、理論以外であれ、すべての実践のための「基盤」であり、それは、常に実践的な関心をもっている主体としての我々に偶然与えられたものではなく、あらゆる現実的で可能な実践の普遍的領域として、また地平として、前もって与えられている[25]。そして生活世界では、すでに認識が前科学的な認識として常に役割を演じており、その認識の目標は、実践的生活を全体として可能にするために十分なほど達成されているとフッサールは主張する[26]。

生活世界は、科学的認識の明証性の領域であると同時に、実践的生活を可能にする前科学的認識が存在する領域である。科学は、単に認識することだけでなく、実践に関わることについても、前科学的認識を主観的―相対的なものとして否定することはできない。実践的生活を可能にする前科学的知識は、シュトラウスにとって、評価的な社会科学の可能性と責任ある判断を下すための基礎に関わる。

シュトラウスは、意見のみならず、常識を学問の基盤に据えることによって、ウェーバーが陥った問題を克服しようとした。ウェーバーは、「常識」として知られている社会的世界についての首尾一貫した分析、あるいは社会的生活や社会的行動において知られている社会的現実についての首尾一貫した分析を試みようとはしなかった[27]。そのように指摘するシュトラウスは、評価的な社会科学の可能性について次のような自論を展開する。

現実の生活の中で我々が知っているような、そして市民社会が存在して以来、人間が常に知っているような、社会的実在の包括的分析によってのみ、評価的な社会科学の可能性を適切に議論することが可能になろう。そのような分析こそ、社会生活に本質的に属している基本的選択肢を理解可能なものとし、それと同時に、これらの選択肢間の対立が原理的に解決されうるものかどうかについて責任ある判断を下すための基礎を提供する[28]。

そして、ウェーバーは、次のような考えを拒否してしまったとシュトラウスは指摘する。つまり「社会科学は社会生活のなかで経験され、また『常識』として知られている社会的現実の分析に基づかなければならない[29]」。シュトラウスにとって、常識は、単に政治的なものを明瞭に理解することだけに関わるのではなく、幾つかの選択肢が対立しているとき、どの選択肢を選択すべきか、という実践的価値判断の基盤となるべき知識であった。

誰もが、戦争の目的は勝利であること、戦争は最大の犠牲と他の多くの損失を要すること、また勇気は賞賛に値し、臆病は非難に値することを知っている。そのなかで、戦争が最大の犠牲と他の多くの損失を要するという常識は、市民から見た戦争に関する知識、つまり生活者の視点で得られる戦争に関する知識である。政治哲学は、そうした「人間が常に知っているような、社会的実在の包括的分析」に基づくことによって、重大な政治的選択肢間の対立、論争を解決に導くことを可能とする。

たとえ戦争が避けられず、また戦争に身を捧げなくてはならない場合であっても、戦争を悪として、また罪深いものとして否定しなければならない。[30]そうしたシュトラウスの戦争に対する明確な否定は、戦争という一定の政治的状況のみに限定して政治的なものを捉えるのではなく、人間の生活において戦争が占める位置に関する常識を含めた包括的な視点から政治的なものを捉える姿勢であった。そのようにシュトラウスの姿勢を解すると き、戦争が人間生活に与える影響についての常識は、開戦か、戦争回避かといった重大な政治的選択肢について、責任ある判断を下す基盤を提供するものであったと解釈することができよう。

生活世界を基盤とするということは、生活世界に生きる人々の生活者としての多様な視点や知識に依拠することであり、生活者の政治的なものに対する包括的な理解に根差すことを意味する。本来の意味で「リベラル」な政治哲学の任務は、一般市民の常識をも包摂した包括的な視点から、責任ある判断を下す基盤を提供することにある。

シュトラウスは、ウェーバーとは異なり、学問の基盤を信仰といういわば彼岸的なものではなく、意見、常識という此岸的なものへ、そして意見と常識に取り巻かれた生活世界に求めた。政治哲学が、意見や常識といった前科学的知識を出発点としていること、さらに政治的生活、非哲学的生活、人間的生活に最も近接した哲学の一部門であることは、古代ギリシャの哲学者の学問的基盤が意見の領域たる政治的領域にあったように、シュトラウスにとって、生活世界こそが、現代の本来の意味で「リベラル」な政治哲学の基盤であることを明らかにする。

第二節　新しい政治学

藤沢令夫が指摘するように、現代科学は、事実の世界と価値の世界とを分断することによって成立した。つまり、「世界・自然のあり方の探究から人間の生き方・行為の在り方に関する事柄を切り離す」ことによって成立したのである。[31] こうした事実と価値の分離という現代科学の根本構造が、自然科学のみならず、社会科学にも適用されることになった。

さらに藤沢は、人間が環境として世界のなかに生きて行動するという原初的な事実からすると、世界のあり方や事物のあり方を知ることと、そのなかで我々自身がいかに行動し、いかに生きるかを知ることとは、別個に分かれているわけではなく、それぞれがお互いを要求しつつ一体的で切り離すことができないものであり、そしてそれが「知る」ということの自然本来のあり方ではないかと論じている。[32]

さらに、藤沢は次のように指摘する。つまり、科学は、それぞれの専門分野において、研究しようとする対象をその他の部分から切り離して考察するが、いかなる対象も決してそれ自身だけで孤立して存在しているわけではなく、世界全体のなかの他の様々な部分との内的な関係に支えられて存在している。[33] それを全く度外視して、ある特定の対象だけを切り取り、他のものを一切排除した考察や研究の結果は、その対象の本質そのものを変貌させ、また全体との関係を見失わせるということである。[34]

近代以降、客観的に対象を考察する科学的アプローチの成功は、物理学の成功としてあらわれる。その成功した科学の成果が技術と結合し、工業化・産業化した社会を出現させ、我々が住む環境を大きく変革させてきた。[35]
人間を取り巻く環境は、科学技術の進歩によってより便利に、またより快適になった。次々と新しい薬品が開発され、また医療技術が進歩することにより人間は様々な病気に対抗できる力を獲得し、健康を維持できるようになった。しかし、工業化・産業化の進展によって生じる公害や環境破壊によって、環境が悪化しているのも事実である。また科学と技術の結合は、もともと自然界に存在しない様々な新しい物を生み出してきた[36]。

科学技術の進歩と平行して、工業化・産業化の進展によって生じる公害や環境破壊、さらには薬害や遺伝子操作技術による生命倫理の問題など、新たな問題が生まれている。また科学と軍事技術の結合は、原爆・水爆といった人類の存在さえ脅かしかねない核兵器を出現させた。

シュトラウスはフッサールと同じく、学問の出発点へと回帰する。科学によって人類がいかに多大な力を得ようとも、我々がこの生活世界に根差して、思考し、行動するという事実は変わらない。また、人間が、周囲の存在に対して問いを投げかける存在であるという事実も変わらない。自然科学も含めて科学の出発点にあるのは、問いが提起され、またあらゆる普段の生の実践が行われている生活世界である[37]。

古典古代において、古典的政治哲学が、単に政治的生活をただ単に記述したり、理解したりすることだけではなく、価値判断によって導かれ、意見の領域たる政治の領域を善き方向に導く責任を負っていたのは、古典的政治哲学が政治的領域を基盤とし、またその領域に対して責任を担っていたからである[38]。

哲学が、政治哲学として、その基盤である政治的領域に対して担っていた責任についての議論は、時を超えて、科学がその基盤である生活世界に対して担うべき責任についても、次のような構図のもとに、明確にその方向性を示すことができるであろう。

すなわち、科学は、生活世界を崩壊させるような知識を探究することはできない。科学は、生活世界を基盤として出発し、また生活世界に依拠しているという自覚は、やがて科学そのものが生活世界に対して担っている役割と責任の自覚へと深化する。その役割は、科学そのものが生活世界の発展と安寧に寄与することであり、その責任は、科学によって発見された知識が技術と結びつき、実践的に応用されるとき、その応用が生活世界にどのような影響を与えるのかを考慮することである。その責任を果たす上で、科学の側が視野に入れ、真剣に検討しなければならないのは、生活世界における人々の常識と全体への視点であろう。戦争が最大の犠牲と他の多くの損失を要するという常識は、戦争遂行の技術と結びつく科学への反省を促す。

科学が生み出した様々な成果について、それは自然の在り方、そして人間の在り方や社会の在り方を含めた生活世界の維持にとって本当に善いことであるのか、そうした問いは、局所的な科学的知識によっては解決できない問題であり、世界・自然のあり方に関する知の探究と、人間の生き方・行為の在り方に関する知のみならず、社会や政治の在り方を含めた知の探究との融合によって問われ、包括的に解決策を探究していかなければならない。そのように知の在り方を考えるとき、人間の知的探求のなかでも、全体性と包括性を備えている学問領域は、シュトラウスにとって政治哲学であった。

シュトラウスは、ルカーチ（Lukács György, 1885-1971）によれば、客観的で評価的な社会科学は可能であると主張する。シュトラウスがルカーチに関連して述べるところによると、客観的で評価的な社会科学を可能とするためには、社会科学は恣意的に選択された「諸事実」や諸々の断片の研究に自らを限定せずに、個々の社会現象を社会状況全体に照らして、さらには、究極的には、歴史的過程全体に照らして理解することが求められる[39]。

いかに社会科学が事実を客観的に分析しようとも、研究の対象が、研究者の恣意的な価値への関わり、価値の選択に依拠している限り、社会科学そのものは、恣意性を完全に免れることはない。シュトラウスがルカーチに即して指摘していることは、社会科学が客観的で評価的なものとして成立するためには、恣意的に選択された「諸事実」や諸々の断片の研究に自らを限定するのではなく、個々の社会現象を社会状況全体に照らして、そして究極的には歴史過程全体に照らして理解することが必要であるということであった。つまり、全体への視点が学問の恣意性を克服し、評価的社会科学を可能とする。

古代ギリシャにおいて、政治学は全体的かつ包括的な性格を持つものであった。『ニコマコス倫理学』において、アリストテレスは、どのような学問が行われるべきか、どのような学問をどの程度学ぶべきかを規律するのは政治であり、その他、政治は、何を為し、何を為さざるべきかを立法するものであるため、政治の目的は、他の様々な学問の目的を包摂していると指摘した。いかなる技術や研究も、またいかなる実践や選択も、ことごとく何らかの善を求めるものであり、「人間というものの善」こそが政治の究極的目的であり、諸々の学問の目的を包摂していた。[40] それゆえにこそ、古代ギリシャにおいて政治および政治学は、棟梁的な地位が与えられていたのである。[41]

シュトラウスは、アリストテレスの政治学、そして判定者としての政治哲学者の党派性を超えた包括性について次のように指摘している。

それゆえアリストテレスの政治学は、市民の視点から政治的なものを見る。当然、市民の視点は、多様であるため、政治学者、あるいは政治哲学者は、判定者、あるいは公平な審判とならなければならない。彼の視点は、党派的な様々な視点を網羅している。なぜなら彼は、党派的な人々以上に、人間の自然的目的や人間の自然的秩序について、より包括的かつ明瞭な理解力を持っているからである。[42]

アリストテレスは、常識を含めた市民の多様な視点と人間の自然的目的や自然的秩序に関する包括的な理解によって、善き政治秩序を探求していった。

シュトラウスによれば、本来、政治学は政治哲学と同一のものであり、人間的事象のすべてを包括する研究であった。[43] ところが、今や政治哲学の包括的研究は、ミミズの断片のように動く諸部分に分割されている。[44] その原因は、以前は、政治哲学に属していた広範な諸部分が、経済学や社会学、社会心理学などに分割されたことであり、また自然科学をモデルとする科学的政治学が、政治的事柄に関する真の知識に向かう唯一の方法であると考えられていることにある。[45]

ここで、本来の意味で「リベラル」な政治哲学は、政治学の新しい潮流と対決することになる。それは、シュトラウスが「新しい政治学」と呼ぶ、実証主義的な科学的政治学の潮流である。

冒頭で述べたように、シュトラウスが「新しい政治学」と呼ぶ実証主義的な科学的政治学とは、第一次世界大戦の直前に現われ、第二次世界大戦中およびその前後の期間において、優勢となり、同時に成熟に至った学問である。[46]「新しい政治学」は、政治的な経験ではなく、科学的な心理学を基礎とし、[47] 人間の行動の法則を探求する。その法則は、最大限の客観性を保証すると信じられている特定の調査技術、つまりアンケートやインタビューといった調査技術を通して提供されるデータによって発見される。[48] その最大の特徴は、価値判断ではなく、事実判断のみが客観的であるとし、事実と価値を分離することにある。[49]

その新しい政治学、すなわち実証主義に基づく科学的政治学は、また常識の放棄を企てることによって登場してきた。[50] そして、科学的政治学は、政治的なものについての常識的な理解を捨てることによって、政治的な理解に本来備わっている適切さの基準（the criteria of relevance）を放棄せざるをえない。そのため、科学的政治学は、政治的な事柄に関する方向づけを欠いているとシュトラウスは指摘する。[51] 科学的政治学が立脚している論理学は、厳密さの十分な基準を与えるかもしれないが、適切さの客観的な基準を与えない。シュトラウスにとって、適切さの基準は、政治的な事柄についての前科学的理解に本来備わっている。そして「知的で、啓発された市民たち（intelligent and informed citizens）は、重要な政治的問題と重要でない政治的問題とを適切に区別する」と主張する。[52] 例えば、市民が要求したり、拒否したりするとき、つまり言うなれば、「あらゆるものの欠乏から免れていること」を求めるとき、彼らは、虎や鼠やシラミの欠乏から免れていることを求めているのではない。[53]

では、なぜ科学的政治学は、常識を放棄したのか。シュトラウスは、次のように分析する。

新しい政治学の信奉者の数名は、次のように主張するだろう。つまり、政治的な事柄に関する前科学的な思考に純粋な知識が含まれていることを合理的に否定することはできない。しかし、困難なことに、前科学的な政治的思考のなかに、政治的な事柄に関する純粋な知識が、偏見や迷信と分かち難く存在しているのである。そのため、前科学的な思考を完全に捨て去るか、前科学的思考には知識のような性格のものが全くないという前提のもとに行動すること以外に、前科学的な政治的思考から、偽の要素を取り除くことはできない。[54]

シュトラウスは、古い政治学、すなわち古典的政治哲学も、政治的な意見の不完全性に気づいていなかったわけではないと指摘する。しかし、科学的政治学とは異なり、古典的政治哲学は、常識的な理解そのものをすべて否定することに救済策があるとは信じていなかった。古典的政治哲学者は、本来の意味で、政治的意見に批判的であった。ただそれは、政治的な意見を識別する力があったことを意味している。[55]

古典的政治哲学者は、市民の視点や意見を重視するが、それらを無批判的に受け容れるわけではない。当然そこには、偏見や迷信に近いものが含まれている。しかし、市民の視点や意見に偏見や迷信が含まれているとしても、市民の視点や意見をすべて否定することは、市民の視点や意見の中に含まれている適切な政治的判断や政治的な事柄への理解すらも放棄することになる。シュトラウスの記述からそのように古典的政治哲学者の市民の視点や意見に対する姿勢を読み取ることができよう。

科学的政治学は、事実と価値を分離し、価値判断を排しつつ、専ら政治的事象の事実認識に邁進する。しかし、それは、政治的事象に対する一般市民の視点とは異なっている。というのも、シュトラウスからすれば、一般市民は、事実と価値とを区別しておらず、真実と虚偽を区別できるように、善と悪、正と不正を合理的に区別できると確信しているからである。[56]事実と価値の分離は、政治的な事柄に対する一般市民の理解とは異なるものであり、科学的理解は、前科学的な理解（the prescientific understanding）との断絶を内に含んでいる。[57]

さらにシュトラウスの実証主義的な社会科学、とりわけ科学的政治学に対する批判の最大のものは、事実と価値の分離、そして価値判断の回避から生じる社会科学の倫理的中立性に対する批判である。

> 実証主義的な社会科学は、「価値自由」あるいは、「倫理的に中立的」である。つまり、善および悪がいかに理解されようとも、善と悪の対立において、それは中立的である。このことは、あらゆる社会科学者に共通する基盤、すなわち社会科学者たちが研究や議論を行う基盤は、道徳的判断からの解放の過程、もしくは、道徳的判断を捨象する過程を通じてのみ獲得されうる、ということを意味する。つまり、道徳的鈍感さが、科学的分析に必要な条件であるということである。[58]

価値判断を回避する社会科学の問題については、すでにシュトラウスのウェーバー批判のなかで検討してきた。つまり、価値判断を回避することによって、強制収容所にみられるような残虐な行為を明確に批判することができないという、批判的視点が消滅すること、そして価値判断を回避することによって、社会科学的認識の歴史的客観性までも危険に晒すという指摘である[59]。

ここで、シュトラウスの実証主義的な社会科学に対するもう一つの批判的論点に言及しなければならない。すなわち、社会科学の「倫理的中立性」は、ニヒリズムであるとか、ニヒリズムに通じる道というよりもむしろ、無思慮（thoughtlessness）と粗野であること（vulgarity）の口実でしかないという批判である[60]。

シュトラウスは、「重要な争点に関する重要な議論を、価値の問題として見て見ぬふりをするという単純な工夫によって、重要な問題を回避する」という価値判断を排除した社会科学の無責任を糾弾する[61]。つまり、彼は、重要な争点を価値の問題に転換することによって、価値中立的な社会科学は、その重要な争点に関する議論に関与しなくてもよいという無責任な態度を自らのうちに育むと批判する。そうした批判は、さらに、シュトラウスが主張するリベラル・デモクラシーの危機によって、峻厳なものとなっていくのである。

第三節　リベラル・デモクラシーの危機

科学的政治学は、もはや人間的な事柄に関する包括的研究ではなくなり、その対象は、人々の投票行動に関する分析など、狭い範囲に限定されている。科学的政治学は、本来、政治哲学が有していた包括性・全体性を喪失した。

シュトラウスによると、現在、政治学のなかで支配的となっている見解によれば、デモクラシーの理想型というものは、妄想にすぎない。その見解によると、唯一重要なことは、デモクラシーにおける人間の行動である[62]。

新しい政治学が探求するものは、人間の行動の諸法則であるが、それらは、最大限の客観性を保証すると信じられている特定の調査のテクニックを通じて提供されたデータによって発見されるものである。それゆえ、新しい政治学は、民主主義的な社会の中で今日頻繁に起こっている事象の研究を重んじる。亡くなった人や影にこっそりと隠れている人は誰も、アンケートやインタビューに答えることはできない。そして、デモクラシーはデータの暗黙の前提であって、デモクラシーそのものがテーマとなる必要はないのである。このことは簡単に忘れられてしまう。すなわち、木を見て森を見ないのである。人間の行動の法則は、事実上、デモクラシーによって多かれ少なかれ形作られた人間の行動の法則である。人間は暗黙のうちに民主主義的人間と同一視されている。[63]

こうしたシュトラウスの指摘には、科学とは常に仮説的であり、科学的解釈に何か究極的に優れた認識上の地位が与えられるわけではないとする彼の疑念も含まれているといえよう。[64]すなわち、「最大限の客観性を保証すると信じられている特定の調査のテクニックを通じて提供されたデータ」のなかに、すべての人物のアンケートやインタビューの結果が反映されるわけではない。

科学的政治学は、自然科学をモデルとするが、シュトラウスは、自然科学と社会科学の相容れない性質を指摘する。つまり、自然科学の方法は、外部から、そして超然とした態度で観察することによってのみ接近可能な現象の研究には適している。しかし、社会科学は、その核心に超然とした観察によっては接近できないような現象を扱う。[65]科学的政治学が、人間の行動の法則を分析する場合でも、その人間は、民主主義という前提が分析枠組みとなって観察されている。科学的観察も完全に観察する側の先入観や価値観から自由ではなく、その客観的な認識には常に限界が存在する。

社会科学が扱うのは、生活世界に生きる人々が様々な目的・価値観をもって活動することにより生起する現象である。人々はそれぞれ目的や価値観をもって活動する以上、社会的事象を事実と価値の分離の上に捉えることはできない。むしろ、事実と価値の分離に徹するあまり、価値判断を排除して社会的事象について記述することは、その社会的事象をありのままの姿で記述することを妨げる。そのように実証主義の問題を把握すれば、価値判断の拒否が、社会科学的認識の歴史的客観性を危険に晒すとする、シュトラウスのウェーバー批判と同様の問題が、科学的政治学に対するシュトラウスの批判にも内在しているといえよう。

さらにシュトラウスにとって、問題であるのは、科学的政治学が民主主義的な人間の行動のデータの収集に注力するあまり、デモクラシーに関わる根本的な問題、すなわち、「デモクラシーはなぜ支持されるのか」、「デモクラシーと独裁主義との間にある本質的な差異は何か」、「デモクラシーの理想型とは何か」といった根本的な問題について問うことを回避していることであった。そして価値判断を回避することによって、リベラル・デモクラシーの危機について論じることもまた回避していると批判する。また、シュトラウスによると、科学的アプローチは、最重要なもしくは根本的な問題を無視する傾向にあり、そのため、一般に受け容れられている意見を無思慮に（thoughtless）受け容れる傾向にある。[66]そうした傾向は、現状追随、体制順応の態度をさらに促進させるものでしかない。

さらにシュトラウスからすれば、科学的政治学にとって、リベラル・デモクラシーと共産主義との区別は、質的な差異に基づくものではなく、強制と自由についての度合いの差による区別でしかない。[67]シュトラウスは、共産主義体制を独裁主義的な体制として位置づけている。[68]それゆえシュトラウスにとって、デモクラシーと共産主義との区別は、デモクラシーと独裁体制との区別として捉えることができよう。そして、シュトラウスによれば、「デモクラシーはなぜ支持されるのか」、「デモクラシーと独裁主義との間にある本質的な差異は何か」、といった政治体制に関する根本的な問題について、科学的政治学は、不思議なことに厳密ではない[69]。事実と価値を分離し、価値判断を回避する社会科学は、デモクラシーについても、それを価値の問題へと転換することによって、事実上それがなぜ善いものであるのかを考えることを回避する[70]。そうした学問的状況のなかで、リベラル・デモクラシーの危機は進行している。

では、シュトラウスが指摘するリベラル・デモクラシーの危機とは、どのような危機であったのだろうか。その危機は、デモクラシーにおける多数者へのシュトラウスの批判から浮き彫りになる。以下シュトラウスの批判にそって、その危機の内実を明らかにしていこう。

まず、大衆は支配することができず、指導的な立場にある人の集団によって支配されるという事実がなければ、現代のデモクラシーは、普遍的なアリストクラシー（優れた者が支配する体制）どころか、大衆による支配である。つまり、デモクラシーは、指導的な立場にある人の資質によって、アリストクラシーとなるのであり、それがなければ、デモクラシーは、堕落した大衆支配に過ぎない。というのも、大衆に関する限り、デモクラシーが円滑に運営されるために必要な最も重要な徳の一つは、選挙に関する無関心であり、公共精神の欠如だからである[71]。

現代のデモクラシーにおいて優れた人物とは、新聞のスポーツ欄か、もしくは、漫画欄しか読まない市民たち（citizens）である。そう主張するシュトラウスにとって、現代のデモクラシーは、大衆支配ではなく、大衆文化である。それは、いかなる知的・道徳的努力もなしに、最も劣った能力によって用いられる文化に過ぎない。そして、その大衆文化が生み出すのは、「精神や見識無き専門家と魂無き享楽人」であるという[72]。

さらにその批判の矛先は、人民の無責任に向けられる。デモクラシーにおいて、人民（the people）の代表であり、人民に責任を負っている政府の行動は、可能な限り最高度まで公的な監査に開かれていなければならない。しかし、一方で投票によって、代表者を選ぶ人民の側の責任は、法的な定義づけができないため、近代共和主義の明白な最大の難点であるとシュトラウスは指摘する[73]。

このようにリベラル・デモクラシーは危機に陥っているにも関わらず、新しい政治学、すなわち科学的政治学は、価値と事実を分離し、価値判断を回避することに専心することによって、リベラル・デモクラシーの危機を隠蔽するとシュトラウスは批判する。

リベラル・デモクラシーに関する非常に複雑な賛否は、最も劣った形式主義によって、完全に抹消されることになった。リベラル・デモクラシーの危機は、それ自体、方法論や論理学と呼ばれる一つの儀式によって、隠蔽されることになった。このようにリベラル・デモクラシーの危機に故意に目をつぶろうとすること自体、リベラル・デモクラシーの危機の一部である。従って、新しい政治学が、戦うことよりも降伏、すなわちリベラル・デモクラシーを放棄することを躊躇なく選ぶ人に対して何も言えなくなったとしても、何ら不思議ではない[74]。

シュトラウスにとって、より深刻であったのは、科学的政治学が、デモクラシーの危機を隠蔽するだけでなく、その危機をさらに促進していることであった。なぜなら、科学的政治学は、あらゆる欲求や価値が同じ価値を持っていること（価値の等価性）を教えることによって、本質的に高貴なものと本質的に低劣なものとが存在することを否定するからである[75]。

ワイマール体制は、反ユダヤ主義を標榜するナチスの体制によって引き継がれた。当時のワイマール体制のリベラル・デモクラシーは脆弱であり、その強固な基盤を有しなかったがゆえに、非寛容な政治勢力に対抗できず、やがて非寛容な政治勢力の台頭を許し、崩壊してしまった。そのようにワイマール体制の崩壊の原因を求めるシュトラウスにとって、アメリカは、困難な時代を経て辿り着いた安住の地であり、教育者及び研究者として、大成した地であった。そのアメリカのリベラル・デモクラシーも今や危機に瀕している。デモクラシーは、人々の知的・道徳的努力によって獲得される市民としての徳（市民的徳性）によって支えられるが、今やそうした市民として必要とされる徳が失われつつある。

アメリカ独立宣言で謳われている万人に与えられた生命、自由、幸福の追求の権利の命題に献身した国民は、今や地上の諸国民のなかで最も強力で、繁栄した国民となった。そのようにアメリカ国民を称賛するシュトラウスは、同時に、今や成熟したその国民が、かつて自らを打ち立て、奮い起こさせたその信条を大切にし、それらを「自明の真理」として依然として保持しているのだろうかと疑問を投げかける。[76] その理由は、先述したように、無制限の相対主義によって、自然権が危機に陥っているからである。自然権の放棄に至ったドイツの無制限の相対主義は、自由と正義によって創設され、自由の防波堤としての役割を持つアメリカ[77]の社会科学にまで浸食しようとしている。すなわち、実証主義的な社会科学の台頭である。[78]

アメリカ独立宣言で謳われている万人に与えられた生命、自由、幸福の追求の権利、すなわち自然権の自明性が、相対主義によって揺らいでいる。そのような危機意識を抱くシュトラウスにとって、今や、リベラル・デモクラシーは、その内部から崩壊しようとしていた。さらに、その崩壊の危機に警鐘を鳴らすはずの社会科学が、警鐘を鳴らすどころか、その危機を促進している。それはシュトラウスにとって、本来の意味で「リベラル」な政治哲学の機能不全と道具的な社会科学による危機的状況を指し示すものであった。

シュトラウスは、リベラル・デモクラシーに対して痛烈な批判を浴びせつつも、リベラル・デモクラシーそのものを拒否するのではなく、リベラル・デモクラシーを支持し、それを活性化しようとする。なぜなら、リベラル・デモクラシーは、人間的卓越性といった高貴なものを求める人に対しても自由を付与するからである。[79]

我々はまさに、デモクラシーの友であり、味方であるがゆえに、デモクラシーに媚びへつらう者になることは許されない。また人間的卓越性と同時にデモクラシーが晒されている危険に対して沈黙し続けることは許されないのであり、また一方で、次のような明白な事実を忘れることはできない。すなわち、万人に自由を付与することによって、デモクラシーはまた人間的卓越性を求める人にも自由を付与しているということである。[80]

シュトラウスにとって、近代のデモクラシーの理想型とは、徳によって成立する体制であった。それは、すべてのあるいはほとんどの大人が徳を有する人間による体制であり、また大人が高度に理性を向上させている社会、すなわち合理的な社会である。[81] デモクラシーは、一言で言えば、普遍的なアリストクラシーへと拡大したアリストクラシーとなるように企図されている。そして全体に関する学、すなわち政治学は、デモクラシーに関する本来の構想、つまりデモクラシーの理想型とありのままのデモクラシーとを対比させるというテーマを持っている。[82]

本来、政治学は、デモクラシーの理想型を提示して、それを現実のデモクラシーと対比させる役割を担っていた。しかし、科学的政治学は、デモクラシーの理想型には言及せず、デモクラシーにおける人間の行動学的な分析に留まっている。

そして、シュトラウスの科学的政治学に対する批判は、その欺瞞性にも向けられる。つまり、純然たる観察者である科学的政治学の学者たちは、いかなる価値にも関与しないという立場に立つことによって、リベラル・デモクラシーとその敵対者たちの抗争のなかで中立的であろうとする。

ただ、シュトラウスからすれば、科学的政治学は、必然的にリベラル・デモクラシーを支持せざるをえない。なぜなら、あらゆる欲求や価値は等しく扱われるべきだとする科学的政治学の立場は、平等で民主的、さらには、寛大で自由主義的な社会、すなわちリベラル・デモクラシーへの選好を合理的に正当化するからである。[83]

つまり科学的政治学は、リベラル・デモクラシーの体制を基盤とし、それなしには存続しえない。それにも関わらずリベラル・デモクラシーの危機を論じるどころか、それを隠蔽している。さらに科学的政治学は、デモクラシーにおける人間の行動のデータの収集に注力するあまり、「デモクラシーと独裁体制の本質的な違いは何か」、「なぜデモクラシーを支持すべきなのか」、「デモクラシーの理想型とは何か」といった大局的・根本的な問題に取り組もうとしない。つまり、木を見て森を見ることができない。木を見ているうちに、森全体が燃えていることに気づかないのである。

古典的政治哲学と科学的政治学を分けるのは、最善の体制への問いであるとシュトラウスは指摘していた。その最善の体制は、政治的なものの限界を暴露するものであったが、もう一つの役割を担っていた。つまり、最善の体制は、責任ある方法で現実の政治体制を判定する基準となっていたことである。最善の体制への問いこそが、古典的政治哲学が担っていた責任、すなわち現実の政治体制に追従せず、現実の政治体制への批判的視点を提供し、政治的共同体を善き方向に導く責任の根底にあった。

一方、科学的政治学は、デモクラシーも含めた善き政治秩序とは何かという問題に関与しない。価値中立的な科学的政治学は、リベラル・デモクラシーとそれに敵対するもの、すなわち独裁体制との間にある対立においても中立的な態度をとってしまう。[84] 政治的な重要な争点は、価値の対立に還元され、価値の対立を解決できないとする学問的姿勢は、争点からの逃亡を正当化するものでしかない。シュトラウスにとって、実証主義的な科学、とりわけ実証主義的な社会科学は、理性の放棄、もしくは理性からの逃避によって特徴づけられる(85)。

実証主義的社会科学は、さらに価値の問題に関与しないことによって、どのような体制を我々が選択すべきかを明確に提示できない。デモクラシーと独裁との間に、本質的な違いはなく、あるのは、自由の程度の差であるという学問的姿勢では、再び独裁体制が成立しようとするとき、その体制に対抗しえないであろう。シュトラウスが示すそうした問題は、リベラル・デモクラシーが危機に陥っているにも関わらず、科学的政治学がその危機を認識しえず、さらには、その危機を増幅させていることによって、深刻な事態となっている。

かつてワイマール体制が、ナチスの体制に移行していったように、第二次世界大戦後の世界においても、リベラル・デモクラシーの体制から、再び独裁体制が生まれないという保証はない。ワイマール体制当時の思想的危機である相対主義の危機は続いている。そうしたなかで、シュトラウスは、悲劇的結末を迎えたドイツの歴史を振り返りつつ、改めて善き社会を問う責任の重さを強調する。シュトラウスがワイマール体制の崩壊とナチス政権の樹立、そして第二次世界大戦、ユダヤ人虐殺といった悲惨な歴史を振り返って、改めて問題にせざるをえなかったのは、善き社会とは何かを問う責任であった。シュトラウスは、ナチスが政権を樹立した一九三三年の出来事に関連して、次のように述べている。

一九三三年、最も根本的な歴史主義者が、その国民の最も賢明さを欠き、また最も節度を欠いた集団の評決(そのような評決は、最も賢明さを欠き、最も節度を欠いた雰囲気のなかで為されたものであるが)を運命の配剤として甘受し、あるいはむしろ歓迎することを許し、またそれと同時に知恵と節度について語ることを可能にしたのは、そうした永遠なるものに対する無視だったのである。一九三三年の最大の事件は、もし証明が必要であるとすれば、次のことを証明していたように思う。つまり人間は善き社会への問いを放棄できないこと、そして人間は、歴史や自分自身の理性とは異なるいかなる力に従うことによっても、善き社会とは何かという問いに答える責任から解放されることはないことである[86]。

この「最も根本的な歴史主義者」とは、ハイデガーのことである。かつてシュトラウスがその講義を受け、教えを受けたハイデガーが、ナチスの体制を積極的に支持したことは、シュトラウスにとって大きな衝撃であった。シュトラウスは、そのハイデガーがナチスドイツに迎合した一因を、永遠なるものの無視に求める。永遠なるものとは、「善き社会とは何か」といった永遠不変の問題である。

歴史主義は、人間の思想と社会そのものが歴史によって規定されているとする立場をとる。人間の思想はその思想が登場した時代や歴史に規定されており、思想家が取り扱う問題も歴史に規定されている。そうした立場に立つ歴史主義は時代を経ても変わらず存在する永遠不変の問題を否定してしまう[87]。「善き社会とは何か」という問いそのものの消滅は、それまでの危機と一線を画する深刻な危機を象徴するものとしてシュトラウスの目に映った。

さらに徹底的な歴史主義と呼ばれる実存主義は、人々の思考と行動の原理を非常に不安定なものとした。実存主義にとって認識と行動に関するあらゆる原理は、理性的な判断ではなく、非理性的な決断、そして運命に委ねられる[88]。

シュトラウスは、ハイデガーをドイツそしてヨーロッパ大陸のあらゆる思想に革命をもたらすような哲学思想上の大変革をもたらした人物としてその影響力の大きさを認めている[89]。そのハイデガーが、実存主義に傾斜してナチス体制への支持を表明したことは、シュトラウスに改めて、善き社会、善き政治秩序について問う学問の側の責任を自覚させることになった。

善き政治秩序への問いを放棄した科学的政治学、善き社会への問いを喪失した歴史主義の台頭によって、シュトラウスが主張する政治哲学の危機は頂点に達した。そうした状況のなかで、シュトラウスは、リベラル・デモクラシーの危機を克服するための教育として、リベラル・エデュケイション（liberal education）の構想を提示する。その教育の構想は、「精神や見識無き専門家と魂無き享楽人」しか生み出さない大衆文化固有の傾向に対抗するための教育であり、我々が大衆デモクラシーから、本来の意味でのデモクラシーへと登る際の梯子であり、さらには、民主主義的な大衆社会においてアリストクラシーを創設するために必要な努力である。(90)

また、このリベラル・エデュケイションは、シュトラウスの政治哲学にとって欠くことのできない重要な教育の構想である。リベラル・エデュケイションは、デモクラシーの活性化策として描かれるが、それだけではなく、シュトラウスにとって本来の意味で「リベラル」な政治哲学の再生そのものと直結している。

次章からは、シュトラウスのリベラル・エデュケイションの構想に光をあて、シュトラウスが活性化しようとするデモクラシーと彼の政治哲学におけるリベラル・エデュケイションの位置について明らかにしていきたい。

第六章　リベラル・エデュケイションの構想

第一節　リベラル・エデュケイションとは何か

シュトラウスがリベラル・エデュケイションを真正面から論じている論文として、「リベラル・エデュケイションとは何か」（一九五九年）、「リベラル・エデュケイションと責任」（一九六二年）という二つの論文がある。(1) シュトラウスが、リベラル・エデュケイションについて論文を執筆した当時、世界は、ソ連を中心とする東側諸国とアメリカを中心とする西側諸国によって分断され、冷戦が続いていた。リベラリズムとデモクラシーを共通理念とする西側諸国と共産主義を共通理念とする東側諸国との対立が続く状況にあって、すでに述べたように、シュトラウスは、デモクラシーを支持する立場から、デモクラシーの危機に対して沈黙することは許されないと主張した。(2)

シュトラウスは、リベラル・デモクラシーを支持する。なぜなら、リベラル・デモクラシーはまた、その危機を克服する教育を許容し、活性化させる性質を備えているからである。シュトラウスが活性化しようとするデモクラシーとは、デモクラシーにアリストクラシーの要素を取り入れた混合体制である。アリストクラシーの要素として重要なことは、教育を受けた者、すなわちリベラル・エデュケイションを受けた人物が、統治において重要な位置を占めることであった。

シュトラウスは、投票する側の人民の責任が問われないことをデモクラシーの問題として指摘していた[3]。その人民の責任が問われないことに対して、その解決策は、初期の段階では、人民に対する宗教教育、すなわち聖書に基づく教育に求められていたという。つまり、聖書に基づく宗教教育によって、万人は、自分を裁く神に対して行動と思想において責任を負っていることを自覚する[4]。しかし、宗教教育は衰退してしまった。近代共和主義の本来の構想に即して言えば、現在の我々の苦境は、人民の宗教教育の衰退とともに、人民の代表者に対するリベラル・エデュケイションの衰退に起因しているとシュトラウスは指摘する[5]。こうした現状のなかでシュトラウスは、統治者のリベラル・エデュケイションの衰退によって引き起こされた苦境を議論するほうが容易であるとして、人民の代表者に対するリベラル・エデュケイションの在り方について議論を展開していく[6]。では、リベラル・エデュケイションとは、どのような教育であったのだろうか。

シュトラウスが、現代のリベラル・エデュケイションを実施する機関として想定しているのは、大学等の高等教育機関である[7]。その教育の変革の構想は、教えられる教科というよりも、強調点やアプローチの仕方にある。そして、狭小で無原則的な効率性しか生み出さないものよりも、広げ深めるものを勧める教育である[8]。シュトラウスは、リベラル・エデュケイションについて説明する際、「文化（culture）」の意味について詳しく言及している。「文化」の意味、そして教育と「文化」の関連について検討することが、シュトラウスが提唱するリベラル・エデュケイションの意義を探る端緒となる。

シュトラウスによれば、リベラル・エデュケイションとは、文化における、あるいは文化に向けた教育である。そしてその文化（culture）とは元来、農耕（agriculture）を意味した。すなわち自然に従いながら土地を改善するような仕方で、土地の世話をするように、土地を耕したり、作物を養育したりする農耕を意味していた。そこから派生して、今日、「文化」とは、人間精神を育成すること、すなわち人間精神の自然（the nature of the mind）に従いながら、その精神に本来備わっている能力の世話をし、その能力を改善していくことである。(9)

文化が元来、農耕を意味し、自然に従いながら土地を改善するような仕方で土地の世話をする人を必要とするように、人間精神の育成においても、人間精神の自然に従いながら、その精神に本来備わっている能力の世話をし、その能力を改善していく人、すなわち教師を必要とする。

では、シュトラウスは、リベラル・エデュケイションの教師をどこに求めるのだろうか。実は、シュトラウスが論じるリベラル・エデュケイションについては、大きく分けて、古代のリベラル・エデュケイションと現代のリベラル・エデュケイションの二つの形態があり、古代のリベラル・エデュケイションと現代のリベラル・エデュケイションを分けるのは、教師の存在をどこに求めるかによる。

まずリベラル・エデュケイションの源流というべき、古代ギリシャのリベラル・エデュケイションについてみていこう。リベラル・エデュケイションの源流は、古典古代の次善の体制に関連して言及した、古代ギリシャの貴紳と呼ばれる貴族階級への教育および哲学者の教育にあった。古代ギリシャのリベラル・エデュケイションについて論じる際、まず言及しなければならないのは、「リベラル」という言葉の意味である。以下、シュトラウスの論述をもとに、古代のリベラル・エデュケイションの内容を明らかにしていこう。

シュトラウスによると、「リベラル」という言葉の起源は、古代ギリシャの奴隷とは区別される自由人の振る舞い方にあった。「リベラル」な人とは本来、奴隷とは区別される自由人に相応しい仕方で振る舞う人を意味した。(10)それは、外的障害の不存在といった形式の、すなわち「～からの自由」といった状態を示すものではなく、人間の卓越性そのものを示す概念である。第二章第三節で述べたように、本来の意味で「リベラル」であることは、「リベラリティー（Liberality）」という卓越性を身につけ、それを実践することであった[11]。すなわち、「リベラル」な人間は、低級な欲求を満たすものではなく、それ自身において選択に値するものを求める。「リベラル」な人間は、より善き生を探求し、不当であると見なす権威には決して従属しない。彼は自立した生き方を尊重するのであって、専制君主や征服者には従属しない[12]。

この自由人に相応しい仕方で生きる真の自由人が、貴紳である。貴紳は、その境遇によって、つまり余暇を持つ自由人であるという身分によって貴紳となるのではなく、教育、すなわちリベラル・エデュケイションを受けることによって貴紳となった。すなわち、貴紳を育てる教育が、リベラル・エデュケイションだったのである。

その教育の内容とは、年上の経験豊富な貴紳や政治家との交流を通じて、さらには、言論の技術の訓練、歴史書や旅行記を読んだり、詩人の作品に触れたりすることによって、読み・書き・計算・勘定・格闘・槍投げ、乗馬といった技術を獲得することであった。またそうした技術だけでなく、家族の用務や都市の業務を、行為の上でも言論の上でも立派に管理する技能を育成する[13]。そうした技能は、実際に政治的生活に参加することによって育成される。つまり、リベラル・エデュケイションとは、真の政治術、立法の技術を獲得するための教育であり、政治教育としての役割を担っていたのである。その際、教師となったのは、賢明な年上の人々であり、優れた歴史家たちの書物であり、さらに実際に、政治的生活に参加し、公共の事柄に専心することによって、貴紳となるべき人物は、政治的知識、政治的理解力を獲得し、統治者としての素養を身に付けた[14]。こうしてリベラル・エデュケイションを受けた人物は、最も重要な事柄、それ自体真剣に考えられるべき事柄、つまり魂の善き秩序と都市の善き秩序に関わる。この最も重要な事柄に関わることが、貴紳の特徴を示している。

ただここでリベラル・エデュケイションを受けた人物がすべて、政治に向かうわけではない。余暇を持つ自由人が携わるのは、政治と哲学である。リベラル・エデュケイションは、哲学の準備としても位置づけられている[15]。

シュトラウスによると、政治に関わる貴紳と学問的探究に関わる哲学者の共通点は、両者とも最も重要な事柄、すなわち魂の善き秩序と都市の善き秩序に関わることであった。政治に関わる貴紳は、魂の善き秩序に根差して都市の善き秩序を構築する。統治者にとって、最も重要な事柄、すなわち魂の善き秩序と都市の善き秩序は、探究や問いの対象ではなく、統治の目的である。一方、哲学者にとって、最も重要な事柄の位置づけは異なっている。つまり、哲学者にとって最も重要な事柄は、探究や問いの対象であり、考察の対象である。

こうした貴紳と哲学者の相違が、哲学者による統治を困難なものとする。なぜなら、哲学者は、知恵を探究し続ける存在だからである。哲学者は、最も重要な事柄に関する知識を探究し続ける。そのため、哲学者の教育は、哲学者が生きている限り、決して止むことはない[16]。

古典古代の理論家は、真のアリストクラシーが現実化する可能性について間違った考えを持っていなかったとシュトラウスは主張する。その真のアリストクラシーとは、貴紳が人民と権力を分かち合う体制である。つまり人民は、リベラル・エデュケイションを受けた貴紳のなかから行政官や議員を選出し、その任期の終わりに、報告を求めるという方法で人民と貴紳とが権力を共有する。そうした人民と貴紳による体制の思想を変形させたものが、混合体制、すなわち、人民の議会と君主（選出された君主もしくは、世襲の君主）との間に、貴紳によって構成される元老院が重要な位置を占める体制であった[17]。

この貴紳が重要な位置を占める体制とは、クセノフォンが描くソクラテスについて論究した際に、そのソクラテスが提示した実現可能な次善の体制である。クセノフォンが描くソクラテスは、賢者の支配に代えて、賢者が作成した法とその法をよりよく完成させ、法の不備を補う人々の支配を政治的問題に対する最善の解決策として提示した。[18]その法の不備を補う人々が貴紳であり、貴紳は、賢者と同一ではないが、賢者と政治的によく似た人物であり、賢者と同じく民衆が高く評価する多くのものを見下し、また高貴で美しいものを経験によって知る存在とされる。[19]古典的な自然的正義（natural right）の教説から、完全な最善の体制は、賢者による絶対的な支配であるが、実践的な最善の体制は、貴紳による、法の下での支配、すなわち混合体制であった。[20]そして古代の混合体制とシュトラウスが活性化しようとするデモクラシーの共通点は、教育を受けた者、すなわちリベラル・エデュケイションを受けた人物が、重要な位置を占めることにある。

こうしてシュトラウスは、現代において、リベラル・エデュケイションの構想を示すのであるが、それは、古典古代のリベラル・エデュケイションをそのまま復活させることではない。

シュトラウスには、近代の問題を克服するために、近代以前の立場に回帰する哲学者としての評価が常につきまとう。[21]しかし、ここで注意しなければならないことは、単にそのまま古典的政治哲学に回帰することが、シュトラウスの本意ではない、ということである。古典的政治哲学への回帰は、必要であるが、それは、仮説的、もしくは試験的なものでなければならない。そして、仮説的であるからこそ、古典的政治哲学への回帰は、現代の苦境をただ一瞥するだけで、真剣に行われることはないとシュトラウスは指摘する。[22]

また、古典的政治哲学への斬新な理解が、現代にも用いることができる処方箋を与えてくれると期待することはできないとシュトラウスは主張する。なぜなら、近代政治哲学の相対的な成功は、古典古代の哲学者が全く知らない社会を生み出したからである。そうした社会に、古典古代の哲学者が主張した古典古代の原理をそのまま適用できるわけではない。ただ現代に生きる我々だけが、現代の問題に対する解決策を見つけることできる。[23]

古典古代において、リベラル・エデュケイションの教師は、経験豊富な年長者であり、歴史書や詩であった。また貴紳は、実際に政治的活動に参加することによって、政治的知識、政治的理解力、立法の技術を獲得した。

しかし、現代では、古代のリベラル・エデュケイションのように、統治者としての素養を年長の人々から学んだり、政治的生活に参加し、公共の事柄に専心したりすることによって、政治的知識、政治的理解力を獲得すること自体が困難になっている。

シュトラウスによれば、現代の生活世界は、すでに科学の産物であるか、また少なくとも科学から深く影響を受けた世界である[24]。そして彼は、アメリカ社会が罹っている病、すなわち均質性（homogeneity）と順応主義（conformism）の問題を取り上げている。それは、非政治的な手段による個性や多様性に対する抑圧への傾向である[25]。

アメリカ社会は、広告産業によって代表されるマス・コミュニケーション産業によって性格づけられた社会、つまりある一定の形にはめ込まれた大衆社会へと陥る危険に晒されている。そこでは、人々の間にある差異が失われ、人々の思考を含めて、人々の言動の画一化がさらに進行していくことが予想される[26]。その画一化は、さらにテクノロジーの力によって、世界的に拡大しようとしているとシュトラウスは認識していた[27]。

そうした現代社会において、政治的知識をかつてのように獲得することが困難になったことをシュトラウスは、次のように主張する。

政治的知識および政治的知識に必要とされる事柄の性質は、社会の特徴のごく最近の変化によって、深く影響を受けてきた。先の時代において、聡明な人々は、賢明な年上の人々に耳を傾けることによって、そして同じことであるが、優れた歴史家たちの書物を読むことによって、さらに、公共の事柄についてあれこれ調べたり、公共の事柄に専心したりすることによって、政治的知識や自分たちが必要とする政治的理解力を得ることができた。こうした方法による政治的知識の獲得は、もはや十分ではない。なぜなら、我々は「活動的な大衆社会」、つまり限りない複雑さと急速な変化によって特徴づけられる社会に生きているからである。政治的な知識は、かつてよりも、獲得することがより難しく、またより速く時代遅れのものとなる。(28)

こうした状況からシュトラウスが、リベラル・エデュケイションにおいて教師とするのは、最も偉大な精神の持ち主である。しかし、その最も偉大な精神の持ち主とは、極めて稀有な存在であり、自分が生きている時代に一人でもいれば、幸運であるといえるほどの稀有な存在である。(29)

シュトラウスからすれば、現代において、学ぶ存在である生徒がその教師に接近できるのは、偉大な書物を読むことのみによってである。ここからシュトラウスが提唱する現代のリベラル・エデュケイションの具体像が見えてくる。すなわち、現代においてリベラル・エデュケイションとは、偉大な精神たちが後世に残した偉大な書物を適切な注意を払って研究することにある。(30)

では、過去の偉大な精神の持ち主が残した書物を適切な注意を払って研究するのはなぜか。なぜ過去の偉大な精神たちが残した書物を研究する必要があるのか。そして、ただ読むのではなく、適切な注意を払って研究することとは、どのような作業を伴うのだろうか。

第二節　知的自立性と節度

シュトラウスは、リベラル・エデュケイションにおいて、過去の偉大な精神が残した書物を注意深く読解することを求める。そうした注意深い読解を求めるシュトラウスの姿勢には、彼が過去の著作を読解するにあたって発見した独特の著述の技法があった。その著述の技法こそ、秘教的教説の技法であり、その技法は、思想の迫害の歴史と関連している。

かつて、思想を自由に表明することが、宗教上の権威などによって制限されたり、思想家が迫害を受けたりする歴史があった。その迫害の時代に、思想家は、自分の真意を独特の著述の技法によって伝えたとシュトラウスは指摘する。[31]

迫害には、スペインの異端審問によって例示されるような最も残虐なタイプから、最も穏健な社会的な追放のタイプまで存在する。文学および知性の歴史の観点から、最も重要なタイプの迫害は、そうした両極端の間に存在するとし、迫害が見られる具体的な時期として、シュトラウスは、紀元前四世紀から五世紀にかけての古代ギリシャのアテナイ、中世初期のいくつかのイスラム教国、一七世紀のオランダとイングランド、一八世紀のフランスとドイツをあげている。

そしてアナクサゴラス、プロタゴラス、ソクラテス、プラトン、クセノフォン、アリストテレス、アヴィセンナ、アヴェロエス、マイモニデス、グロティウス、デカルト、ホッブズ、スピノザ、ロック、ベール、ヴォルフ、モンテスキュー、ヴォルテール、ルソー、レッシング、カントなどの伝記に注目したり、また幾つかの場合には、彼らの著作のタイトルページに注目したりすると、彼らが社会的追放よりも明白な迫害を目撃したり、蒙っていたことがわかるとシュトラウスは指摘している。[32]

迫害の時代とは、政治的もしくは、その他の正統派の教説が、法律や慣習によって強制されていた時代であり[33]、思想の自由が抑圧されていた時代である。

しかし、自由に思想を表明することが困難な状況に置かれていたにも関わらず、思想家たちは、秘教的著述の技法を用いることによって、自らの真意を伝えることができた。迫害が、公教的教説と秘教的教説とを区別し、一部の者によってしか、秘教的教説が理解されないような著述の技法を生み出したのである。

迫害によって独特の著述の技法が生まれ、それとともに特殊なタイプの著述作品が生まれる。その著述の技法のなかで、思想家は、行間に書くことによって真理を表わした。真理は行間に存する。では、思想家の主張を読み解くために、どのような読み方や解釈が必要となるのだろうか。

シュトラウスによると、演劇や対話篇の著者の見解は、予備的な証拠もなしに、一人あるいはそれ以上の登場人物たちによって表明された見解や、すべての登場人物、もしくは魅力的な登場人物たちによって合意された見解と同一視されてはならない。また、著者の真の意見は、最も多くの章句によって表明しているものと同一視されてはならない。(34)

シュトラウスによれば、一つの著作のなかに含まれている矛盾や食い違い、同じ著者の二つの書物の間の矛盾や食い違いは、その人の思想の変化を証明するものではなく、著者は意図的に矛盾や食い違いを生じさせている。(35) 著者が意図的に組み込んだ矛盾、著者が多くの章句を費やして表明していることが必ずしも著者の真意を表明したものではないこと、そうした著述の特徴から、著者の真意を汲み取るには、著作の全体を見渡しつつ、さらに細部にも注意するという解釈の方法を実践しなければならない。

では、秘教的な著述の技法を採用した著者が、その真の意見を表明する名宛人は誰なのか。それは、シュトラウスによれば、将来、哲学者になるかもしれない若者たちである。潜在的な哲学者と呼ばれる若者たちは、あらゆる実践的かつ政治的な目的のために必要不可欠な一般に受け入れられている見解から、着実にまったく純粋に理論的な真理へと導かれていく存在である。(36)

その導き手となるのは、一般に受け入れられている教説の表現のなかに見られる目立った不思議な様々な特徴、つまり、不明瞭な構想、矛盾、偽名、以前に表明されたことの不正確な繰り返し、奇妙な表現などである。

そうした表現は、木を見て森を見ることができない者のまどろみを覚ますことはできないことをシュトラウスは強調する。秘教的な著述のなかにみられる表現は、木を見て森を見ることができる、つまり大局的かつ包括的に物事を見ることができる者のために目を覚まさせる、躓きの石（awakening stumbling blocks）としての役割を果たす[37]。秘教的教説は、細部だけに目を向けることによって開示されない。それは著作の全体に目を向け、章立て、矛盾した記述、行間に注意して読み解かれなければならない。つまり、木を見て、森を見ることができない人には、秘教的教説は開示されない。むしろ、森、すなわち全体を包括的に見ることができる人に秘教的教説は開示される。

そして何よりも、シュトラウスに関する限り、秘教的教説を読み解く上で重要なことは、「予備的な証拠もなしに、一人あるいはそれ以上の登場人物たちによって表明された見解」や、「すべての登場人物、もしくは魅力的な登場人物たちによって合意された見解」、さらには、「最も多くの章句によって表明しているもの」を著者の真の意見と同一視してはならないということであった。そうした秘教的教説の読解が、リベラル・エデュケイションの政治的意義に繋がっていく。その政治的意義は、「知的自立性」と「節度」の二つの概念と深く関連している。

現代のリベラル・デモクラシーの体制において、思想と言論の自由は広範に認められている。しかし、シュトラウスが迫害と著述の技法について論じた当時、思想と言論の自由は、迫害や強制とは別の方向から、圧殺されようとしていた。彼は、「迫害と著述の技法」（一九四一年）の論文の冒頭部分で次のように論じている。

ここ一〇〇年の間、多くの国々が公的な討論の実質的に完全な自由を享受してきたが、その自由は今や、次のような強制によって抑圧され、取って代わられている。つまり政府が都合がよいと信じ、また大真面目に抱いているような見解と言論とを統合すべしという強制である。[38]

シュトラウスが見るところ、大多数の人々、そして若い世代の多くは政府によって主唱された見解を真実のものとして受け止めている。彼らは強制によって確信させられたわけではない。強制によって、確信が生み出されるわけではないからである。では、どのようにして、彼らは確信させられたのか。シュトラウスは、次の二つの点に言及する。

第一に、嘘は、一時的な短命のものであり、繰り返しの吟味に耐えられないものであるから、恒常的に繰り返され、決して矛盾することのない言説は真実に違いないということ。そしてもう一つは、平凡な人間による言説は虚偽であるかもしれないが、責任があり、尊敬されている人間、とりわけ、高次の責任を負い、高い地位の人間による言説が真実であることは、道徳的にも信頼できるということである。以上の二つの省略推理法から、次のような結論が導き出されるとシュトラウスは指摘する。つまり、政府の指導的地位にいる者によって恒常的に繰り返され、決して矛盾することのない言説が真実であることは、絶対的に確実であるということである。[39]

シュトラウスは、思想や言論の自由が法的に保障されている現代のリベラル・デモクラシーにおいて、若者を含む大多数の人々が、政府にとって都合のよい見解を真実として受け止めている現状に危機感を抱いていた。シュトラウスにとって、来るべき世代の最良の人々とは、流行は言うまでもなく、様々な権威に単純に従うことを防ぐような知的・道徳的特質を持つ若者たちである。[40]

思想の自由が法的に保障されていても、それは、人間が自由に自分の思想を表明できることとは別問題である。思想・言論の自由が法律によって保障されていることは、人間が自由に思考し、思想を表明する条件にすぎない。

逆に思想の自由が法的に保障されず、それどころか、政治的教説や、その他の正統派の教説が、法律や慣習によって強制されていた時代にあっても、偉大な精神たちは、自由に思考し、著述の技法を駆使することによって、自らの教説を示すことができた。

人間が権威に左右されることなく、思考する力、知の自立性こそが、政府の見解に対する批判的視点をつくり、思想の自由を保障する。政府の指導者の言説に左右されない者、それこそが、真に自立的な思考ができる者であり、迫害もそうした自立的思考を妨げることはできなかった。行間に書くことによって、知の自立性を有する者は、危害を加えられずに、自らの見解を表現することができたのである。[41]

先述したように、シュトラウスは次のように主張していた。つまり、著述の技法を駆使している著者の真意を読み解くためには、「予備的な証拠もなしに、一人あるいはそれ以上の登場人物たちによって表明された見解」や、「すべての登場人物、もしくは魅力的な登場人物たちによって合意された見解」、さらには、「最も多くの章句によって表明しているもの」を単純に著者の真の意見と同一視してはならない。さらに、著作の細部だけに目を向けるのではなく、著作の全体に目を向け、章立て、矛盾した記述、行間に注意して読み解くことが求められていた。

通常、繰り返し表明されていること、魅力的な人物の言説を著者の主張の核であると認識しやすい。しかし、繰り返し表明されている見解、魅力的な登場人物たちによって合意された見解、最も多く表明されているものをそのまま鵜呑みにするのではなく、その背後に隠れている矛盾した記述や行間について注意しつつ、著者の真の見解を読み解いていかなければならない。それは、受動的な読解ではなく、能動的な読解によって成し遂げられるものであり、そうした能動的な読解によって、全体的・包括的視点を獲得し、知的自立性が育成される。その知的自立性があってこそ、我々は現代の問題に対処する選択肢を適切に選択しうる能力を獲得する。知的自立性とは、懐疑主義的立場に立つことではなく、我々自身が、現代の問題に対処する選択肢を適切に認識し、選択する能力である。

シュトラウスは、思想の自由が、著名な言論人や著述家のうちの非常に少数の者たちによって提示された、二つ、もしくはそれ以上の見解の中から選択する能力に帰結すること、そして実際には、思想の自由は、そうした選択の能力から成り立っていることを主張する。そしてその選択が妨げられるならば、多くの人々にその資質がある唯一の知的自立性が破壊されてしまう。シュトラウスによれば、その知的自立性こそが、政治的に重要な唯一の思想の自由である。(42)

リベラル・エデュケイションは、本来の意味で「リベラル」な人物を育成する教育である。本来の意味で「リベラル」な人物は、政治的なものの本質的な限界と人間理性の限界を自覚しつつも、不当な権威に従属することなく、善や正義に関する基準によって政治的なものを価値判断し、善き政治秩序と平和を希求する。

一般に受け入れられている見解に左右されず、さらに注意深い研究によって、秘教的教説を読み解くことが、公然と行われる政府の見解に盲従することのない、知的自立性を育てる。リベラル・エデュケイションは、偉大な精神が残した書物を適切な注意を払って読むことであるが、その適切な注意を払って読むことは、シュトラウスにとって、思想の自由、知の自立性という政治的に重要な自由の養成と結びつくものであった。

さらに偉大な精神たちとの持続的な交流であるリベラル・エデュケイションは、最も高度な形式の節度の養成であると同時に大胆さの養成である。その大胆さには、一般に受け容れられている意見を、単なる意見とみなし、また平均的な意見を極端な意見とみなすような決意が含まれている。その極端な意見は、少なくとも最も奇妙な意見、あるいは、最も一般的ではない意見と同様に誤りやすいとシュトラウスは指摘する。(43)

シュトラウスにとって、リベラル・エデュケイションは、あからさまな思想的弾圧や迫害が政府によって行われることがなくなったリベラル・デモクラシーにおいて、消極的自由でも、価値相対主義や価値中立的でもない、本来の意味で「リベラル」な態度を守り、育てるという重要な任務が課されている(44)。それは、シュトラウスが、次のような言葉をもって、「迫害と著述の技法」の論文を締めくくっていることからも明らかであろう。

過去の偉大な著者たちの作品は、外見からでさえ非常に美しい。しかしそうした目に見える美しさは、その隠された宝、つまり非常に長く、決して容易ではないが、常に楽しい作業の後にのみ、その姿を現わす宝と比較すれば、まったく醜いものでしかない。こうした常に困難であるが、常に楽しい作業は、哲学者たちが教育を薦めたときに考えていたことであると私は信じる。彼らが考えていたように、教育は、常に緊急の問題、すなわち抑圧的ではない秩序と、放縦ではない自由とをいかに調和させるかという、突出した政治的な問題への唯一の答えなのである(45)。

シュトラウスがリベラル・デモクラシーを支持する理由は、それが当然、圧政に抵抗する自由と民主主義という理念に依拠し、独裁体制よりも優位にあるという理由だけではない。リベラル・エデュケイションとの関連で言えば、リベラル・デモクラシーは、学問の自由、哲学的探究の自由を認めるからである。シュトラウスは、リベラル・デモクラシーの危機を克服する前哨基地として、リベラル・エデュケイションを提唱した。そのリベラル・エデュケイションは、まさにリベラル・デモクラシーによって許容され、リベラル・デモクラシーの危機を克服し、リベラル・デモクラシーを内在的に活性化させる。

シュトラウスは、リベラル・エデュケイションが現代のリベラル・デモクラシーの危機を克服し、包括的認識力と知的自立性を持った人物の育成につながることを期待した。しかし、ここで注意しなければならないことは、リベラル・エデュケイションは、大多数の人々に向けた教育ではなく、あくまでも、少数者を対象とした教育であり続けるということである。シュトラウスは、リベラル・エデュケイションが普遍的な教育になりうると期待してはならないという。それは、少数者の義務であり、特権であり続ける。また我々は、リベラル・エデュケイションを受けた人物が、自分だけの力によって政治的な権力者になることも期待できないという。[46] なぜなら、リベラル・エデュケイションが、そこから利益を得るすべての人々に対して、その市民的責任（civic responsibility）を同じような仕方で理解したり、政治的に同意したりするように導くことは期待できないからである。[47] そのように指摘するシュトラウスは、その例として、彼がコミュニズムの父として位置づけるカール・マルクス（Karl Marx, 1818-1883）、そしてファシズムの義理の祖父（stepgrandfather）として位置づけるフリードリヒ・ニーチェが、我々が切望することさえ許されないほどの水準においてリベラル・エデュケイションを受けていたことを取り上げている。[48]

シュトラウスは、リベラル・エデュケイションを受けた人物に期待を寄せながらも、リベラル・エデュケイションを受けた人物が独裁的な権力を握ることを望んだわけではない。またリベラル・エデュケイションを受けた人物も自ら独裁者たることを望まない。そこにこそ、リベラル・エデュケイションのもう一つの政治的意義が存在する。それは、「節度」という概念と関連する。

シュトラウスは論文「リベラル・エデュケイションと責任」のなかで次のように述べている。つまりコミュニズムの父であるカール・マルクス、そしてファシズムの義理の祖父であるニーチェの失敗を経験した我々は、古い格言の重要性を再認識することになった。その古い格言こそ、「知恵は節度（moderation）と切り離してはならない」という格言である。[49] 知恵は、適正な政体への揺るぎない忠誠を、さらに立憲主義の理想への揺るぎない忠誠を命じる。[50] 一方で節度は、政治に幻想的な期待を抱くこと、政治を卑怯にも侮蔑すること、こうした対をなす危険から我々を守る。[51] そのようにして、リベラル・エデュケイションを受けたすべての人物が、政治的に節度を持った人物になるということが再び真実となり、そしてそのような方法においてこそ、リベラル・エデュケイションを受けた人物は、市井において、再び発言の機会を得るとシュトラウスは指摘している。[52]

こうしたシュトラウスの「節度」をウェーバーが指摘する政治の論理と照らして考察するならば、理想と現実の狭間で善き政治秩序を探求する際に重視されなければならないこととの関連において、次のように総括することができよう。

つまり、人間理性によって考案された理想と政治的現実との間には、埋めることができない溝がある。それは、マックス・ウェーバーが指摘した政治の論理とも通底している。つまり、政治が暴力を背景とする権力を手段とする以上、政治的行為において、善からは善のみが、悪からは悪のみが生まれるということは決して真実ではなく、しばしばその逆のことが起こるという政治固有の論理である。[53]

これまで数多くの哲学者・思想家が、その理想とする政治秩序を描いてきたが、理想と現実との間の乖離は常に存在した。万人が平等であるような社会を理想とした共産主義は、ソ連の例に見られるように、共産党の独裁政治を生み、市民の自由は制限され、体制に批判的な言動をする人々が弾圧された。これまで実現が図られた数多くの政治的理想は、実際には、人権の侵害、殺戮、経済格差といった面で、理想とはかけ離れた結末を生みだすことがあった。理想的政治秩序の実現を図ると、理想とはかけ離れた現実が生み出されてきたのである。

そうした現実と理想の乖離、そして理想的な政治秩序を描く人間理性の限界を知ることが、マルクスとニーチェの失敗[54]を知るシュトラウスにとって、大切なことであった。シュトラウスからすれば、節度は、政治に幻想的な期待を抱くことから我々を守る。

節度は善や正義を探求する人間理性が、政治的なものに固有の論理と直面し、政治的なものの限界とともに人間理性の限界を自覚するときに生まれる人間の卓越性であった。しかし、節度は、政治を侮蔑し、政治からの逃亡を促すものではない。本来の意味で「リベラル」であることは、人間の限界を見据える節度と善き政治秩序を探求する知恵とを分離せず、善き政治秩序と平和を希求するからである。

第三節　リベラル・エデュケイションと政治哲学の再生

先述したように、古典的政治哲学への斬新な理解が、現代にも用いることができる処方箋を与えてくれると期待することはできない。古典古代から大きく変化を遂げた現代社会に、古典古代の哲学者が主張した古典古代の原理を直接適用できるわけではない。

しかし、それは、古典的政治哲学について理解することを否定するものではない。古典古代の哲学者によって練り上げられた原理を適切に理解することは、今日の社会を適切に分析するために、また古典古代の原理を我々の課題に賢明に適用するために必要不可欠な出発点となりうるとシュトラウスは主張している[55]。ここでこれまで論じてきたシュトラウスのリベラル・エデュケイションの教育論としての側面を次のようにまとめることができよう。すなわち、現代のリベラル・エデュケイションは、広く合意されている見解、有力者によって繰り返し表明されている見解に惑わされることなく、自らの思考によって「善き社会とは何か」、「善き政治秩序とは何か」を問う知的自立性と包括的な認識能力、そして「節度」という政治的に重要な卓越性を持つ人物を育成し、デモクラシーのなかにアリストクラシーの要素を取り入れ、リベラル・デモクラシーの危機に対抗する教育の構想であった。

しかし、シュトラウスのリベラル・エデュケイションは、単に政治秩序としてのリベラル・デモクラシーの危機を克服することだけにその目的は限定されない。それは、これまで論じてきた近代性の危機、そして政治哲学の危機を克服することにも向けられている。

シュトラウスにとって、政治哲学の危機は、実証主義と歴史主義によって進行している。まず、実証主義は、科学的知識こそが純粋な知識であるという見地に立つ。科学的な知識はいかなる価値判断もその正当性を立証したり、無効にしたりすることができないのに対して、政治哲学は適切な価値判断の正当性を立証したり、不適切な価値判断を無効にすることに関わる。そのため、実証主義は政治哲学を根本的に非科学的なものとして拒否せざるをえない(56)。そして実証主義に根差す現代科学は、結果的に社会一般に広く受け容れられている意見や要望に応じるだけで、重要な問題を忘却するか、無視しているとシュトラウスは指摘する(57)。

さらに、歴史主義によれば、人間の思想はその思想が登場した時代や歴史に規定されており、思想家が取り扱う問題も歴史に規定されている。そうした立場に立つ歴史主義は時代を経ても変わらず存在する永遠不変の問題を否定した(58)。

まさに重要な問題が、実証主義や歴史主義の興隆によって、真剣に問われなくなっているというのがシュトラウスの基本的認識であった。重要な問題とは、「善とは何か」、「正義とは何か」、「善き社会とは何か」、「善き政治秩序とは何か」という問題である。

こうした状況は、シュトラウスからすれば、プラトンが言及する洞窟のなかにさらに洞窟を掘ったに等しい(59)。古典古代、善や正義をめぐる対話や最善の体制の探求は、当然ながら、歴史主義や実証主義が登場する以前の世界で行われており、そこには歴史的に変化する地平ないし洞窟とは対照的な、絶対的な地平、自然的地平が存在していた(60)。自然的地平とは、善や正義および最善の体制の知識を探究しうるという自然的地平であり、次のシュトラウスの記述にみられるように、哲学は、そうした自然的地平のもとに成立していたのである。

歴史的に変化する地平ないし洞窟とは対照的な、絶対的な地平、もしくは自然的な地平が存在する場合にのみ、哲学は可能である。換言すれば、全体に関する知識、もしくはその完全な理解を獲得することができないとしても、自分が知らないことを知ることができること、すなわち、概して人間の思想と同じくらい古い根本的な問題や根本的な選択肢を把握することができる場合にのみ、哲学は可能である。[61]

「善とは何か」、「正義とは何か」、そして「善き社会とは何か」、「善き政治秩序とは何か」といった重要な問題およびその問題に関わる基本的な選択肢が、実証主義と歴史主義によって忘却され、それらについて問われなくなった状況、そして善や正義の知識を探究しえないとする、善や正義の非知識性の主張が行われている状況こそが、現代において自然的地平が失われたことを示している。それは、哲学とともに、政治哲学が成立する地平の喪失であった。シュトラウスのリベラル・エデュケイションの目的は、その自然的地平を回復することに向けられる。

ではいかにしてシュトラウスは、自然的地平を回復するのであろうか。その答えは、シュトラウスが、現代のリベラル・エデュケイションの教師を偉大な精神の書物に求めたことと深く関連している。

リベラル・エデュケイションが過去の偉大な精神の書物を取り上げるのは、我々が再び自然的地平を回復するために、まず過去の偉大な精神が探求した最も重要な問題を知ることが急務とされているからである。リベラル・エデュケイションは、過去の偉大な書物を検討することによって、永遠不変の最も重要な問題の存在を再確認する。[62] それは、科学化され、価値が相対化した洞窟から、自然的地平を回復し、その地平の上に立つことを意味する。

さらに、シュトラウスが過去の偉大な精神が残した書物に回帰する理由は、最も重要な問題の存在を再確認することに限定されない。シュトラウスが、過去の偉大な精神が残した書物に回帰するのは、過去の偉大な精神たちが、最も重要な問題について、誰も同じことを伝えていないからであり、さらには、最も重要な問題について一致しないのみならず、最も重要な問題について互いに矛盾しているからである。その点が偉大な思想家の著述の技法による表現に加えて、過去の偉大な精神が残した書物を適切な注意を払って研究しなければならない理由である。

過去の偉大な精神たちの共同体も、多様な種類の不一致、争いによって分裂させられている。このことから、リベラル・エデュケイションは、単に何かを教え込むことではないとシュトラウスは指摘する。(63) ではなぜシュトラウスは、重要な問題に関する不一致や矛盾に着目するのであろうか。

過去の偉大な書物をただ読み、その教説を知るということだけがリベラル・エデュケイションの内容ではない。ただ読むだけでなく、そこからさらに困難な作業が伴う。それは、偉大な精神たちの間の対話をつくり出すことである。つまり、一人の偉大な精神が書いた書物をただ研究するのではなく、最も重要な問題をめぐって展開される偉大な精神たちの主張を比較検討する。それは、シュトラウスの次の記述にあるように、偉大な精神のモノローグを、我々自身が、偉大な精神たちの対話（ダイアローグ）へと転換することであった。

偉大な精神たちは最も重要な事柄に関して互いに矛盾しているために、そこから我々は、偉大な精神たちのモノローグを判定せざるをえなくなる。我々は、彼らのうちの誰かが語っていることを信用することはできない。他方で我々は、判定者たる能力がないことに気づかざるを得ないのである。(64)

過去の偉大な精神たちの書物を読むことは、過去の偉大な精神たちの主張を鵜呑みにして、それを絶対化することではない。我々は、注意深く過去の偉大な精神たちの声に耳を傾ける存在、すなわち判定者となる必要がある。ただ、一方で、過去の偉大な精神たちの判定者となりうる資格があると単純に言えない。シュトラウスによれば、我々は、そうした「畏れるべき状況」に直面している。[65]

その「畏れるべき状況」は、現代に生きる我々の視点のほうが偉大な精神たちの視点よりも優れているという見解、さらに、現代に生きる我々のほうが、過去の最も賢明な人たちよりも賢明であり、また賢明になりうるという見解によって覆い隠されてきた。しかし、そうした見解は、歴史主義的な視点に立った幻想に過ぎない。つまり、単純に我々の視点が、偉大な精神たちが生きた時代よりも、歴史的に後に形成されたものであること、また偉大な精神たちの主張は、どれも過去の偉大な精神たちの視点で正しかったものであり、それゆえ、単純に正しいとは言えないという歴史主義的な視点に立脚した見解は、幻想に過ぎず、我々が置かれた真の状況を覆い隠しているとシュトラウスは指摘する。[66]

我々が直面している「畏れるべき状況」は、次のようなことにも起因する。つまり、我々が信用できたあらゆる権威的な伝統、すなわち我々の導き手となるものを失ってしまったことである。

過去の我々の導き手になっていた人々は、単純で合理的な社会の可能性を信じていた。近代デモクラシーの理想型とは、すべてのあるいはほとんどの大人が、徳を有する体制であり、また大人が高度に理性を向上させている社会、すなわち合理的な社会として企図されていたのである。[67]

しかし、シュトラウスにとって、デモクラシーの実態は、アリストクラシーではなく、選挙に関する無関心、公共精神の欠如、無責任といった性質をもつ大衆による支配であり、いかなる知的・道徳的努力もなしに、最も劣った能力によって用いられる大衆文化へと変容している。[68] そう指摘するシュトラウスにとって、我々が、自分たちの力で、その力がいかに不備や欠陥があるとしても、つまり、判定者としての資格が十分にないような状況にあっても、自分が進むべき方向を自らの力で見出さざるをえない。

ただ、自分の力で進むべき方向を見出すといっても、我々は拠るべき伝統をすべて失ったわけではない。そして、過去の伝統的教説が揺らいでいるからこそ、我々は、先入観を排して、過去の偉大な精神の書物について研究することができる。過去の偉大な精神たちは、最も重要な問題について、すべて一致しているわけではなく、その教説には不一致や矛盾が見られる。しかし、過去の偉大な精神たちの書物に共通しているのは、たとえ不一致や矛盾があるとしても、彼らが最も重要な問題に真剣に取り組んでいった事実である。

我々は時折、重要なこととは何かを知らずして、思考することはできないとシュトラウスは主張する。[69] 最も重要な問題に関する偉大な精神たちの主張の矛盾こそが、知的混乱を惹き起こし、その知的混乱から、人間は思考を開始する。過去の偉大な書物を注意深く研究することは、偉大な精神の対話の創出という能動的な作業によって、我々自身が、対立や矛盾のなかにあっても、強靭に思考する起点をつくることであった。

ソクラテスの対話術は事物の本性に関する意見の矛盾から出発した。[70] ソクラテスにとって哲学とは、多様な意見から上昇して知識へと向かう知的探究であった。シュトラウスにおいて、リベラル・エデュケイションの目的の一つは、偉大な精神の書物の読解を通じて、書物のなかの矛盾した内容、さらには、偉大な精神たちの主張の間にある違いや矛盾から出発し、現代に生きる我々が、自分自身の力で、善き社会、善き政治秩序について問い、現代の問題に対して適切に対処することである。

実証主義に基づく価値判断の排除は、善や正義に関する問いの停止、善き政治秩序とは何かといった、重要な争点に対する思考停止の現われである。シュトラウスにとって、価値判断の排除は、社会科学の客観性を保持することが目的ではなく、重要な争点からの逃避を正当化するものに過ぎない。[71]

そうした思考の問題を克服するために求められることは、対立や矛盾を前にしても思考を停止することなく、粘り強く思考し、思慮なき決断ではなく、合理的な判断によって対立を解決していこうとする姿勢である。それは、哲学が誕生した時代から連綿と続く姿勢であり、多様な意見の存在および多様な意見の対立は、知識を探究する起点であり、動因であった。

過去の偉大な精神が残した書物を読むことは、復古主義でも懐古主義でもない。リベラル・エデュケイションは、我々がまさに対立や矛盾に直面しても思考する存在であることを基盤に、実証主義や歴史主義によって崩壊した自然的地平を回復することに向けられている。その意味で、リベラル・エデュケイションは、またシュトラウスが言及した「リベラリズム的思考の体系性」と決断主義の問題を克服することへも向けられているといえよう。リベラリズム的思考の体系性は、寛大なリベラリストの思考によってその危機が頂点に達した。寛大なリベラリストは、寛容に関する制限を取り払い、あらゆるものに対して寛容であろうとする。そして、無制限の寛容は、相対主義に転化し、決断主義を帰結した。

シュトラウスが問題にしたのは、無制限の寛容や価値判断の排除、倫理的中立性の主張が、無思慮であることの口実となり、善や正義、重要な争点に関する思考の停止に陥ることであった。その思考の停止が、狂信的蒙昧主義という理性の危機を生じさせたのである。

シュトラウスは、対立や矛盾、様々な問題を前にして、思慮なき決断ではなく、賢明な判断によって解決に導く態度を養成する手段としてリベラル・エデュケイションを提唱した。そしてその基盤にあるのは、人間がまさに対立や矛盾に直面してもなお、思考する存在であるという認識である。

シュトラウスのリベラル・エデュケイションの構想は、リベラリズムの寛容の思考様式が引き起こした問題を克服し、デモクラシーの順応主義や俗物主義に対抗するための教育の構想であり、またその教育そのものが、哲学的探究そのものであった[72]。それゆえ、リベラル・エデュケイションは、リベラル・デモクラシーの危機を克服することに加えて、我々がまさに思考する存在であることを基盤に、実証主義や歴史主義によって崩壊した自然的地平を回復することに向けられている。その自然的地平こそが、本来の意味で「リベラル」な政治哲学が成立する地平である。

シュトラウスにとって、自然的地平の回復へと向けられているリベラル・エデュケイションは、偉大な精神の書物の読解を通じて、書物のなかの矛盾した内容、さらには、偉大な精神たちの主張の間にある違いや矛盾から出発し、現代に生きる我々が、自分自身の力で、善き社会、善き政治秩序について問うことを求める。

それは、現代の苦境の一つである善や正義に関する問いの停止、善き政治秩序とは何かといった、重要な争点に対する思考停止、すなわち政治哲学の危機への対抗策であり、リベラル・エデュケイションは、シュトラウスにとって政治哲学の再生へと向かう教育プログラムであった。

第七章 「zetetic」な学問的探求とシュトラウスの限界点

第一節 「zetetic」な学問的探求

リベラル・エデュケイションは、重要な争点、そして対立や矛盾のなかで、争点や対立や矛盾から逃避するのではなく、重要な争点、対立や矛盾に向き合う。リベラル・エデュケイションにおいて、偉大な精神たちの対話をつくりだすことによって、我々は、自分たちが重要な問題について思考する存在であること、対立や矛盾があれば、それを乗り越えようとする思考、意見から知識へと向かう知的探究が起こることを自覚する。

ソクラテスは、多様な意見から学問的探究を開始した。そこには、意見は真理の汚れた断片であるという認識があった。[1] 哲学とは、多様な意見から知識へと向かう知的探究である。多様な意見から出発することによって、偏狭な考えに陥ることなく、常識に根差した包括的視点から、重要な問題について思考することができる。そうした基本的なスタンスが、知恵と節度を分離しない、ソクラテスの哲学的探究を可能にした。

シュトラウスはソクラテスから「人はいかに生きるべきか」という問題の重要性と同時に、次のようなことを学んだ。つまり我々が、最も重要な事柄に関して無知であることを知ることにより、我々にとって最も重要なこと、もしくは必要な一つのことは、最も重要な事柄に関する知識の探求あるいは知恵の探究であることを自覚する。[2] 無知の自覚が、逆説的にも最も重要な問題を不断に問い続ける原動力となり、ある特定の価値を絶対化することなく、真摯に重要な問題について検討する姿勢を生みだす。[3]

ソクラテスにとって多様な意見の存在は、真理の探究を促す動因であったことをシュトラウスは強調していた。[4] さらに意見が「純粋な真理の汚れた断片」であったとするシュトラウスの表現から、意見を単なる誤謬として否定するのではなく、多様な意見のなかに含まれている真理の断片を集めて、より真理に近い知識を探求しようとする姿勢を読み取ることができよう。シュトラウスがソクラテスの「多様な意見から知識へ向かう思考」に立ち返って強調するのは、善や正義といった価値に関する思考の表出を「意見」に求め、それらの善や正義に関する多様な意見を学問的な議論の俎上に載せて吟味し、その内容をより包括的なものへと洗練させ、善や正義を知識として探求する姿勢である。

シュトラウスは、パスカル（Blaise Pascal, 1623-1662）の記述に基づいて、唯一可能な哲学は、独断論的でも、懐疑論的でもなく、ましてや決断主義的でもない、「zetetic」な（あるいは、言葉の本来の意味で懐疑論的な）ものであると主張する。[5] この「zetetic」には、「質問したり、調べたりしながら、進めていく」という意味が含まれている。[6] それは、ソクラテスの対話術とも関連しており、多様な意見を持つ人々との質問を含めた対話を通じて、意見を一つひとつ吟味し、調べつつ、知識を探求することである。こうした「zetetic」な学問的探求について論じる際、シュトラウスは、哲学と党派性の問題についても次のように論じている。

哲学とは、根本的で包括的な諸問題に関する純粋な意識に他ならず、存在するのが、知恵ではなく、知恵の探求である限り、あらゆる解決の明証性は、さまざまな問題の明証性よりも必然的に小さい。[7] そして、解決の「主観的確信」がその解決の問題性の意識よりも強力になったとき、哲学者は哲学者であることを止め、党派的な人間が誕生する。(8)

シュトラウスにとって、政治哲学は、哲学の一部門であり、哲学の方法を踏襲している。それゆえ、哲学が本来、「zetetic」なものであれば、政治哲学もまた、独断論的でも、懐疑論的でもなく、「zetetic」な学問的探求の姿勢が求められるであろう。政治哲学者は、政治上の諸問題および社会的な諸問題を解決しようとする。政治哲学者も哲学者と同様に、その解決に対する主観的確信が、その解決の問題性の自覚よりもより強力になったとき、彼は政治哲学者であることを止め、ある偏った解決への確信を深める党派的な人物へと変容する。

古典的政治哲学者は、判定者として党派的な多様な視点を網羅しつつ、その党派性を超える視点を持つべき存在であった。党派性を超えるために、判定者は、市民の視点を網羅しつつも、市民や政治家が認識しえない、人間の自然的目的や人間の自然的秩序について、包括的で明瞭な理解力を持たなければならない存在とされていた。

こうした判定者としての政治哲学者の学問的探求と「zetetic」な学問的探求の姿勢とは通底している。双方とも党派性を脱却し、独断論的でも、懐疑論的でもなく、ましてや決断主義的でもない姿勢を求めるからである。そして、この「zetetic」な学問的探求には、多様な意見から出発することが必要となる。つまり、多様な善や正義の意見を持つ人々との質問を含めた対話を通じて、それぞれの意見を綿密に吟味し、調べつつ、批判に耐えうる善や正義の知識を探求することが、包括的な善や正義に関する知識を探求する道だからである。多様な善や正義の意見を視野に入れることによって、偏狭な善や正義の見解に陥ることを回避しようとする。多様な意見から出発するというシュトラウスの学問的姿勢の背景には、政治哲学が独断論や懐疑主義に陥るのを防ぐという意味があった。

政治哲学者は、意見から出発し、常識を尊重しつつ、不当な権威に決して従属しない判定者としての立場から、紛争を解決し、善き政治秩序を探求する役割を担っている。その役割は、市民の視点から出発し、多様な市民の視点を網羅する包括的な視点と「zetetic」な学問的探求によって果たされるものであったといえよう。

一般市民や政治家の政治的な事柄についての常識的理解が、社会科学の基盤であり、その基盤についての首尾一貫した、包括的な理解を駆使することによって、社会科学は、その正当性（legitimacy）を示すことができる。それは、社会科学あるいは、政治学が合理的な企図になるために、明らかに必要なことである。[9] それがシュトラウスの基本姿勢であった。ただ、ここで疑問が生まれる。それは、一般市民や政治家の政治的なものに対する常識的理解をどのように獲得するのか、という疑問である。

確かにシュトラウスは、分別ある大人ならば、誰もが税、警察、法、刑務所、戦争、平和、休戦について何かを知っていると指摘する。さらに誰もが、戦争の目的は勝利であること、戦争は最大の犠牲と他の多くの損失を要すること、また勇気は賞賛に値し、臆病は非難に値することを知っている。そしてシャツを買うことは、投票することとは区別され、本質的に政治的行動ではないことを知っているという。[10] さらに、市民が「あらゆるものの欠乏から免れていること」を求めるとき、彼らは、虎や鼠やシラミの欠乏から免れていることを求めているのではないと言及していた。[11] こうした常識を具体的にどのように知り、それをどのように政治学に活用するのだろうか。

シュトラウスは「現代の危機」（一九六三年）のなかで、政治的な事柄に関する常識的理解、つまり、政治的な事柄に関する市民の理解をどのように獲得するのか、という問いについて次のように論じている。つまり、政治学、そしてその他の様々な社会科学を真に科学とするために、また合理的な企図とするために行われる最も基本的な仕事は、既に行われている。それはアリストテレスによって、その著書『政治学』において既に行われている。この仕事は、我々に、政治的現象に関する第一次的な理解についての、古典的で忘れがたい分析を提供している。[12]つまり、シュトラウスにとって、政治的な事柄に関する常識的な理解を獲得する方法は、アリストテレスの『政治学』を読み解くことにある。一体なぜシュトラウスは、アリストテレスの『政治学』に立ち返ることを求めるのだろうか。

その理由の一つは、まさにアリストテレスの政治哲学を含めた古典的政治哲学が政治学の原初的形態であり、政治的な事柄に関する包括的で常識的な理解を有しているからである。[13]ただ、アリストテレスの『政治学』に回帰するだけで、本当に政治的な事柄に関する常識的な理解を獲得できるのだろうか。そこで得られる常識的理解は、古典のなかに記されている常識であって、いわば生活世界のなかで今、生きている人々から得られる常識的理解ではない。アリストテレスが『政治学』を執筆した当時の古代ギリシャのポリスの状況と現代社会の形態とはあまりにも多く異なっている。アリストテレスの『政治学』に回帰すべきというシュトラウスの主張は、あまりも時代錯誤的であるような印象を受けるだろう。

さらにシュトラウスが、意見を出発点とする政治哲学を標榜しながらも、具体的にどのようにして意見から出発するのか、その具体的な方法を積極的に示していない。我々はそれらの理由をどこに求め、その理由をいかに解釈すべきであろうか。

第二節　生活世界の変容と多数者への疑念

シュトラウスが生活世界の意見や常識を取り入れる具体的な方策について詳述していない理由は、第一に生活世界そのものの変容にある。

先述したように、シュトラウスによれば、マス・コミュニケーションの発達により、現代において人々の思考や言動が画一化しつつある。アメリカ社会は、広告産業によって代表されるマス・コミュニケーション産業によって性格づけられた社会、つまりある一定の形にはめ込まれた大衆社会へと陥る危険に晒されている。そこでは、人々の間にある差異が失われ、人々の思考を含めて、人々の言動の画一化が進行する大衆社会への懸念が示されていた[14]。

均質性（homogeneity）と順応主義（conformism）は、非政治的な手段による個性や多様性に対する抑圧への傾向であり、現代のアメリカ社会の病理現象である[15]。そしてその画一化の傾向は、テクノロジーの力によって、世界的に拡大しようとしている[16]。シュトラウスにとって現代は、多様性を喪失した、画一化の危機に晒されている。

次に、社会が急速に変化することにともない、政治的知識を獲得することが困難になったことが理由としてある。そもそも現代の生活世界は、科学の産物であるか、また少なくとも科学から深く影響を受けた世界である[17]。そうした現代において、政治的知識をかつてのように獲得することが困難になった。

我々は「活動的な大衆社会」、つまり限りない複雑さと急速な変化によって特徴づけられる社会に生きている。そうした急速に変化する社会のなかで、必要となる政治的な知識を獲得することが難しくなり、また獲得したとしても、それは早い段階で時代遅れのものとなる[18]。

多様性の喪失と画一化という現象が進行し、政治的知識を獲得することが困難になった現代、政治的なものに関する常識的な理解を獲得するためには、近代の哲学および現代科学が影響を与える以前の政治学の原初的形態に回帰することがまず何よりも必要である。シュトラウスの基本姿勢はそこにあり、この点については、ミラーおよびベーネガーもそれぞれの研究において明らかにしている。[19] しかし、両者の研究が十分に論究していない論点がある。それは、シュトラウスが抱く疑念、すなわち、哲学者でも政治家でもない、多数者たる一般の人々に対して向けられた、シュトラウスの疑念である。

シュトラウスは、「リベラル・エデュケイションと責任」において、投票する側の人民の責任が問われないことをデモクラシーの問題として指摘していた。デモクラシーにおいて、人民の代表であり、人民に責任を負っている政府の行動は、可能な限り最高度まで公的な監査に開かれていなければならない。しかし、一方で投票によって、代表者を選ぶ人民の側の責任は、法的な定義づけができないため、近代共和主義の明白な最大の難点であるとしている。[20] シュトラウスは、デモクラシーにおいて、主権は、無責任な諸個人によって構成されていると指摘する。それは、リベラル・デモクラシーの本来の考え方とは異なる。リベラル・デモクラシーの本来の考え方によれば、主権を担う個人は、良心を持つ個人であり、良心によって制限され、導かれるような個人だったからである。その良心を促進できるのは、道徳教育であったが、良心を促進するための適切な対策はなされていないとシュトラウスは断言する。さらに、リベラル・デモクラシーは、寛大な平等主義へと堕落し、その核となるものは衝動をもった個人であると主張する。[21]

先述したように、シュトラウスが指摘したデモクラシーの危機は、選挙権を持つ人々の公共心の欠如や市民たちの知的関心の低さなどにも向けられていた。シュトラウスがデモクラシーの危機を克服するために提示したリベラル・エデュケイションは、あくまで少数者に対する教育であり、多数者の教育ではない。[22] そこには、古典に基づく教育が少数者を対象としたものでなければ、物理的に不可能であり、さらに一定の水準の理解力を持つ人々を対象としなければ成立しない、という理由もあるだろう。

確かにシュトラウスは、人民への教育を宗教教育が担っていたことを指摘しているが、宗教教育よりも、統治者の教育について議論するほうが容易であるとして、宗教教育の復興についてはほとんど言及していない。つまり、シュトラウスは、代表者を選出する多数者の側の教育については、明確な構想を提示していないといえる。デモクラシーにおける多数者への批判、そして多数者への教育をほぼ断念していることから、シュトラウスが多数者に対する疑念や多数者に対する教育への諦念を抱えていることは明らかであろう。その多数者に対する疑念や諦念は、リベラル・デモクラシーの危機の克服に関しても課題を残す。

デモクラシーの選挙制度では、たとえリベラル・エデュケイションを受けた人物が知的自立性と節度を身に付けるとしても、その人物が選挙によって選出されるとは限らない。シュトラウス自身が認めるように、リベラル・エデュケイションを受けた人物が、自分の力で政治的な権力者になることは期待できない。人民の代表者となりうる少数者の教育を十分に行ったとしても、その代表者を選ぶ側の市民教育への展望がなければ、デモクラシーの危機を乗り越える実効性ある方策にはならない。代表者の選出が、多数者の意志に委ねられている以上、多数者の問題にどのように取り組むのかを明確にしない限り、リベラル・デモクラシーの危機を克服するのは困難であろう。

シュトラウスは、人間の能力に不平等が存在することを認めている。そして、人間の理解力について、自然的な不平等が存在することは、政治的に意義のあることであると指摘している[23]。現代のデモクラシーは、代表制のデモクラシーであり、平均を上回っていると思われる人々が選出されるデモクラシーであるという[24]。

シュトラウスは、「知的で、啓発された市民たちは、重要な政治的問題と重要でない政治的問題とを適切に区別する」と主張し[25]、「分別ある大人ならば、誰もが税、警察、法、刑務所、戦争、平和、休戦について何かを知っている」と主張していた[26]。そして「誰もが、戦争の目的は勝利であること、戦争は最大の犠牲と他の多くの損失を要すること、また勇気は賞賛に値し、臆病は非難に値することを知っている」[27]。そして「誰もが、シャツを買うこととは、投票することとは区別され、本質的に政治的行動ではないことを知っている」という。[28]以上のように、シュトラウスは、「知的で、啓発された市民たち」、「分別ある大人」といった表現と「誰もが」という表現を使い分けている。シュトラウスにとって、すべての人々が、重要な政治的知識を持ちうるわけではない。

以上のように、生活世界の変容に伴う意見や思考の画一化、社会の急速な変化だけでなく、哲学者でも政治家でもない、多数者たる一般の人々に対して向けられた疑念や諦念から、シュトラウスは、意見を政治哲学の出発点としながらも、どのように意見から出発するのか、その具体的な方法を積極的に示すことができない。また常識的理解を重視しながらも、その常識的理解を獲得する方法について明確にしていることは、アリストテレスの『政治学』へ回帰することである。そうしたシュトラウスが抱えている課題は、果たしてシュトラウス自身の政治哲学の有意性にどのような影響を与えるであろうか。また我々は、その課題をどのように理解し、その課題を乗り越える活路をどこに求めることができるだろうか。

第三節　シュトラウスの限界点

本章第二節で論及したシュトラウスの限界から帰結すること。まずそれは、独断論的でも、懐疑論的でもなく、ましてや決断主義的でもない、「zetetic」な学問的探求の成立を困難にすることである。多様な意見を出発点とし、多様な意見を持つ人々との質問を含めた対話を通じて、意見を一つひとつ吟味し、調べつつ、問題を明らかにし、より包括的な知識を探求することが、「zetetic」な哲学の要諦である。市民の多様な意見から出発せず、ただ古典古代の政治哲学の見解に依拠するだけでは、「zetetic」な学問的探求とは言えず、それは、政治哲学が古典的政治哲学という「聖典」のみに固執する結果を招き、政治哲学そのものの硬直化を招くおそれがあるだろう。

シュトラウスは、科学的政治学が用いる方法論や論理学といった学問分野は、明らかに、政治哲学とは共通点を持たないものとして位置づけている。そして、科学的政治学は、事実上、政治哲学とは相容れないものであると断言する。(29) ただ一方で、科学的政治学の側からすれば、インタビューやアンケートによる調査結果のほうが生活世界に生きる人々の意見を集約しており、科学的政治学のほうが生活世界に根差しているとも主張できるであろう。科学的政治学は、生活世界に生きる人々の政治的言動や投票行動を分析する。それらの研究が提供する知識やデータによって、政治的現実のダイナミズムや多面性を認識することができる。ここでシュトラウスが言及する政治哲学をシュトラウスの政治哲学に限定せず、規範論的な政治学全般に当てはめてみるならば、規範論的な政治学は、理想主義的な独断論に陥らないために、時として実証主義的な研究の成果を活用して、政治的現実に対する多面的な視野を獲得し、政治的現実に耐えうる規範論的研究を進めていくことが求められる。

シュトラウスが「zetetic」な学問的探求に言及する際、哲学と党派性の問題を取り上げていた。つまり、解決の「主観的確信」がその解決の問題性の意識よりも強力になったとき、哲学者は哲学者であることを止め、党派的な人間が誕生するということである。

人間が価値判断を下す存在である限り、学問的探求は、完全に党派性から脱却することはできない。ただ、それでも学問的探求は、硬直化した党派的見解に陥ることを回避する努力が求められる。特定の学問の硬直化を回避するために、学問は一般市民の意見を取り入れる視点や一般市民からの批判に対して開かれている必要があろう。(30)

確かにシュトラウスは、リベラル・エデュケイションを通じて、知恵と節度を身に付けた人物が、市井において、再び発言の機会を得ると主張した。しかし、市井において発言の機会を得るとしても、市民とどのように対峙し、その声をどのように取り入れていくのか、明確な道筋は示されていない。

シュトラウス自身は古典的政治哲学者について次のように主張していた。つまり、古典的政治哲学者は、党派的な人間の精神ではなく、善き市民の精神で重要な政治的論争を解決しようとする[31]。善き市民の義務は、まさに市民の紛争を終結させ、説得によって市民たちの間に合意を作り出すことにあった[32]。古典的政治哲学は、すべての意見や市民の視点を無批判的に受け容れるものではなかった。しかし、市民の視点や意見に偏見や迷信が含まれているとしても、古典的政治哲学者からすれば、市民の視点や意見をすべて否定することは、市民の視点や意見の中に含まれている真理や適切な政治的判断すらも放棄することを理解していたのである。

ソクラテスにとって、意見は、単なる誤謬として退けられるものではなく、「真理の断片」であり、問いの対象として位置づけられていた。シュトラウスにおいても、多様な意見から出発することが、知識へと至る道であった。また常識は、責任ある判断を下す際の基準となっていた。そして意見と常識を基盤とすることが、さらに学問が生活世界に責任を担う根拠ともなっていたのである。シュトラウスが意見や常識を重視しながらも、生活世界の変容や市井の一般の人々への疑念によって、生活世界に生きる人々の意見や常識を積極的に取り入れる道を示すことができないことは、シュトラウスの政治哲学が抱える一つの限界である。また、シュトラウスが抱える課題は、科学的政治学に対する政治哲学の優位性を強調しすぎる点にもあるだろう。

学問は、硬直化した党派的見解に陥ることを回避するためには、常に他の学問分野との対話や批判に開かれていなければならない。シュトラウスは、次のように述べていた。つまり、本来、政治学は政治哲学と同一のものであり、人間的事象のすべてを包括する研究であったが、政治哲学の包括的研究は、ミミズの断片のように動く諸部分に分割されている[33]。その原因は、以前は、政治哲学に属していた広範な諸部分が、経済学や社会学、社会心理学などに分割されたことであり、また自然科学をモデルとする科学的政治学が、政治的事柄に関する真の知識に向かう唯一の方法であると考えられていることにあると。

シュトラウスがこの主張を行った一九五〇年代のアメリカは、科学的政治学が隆盛を極めており、いわば政治哲学が危機に陥っていた時代であり、シュトラウスの主張はそうした時代状況のもとに理解されなければならない。しかし、科学的政治学に対抗して、政治哲学の優位性を強調することは、いずれ政治哲学こそが、政治的事柄に関する真の知識に向かう唯一の方法であるという一種の学問的偏狭を招くのではないだろうか。シュトラウスにとって、政治哲学の再生は、すでにみてきたように、善や正義の非知識性という近代性の危機を克服し、善や正義を探求する人間理性を再生させるものとして、単に一つの学問的領域に限定されない意義を持っていた。その政治哲学の再生が、政治哲学の学問的優位の強調によって、政治哲学の独善と視野狭窄へと至るならば、それはまた新たな政治哲学の危機を招くであろう。そうしたシュトラウスが抱える課題を乗り越えて、活路を拓く道はどこにあるのだろうか。

確かにシュトラウスは、政治哲学と科学的政治学の相違点を強調している。ただ、シュトラウスの論述のなかに、我々が政治哲学と科学的政治学とを架橋する道を発見することは決して不可能ではない。シュトラウスは、実証主義的社会科学を批判する際、あらゆる社会科学者に共通する基盤、すなわち社会科学者たちが研究や議論を行う基盤が、道徳的判断からの解放の過程、もしくは、道徳的判断を捨象する過程を通じてのみ獲得されている現状を問題視していた(34)。とすれば、実証主義的な研究に携わる者と規範論的な研究に携わる者とが研究や議論を行う共通の基盤は、共通の道徳的判断を回復させることによって、再構築されていくものであるといえよう。

では、その共通の道徳的判断とは何か。それは、社会科学、とりわけ政治学がその全体的・包括的な視点から、政治の脅威・暴力性・限界を暴露し、生活世界の善き秩序を守る砦としての役割を担っているという道徳的判断である。シュトラウスが、シュミット、そしてウェーバーが示す政治のリアリズムと対峙し、鍛え上げた政治哲学の主柱は、そうした道徳的判断であったといえるであろう。

社会科学は、我々自身が生きているこの生活世界のなかで生起する現象を扱う。我々が生活し、活動しているこの世界は、事実認識の対象としてのみ把握されているわけではない。つまり、生活世界は、ただ理論的態度の対象でも、その産物でもなく、また我々が客観的に見つめる、単なる対象の世界として限定されない。それは、我々が取り扱う「事物」もしくは、「問題」の世界であるとシュトラウスは指摘する。(35) そして、あらゆる学問が問いを提起したり、またその問いに答えたりするときに、その問いは最初からこの生活世界、つまりそのなかで問いが提起され、また生の実践が行われているこの生活世界を基盤としている。

規範論的政治学と実証主義的政治学との間には、当然、事実認識の手法や理論的態度において違いがある。しかし、両者は、学問的手法の違いを超えて、「問題」や「問い」そのものを共有できる。そのなかの重要なものの一つは、「生活世界に対して果たすべき学問の役割と責任は何か」という問いである。

二〇世紀は戦争の世紀であった。二〇世紀の二つの世界大戦は、非戦闘員も含めた全国民が総力を挙げて戦う総力戦となり、戦争が、敵、味方のどちらかの国土が焦土と化すまで終わらないことを証明した。それは、戦争のために、国民の一人一人が、戦争遂行のために政治的な規制を受け、また政治的に動員された時代であった。さらにナチスによるユダヤ人問題の最終的な解決、すなわちユダヤ人の全滅を図るという、人類史上例を見ない残虐な行為は、人権といった不可侵の権利を圧倒的な力によって無にする政治の現実を歴史的に証明した。

政治の暴力がエスカレートするとき、政治は、人々の生活を根底から破壊する巨大な、コントロールしがたいものへと変貌する。そうした最悪の事態を未然に防ぐために、政治学の研究は、実証主義的研究であれ、規範論的研究であれ、敏感に現実政治の動向を考察し、生活世界の善き秩序を守る砦としての役割を担っている。政治に関する実証主義的な研究と規範論的研究とが、互いの成果を取り入れ、ときには相互の批判的対話をもとに発展していく共通の土壌は、そうした役割の自覚のもと、人間生活における政治的なものの位置を含めた、全体的・包括的な視点から政治的なものを理解する姿勢によって、醸成されていくものであろう。

政治学がどの程度の自由や幅をもって政治を考察できるかということは、丸山眞男（1914-1996）が指摘するように、その国の学問的自由を測るバロメーターである。[36] 政治研究の自由が侵害され始めるとき、それは、時の政治権力が圧政へと陥ることを最初に警告する。圧政は、思想・学問の自由を侵害するだけでなく、時に生活世界に生きる人々の生命・財産を奪う。生活の場が破壊された中で、学問的探求もその基盤を失う。そうした政治の脅威・暴力性は、人々の多様な要求を満たすために肥大化している現代政治のなかでは把握しがたい。

生活世界を基盤とするのは、政治哲学といった規範論的な政治学だけではない。実証主義的な政治学もいわゆる世論や選挙行動に関する研究など、生活世界に生きる人々の政治的言動や投票行動を分析する限り、その学問的基盤は、生活世界にあるといえよう。そして、「戦争とは何か」、「デモクラシーの理想型とは何か」、「デモクラシーと独裁主義との間にある本質的な差異は何か」、「デモクラシーはなぜ支持されるのか」といった根本的かつ包括的な問いは、政治哲学といった規範論的な政治学だけが問う問題ではなく、実証主義的な政治学も含めた政治学の研究の各分野が共有しうる問いであり、さらには、一般市民も含めた生活世界に生きる人々との対話によって探求しうる問いである。そうした問いの共有と対話こそが、シュトラウスの限界を超えて、本来の「zetetic」な政治哲学を成立させ、生活世界の秩序を構築する重要な要素の一つとなる。そしてシュトラウスの限界から生じる問題を克服する道は、問いの共有のもとに、多様な学問が、時には市民の意見や批判を取り入れつつ、互いの成果を取り入れ、相互の批判的対話をもとに議論を行う共通の基盤を発展させていくことにある。

その道は、科学的政治学や政治哲学といった政治学の枠組みを超えて、さらに自然科学・人文科学・社会科学といった学問領域をも超えて、人間の学問的探求が、自らの存在意義を生活世界への責任の上に回復させていく道であるといえよう。

終章　神々の闘争を超えて

　これまで、シュトラウスのシュミット批判、ウェーバー批判、自然権論、古典的政治哲学の解釈、フッサールの生活世界論の影響、そしてリベラル・エデュケイション論を取り上げ、政治哲学を再生させようとするシュトラウスの学問的営為の意義を探ってきた。

　シュミットにとって政治的なものは、特殊な意味でのすべての政治的行動が由来する、それ固有の究極的区別と関連して論じられており、その究極的区別とは友と敵という区別であった(1)。そして極端な場合には、敵との紛争が起こる。シュトラウスによれば、シュミットは、友と敵の集団化によって規定された政治的なものを是認する。しかし、政治的なものをそれ自体として是認することによって、戦争の現実的可能性に向けられたあらゆる決断を尊敬し、そうしたあらゆる決断に対して寛容な態度をとることになった(2)。

　シュミットにとって、友と敵の紛争は、「関与しておらず」それゆえ「党派的でない」第三者の判定によって決着がつけられることはない。つまり、対立する当事者以外の立場、すなわち第三者による解決の余地を認めない。紛争に参与し、判定を下す権限は、実存的にその紛争に関与し、参加することによってしか与えられないものであった。さらに、シュミットによれば、極端な紛争の場合には、ただ当事者自身だけが相互間で決着をつけることができる。シュミットの場合、敵とは、他者・異質者であり、その本質は実存的に他者・異質者というだけで十分であるという。[3] 友と敵の対立において、敵は、自分たちとはまったく異質な存在として描かれている。敵に対して何らかの共通性を認めるのであれば、その共通性を基盤として、対立を乗り越える視点も見えてくる。しかし、敵を実存的に異質な存在として措定すると、敵との対立そのものを乗り越える視点は形成されない。

一方、神々の闘争の時代において、日々を漫然と過ごしている人は、「神」と「悪魔」との間の選択を避け、衝突している諸価値のうち、どれが神によって支配され、どれが悪魔によって支配されているのか、ということについての自らの究極的な決断を避けているとウェーバーは批判した。[4] そして、ウェーバーによると、究極的価値の間にはいかなる相対化も妥協もない。決断によって、自分自身の究極的な態度を決定しなければならない。他方、寛大なリベラリストに向けられたシュトラウスの批判によれば、寛大なリベラリストは、あらゆる価値に対して寛容な態度をとることによって、多様な価値の狭間で、価値の優劣を判断する自らの思考が停止し、行動の指針を非寛容な決断に委ねる決断主義に陥っていた。[5]

さらにシュトラウスは、事実と価値を分離し、価値判断を排除する科学的政治学が重要な争点から逃亡していることを指摘した。つまり、重要な争点に関する重要な議論を、価値の対立の問題へと押し込めることによって、重要な争点に関する議論に取り組もうとしない無責任を批判したのである。[6]

決断主義とは、重要な争点、そして対立や価値選択・態度選択に直面して、自らの解決の方向性を思慮なき決断に求める、思考の隘路である。その隘路のなかで、善き生や善き社会・善き政治秩序を「zetetic」に探究する知的活動は停止する。シュトラウスは、重要な争点、そして対立や矛盾のなかで、決断主義者として対立や矛盾に向き合うのではなく、また重要な争点から逃亡しない態度の在り方を模索する。そして、古典的政治哲学者の判定者としての態度に着目した。

では、判定者という存在を描くことによって、一体シュトラウスは、政治的なものに対するいかなる姿勢の在り方を示したのであろうか。すでに述べたように、その原点は、政治的共同体内部の紛争に対する古典的政治哲学者の態度の描写に表われている。

古典的政治哲学の方向性と範囲を決定づけていたのは、政治的生活との直接的な関係であり、古典的政治哲学の方法も政治的生活によって示されていた。古典古代の政治的生活は、それぞれ相反する要求を主張する諸党派の紛争によって特徴づけられ、それぞれの党派は、自分たちの要求を正当化するために、善や正義をめぐる論争を展開する。

こうした諸党派の紛争は、調停や仲裁や賢明な決定を必要とする。そして古典古代において政治哲学者こそが、そうした調停や賢明な決定を行う判定者としての役割を担っていた。古典的政治哲学者は、判定者として、紛争に対して傍観者的な態度をとらず、また紛争の当事者である諸党派のいずれかに与するような党派的な態度もとらない。政治哲学者は、党派的な人間の精神ではなく、善き市民の精神で、また人間的卓越性の要求に最も合致した秩序を目的として、根本的で重要な政治的論争に決着をつけ、現実の紛争を解決しようとする。善き市民の義務は、まさに市民の紛争を終結させ、説得によって市民たちの間に合意を作り出すことにあった(7)。判定者の役割は、自らも友と敵の対立の当事者として、紛争に参加することではない。あくまでも、包括的かつ全体的な視点で、第三者的な立場で対立構造を見据え、節度ある方針によって紛争の解決に努める。

シュトラウスにとって本来の意味で「リベラル」な政治哲学は、それぞれの社会とその諸領域において互いに対立する多くの要求が存在することを認め、そうした対立する諸要求が提起する問題を対話と説得によって合理的に解決しようとする。その政治哲学は、実践的な問題に対する賢明な解決策を提示し、様々な集団の要求の対立が友と敵の対立へとエスカレートすることを阻止しなければならない。そのとき本来の意味で「リベラル」な政治哲学者は、意見から出発し、常識に根差しながら、不当な権威に決して従属しない判定者としての立場から、合意を形成して紛争を解決し、善き政治秩序と平和を探求する役割を担っている。

ところがシュトラウスによると、その本来の意味で「リベラル」な政治哲学が成立する地平は、善や正義の非知識性の主張によって、掘り崩されてしまった。そうしたなかにあって、我々にいかに不備や欠陥があるとしても、自分たちの力で、自分が進むべき方向を見出さざるをえない。ただ、すべての基盤が崩壊してしまったわけではなかった。

古典古代より、偉大な精神たちは、重要な問題に正面から取り組んできた。そうした歴史を越えて存在する重要な問題とその問題に正面から格闘してきた偉大な精神たちの存在をリベラル・エデュケイションによって確認する。そして、シュトラウスが提唱するリベラル・エデュケイションは、偉大な精神たちが論じる最も重要な問題に関する一致ではなく、最も重要な問題についての矛盾や不一致を重視する。

過去の偉大な精神たちは、それぞれの見解の間に対立や矛盾があるとしても、善き社会や善き政治秩序を探究していった。そうした重要な問題と格闘してきた過去の偉大な精神たちの間に対話をつくりだすリベラル・エデュケイションは、解決困難な問題や対立を前にしても、それに怯むことなく、粘り強い強靭な思考と対話によって対立の解決の方途を探究する姿勢を育む。その知的訓練こそが、性急に対立を解決しようとする決断主義を回避し、賢明な判断を下す際の基盤となる。

さらに偉大な精神たちの重要な問題に関する矛盾や不一致、そして重要な問題に関する多様な見解を考慮に入れることが、自らの解決策への懐疑の余地を残し、特定の党派的な立場を絶対化することなく、知的自立性に依拠して、包括的・全体的な視点から、重要な問題について検討する姿勢を生み出す。

現代に生きる我々は、過去の哲学者・思想家が提示した善き社会・善き政治秩序の構想が現実に移されたときの功罪を教訓とすることができる。偉大な精神の声に耳を傾けるということは、古代から現代に至る偉大な思想家たちの誤りも知るということであり、誤りを射程に入れた重要な問題に関する包括的な理解が、知恵と節度を分離しない態度を育てる。本来の意味で「リベラル」な政治哲学の実践的な役割と責任は、政治に対して幻想的な期待を抱くことなく、実践的問題に対する賢明な解決策を提示することにあり、シュトラウスにとって、リベラル・エデュケイションは、政治的現実と理想の狭間にあって、過去を省みる人間理性の機能を基盤として、現実を見据えながらも、なおも理想を失わず、現状を改善していく自立的態度を育成する。

リベラル・エデュケイションにおいて、偉大な精神たちの対話をつくりだすことによって、我々は、自分たちが重要な問題について思考する存在であること、対立や矛盾があれば、それを対話によって乗り越えようとする思考、意見から知識へと向かう知的探究が起こることを自覚する。シュトラウスにとってリベラル・エデュケイションは、善や正義の非知識性の主張および善き生、善き社会、善き政治秩序とは何かといった、重要な争点に対する思考停止、すなわち政治哲学の危機への対抗策であり、政治哲学の再生へと向かう教育であった。

これまで数多くの哲学者・思想家は、現実の国家間及び国内の紛争、テロリズム、民族対立や宗教対立の問題と対峙してきた。それでもなお、世界各地において数多くの紛争が続いている。ただ、世界において現実に繰り返されている紛争や対立を解決不可能なアポリアとして見るのか、それとも、そうした紛争や対立を前にしても怯むことなく、その根底にある問題を解き明かし、粘り強い強靭な思考と対話によってなおも対立の解決の方途を探究するのか。シュトラウスは、現実の諸問題にいかに対峙するのかという切実な問題を我々に提起している。

現実の世界において繰り返される紛争や対立を解決不可能なアポリアとして見るか、それとも対立する者の間に存在する善き社会、善き政治秩序への志向をもとにして、解決可能なものとして見なすかは、紛争や対立に直面する者の思考による。

人類の歴史を振り返るとき、宗教、人種、民族、さらに思想・信条・価値観等の差異が、現実の抗争や紛争を巻き起こしてきたことは事実であろう。しかし、そうした差異が、ただちに敵対関係を生みだすわけではない。避けるべきは、現実に起こっている対立や紛争の原因を安易に宗教、人種、民族、思想・信条・価値観等の違いに求めることによって、解決しえない対立や紛争へと仕立ててしまうことである。そのように安易に仕立ててしまうことが、対立や紛争を緩和したり、解決したりしようとする努力を断念するアリバイとして利用されたり、また対立や紛争を解決しようとする思考そのものの停止を招くおそれがある。そこでは、対立や紛争を超えて、問いや問題を共有しつつ、平和と共存の道を探る方途が閉ざされるであろう。

本来の意味で「リベラル」な政治哲学は、現実に起こる紛争や対立を前にして、包括的かつ全体的な視点から、対立する当事者で共有する問いや問題を検討し、その問いや問題への解決策を提示することによって、善き政治秩序や善き社会の構築を目指す。そうした善き政治秩序や善き社会を構築するうえで、人々が持つ多様な意見や常識は重視されるべきものであった。確かにシュトラウスは、実際に今、生活世界に生きている人々の意見や常識をどのように取り入れていくのか、明確には示してはいない。しかし、シュトラウスが再生させようとした本来の意味で「リベラル」な政治哲学の現代的意義は、そのことによって、すべて色褪せることはない。とりわけ、戦争が人間生活に与える影響についての常識は、開戦か、戦争回避かといった重大な政治的選択肢について、責任ある判断を下す基盤を提供する。シュトラウスが提示する本来の意味で「リベラル」な政治哲学は、そうした「人間が常に知っているような、社会的実在の包括的分析[8]」に基づくことによって、重大な政治的選択肢間の対立、論争を解決に導くことを可能とする。

常識は、確かに論証できない不確かさというものを含んでいる。しかし、学問の客観性を追求するあまり、そうした生活世界に根差す豊かな価値的な知識そのものをすべて排除することによって、本来の意味で「リベラル」な政治哲学が政治に対して担う責任は果たせない。人々の意見や常識を取り入れる方法は、それぞれの時代、場所において多様であり、それぞれの状況に応じて確立するしかないともいえよう。そして、善き社会に向けた対話や議論のなかで、一般市民も含めた人々の相互の信頼関係を構築していくことが、シュトラウスが抱えている課題を克服していくことにつながる。

さらに究極的な対立が存在するからといって、その究極的な対立の存在は、すべての対立を人間理性が解決しえないことを証明するものではなく、本来の意味で「リベラル」な政治哲学の存在と役割を否定するものではなかった。

その究極的な対立の一つとして、シュトラウスが生涯にわたって取り組んできた問題が、イェルサレムとアテナイの対立である。イェルサレムとアテナイについて、それらを調和させたり、総合したりするあらゆる試みにおいて、それぞれの対立する二つの要素は、犠牲にされる[9]。この二つの陣営は、両方とも、相手方の陣営を完全に論破することに成功していない。それは、矛盾のない社会を構築しえないことを象徴するものであり、理性によって解決しえない対立であった。

ただ、シュトラウスの指摘のなかで注目すべきことは、イェルサレムとアテナイの間には、対立する部分だけでなく、一致している部分があったことである。イェルサレムとアテナイの二つの伝統は、道徳を補い、完成させるものについて、そして道徳の基礎について一致していないとしても、道徳の重要性に関して、また道徳の内容について、さらにはそうした道徳が実際には、決定的に不足していると見る点で一致していた[10]。

その一致している部分を前提として、啓示の存在は、理性による善の知識の探求を阻害するものではない。アテナイは、イェルサレムからの挑戦を受けつつも、自らの力によって善の知識、すなわち善き生や善き社会を探求することができる。そして何よりもイェルサレムとアテナイは、道徳が実際には、決定的に不足していると見る点でも一致しているのであり、人間の社会において道徳が不足している以上、その二つの陣営には、より善き社会に向けたさらなる努力が要請されているともいえよう。

「善き社会に関する様々なパースペクティブ」という論文の冒頭において、シュトラウスは、善き社会への視点と善き社会の構築に向けた努力こそが、宗教や学問的見地の違いを超えた共通の基盤となりうることを示唆していた[11]。善き社会への関心と善き社会をつくり、善き社会を守るという努力が、研究者や宗教者、さらに宗派の違いを超えた対話を創出する基盤であった。

そうした基盤は、規範論的政治学と実証主義的政治学、さらには、人文科学、社会科学、自然科学がそれぞれの枠組みを超えて、またさらに、研究者と市民という枠組みを超えて、善き社会へ向けた対話を創出する基盤ともなりうる。それが、さらに多様化が進行する現代において、多様な宗教、民族、人種、思想・信条・価値観等の違いを超えて、平和を構築し、共存していく道を拓いていくであろう。その先導役となるのは、権威に追従せず、自立的な理性のもとに、善き社会や善き政治秩序を問う本来の意味で「リベラル」な政治哲学である。

そうした役割を担う学問的営為が政治的決定を判定する基準や善き政治秩序や善き社会の探求を止めるならば、我々の政治秩序や社会は現状よりもさらに悪化の一途をたどるであろう。我々は完全に矛盾のない社会を構築できないとしても、善き政治秩序、善き社会を問う責任を放棄することはできない。紛争や問題を解決しえず、まったく矛盾のない社会を形成しえないとして、問題を前に思考を停止し、問題の解決を決断に委ねるならば、我々は一か八かの危険極まりない結果を期待するしかない。それは、結果を運や偶然に委ねる節度なき方策である。

善き政治秩序や善き社会に向けた知的探求は、さらに多様な見解の相違を生み、ときに見解の矛盾を惹き起こす。またそれは現実問題に対する迂遠ともいえるような、遠く先の見えない探求であるかもしれない。しかし、善き政治秩序とは何か、善き社会とは何かといった重要な問題をめぐる見解の相違や矛盾が、さらに議論や対話を惹起させ、現状の問題に対する冷静な分析を生み、急進的で偏狭な解決策ではなく、実践的で有効な解決策に至るための出発点となる。本来の意味で「リベラル」な政治哲学は、政治的なものと道徳的なもの、古代と近代、イェルサレムとアテナイの間の緊張と相違のなかで、さらには、宗教者や市民との対話や議論を可能とする開かれた基盤の上で、善き政治秩序や善き社会の構想をより包括的に議論し、その構想を洗練させていく重要な役割を担っている。

［主要参考文献略記表］

主要な参考文献については、次のような略記を用いている。
なお訳文には、邦訳から適宜変更している箇所がある。

（1）レオ・シュトラウスの著作

AC：„Anmerkungen zu Carl Schmitt, Der Begriff des Politischen“.「カール・シュミット『政治的なものの概念』への注解」添谷育志・谷喬夫・飯島昇藏訳『ホッブズの政治学』（みすず書房、一九九〇年）所収。また、栗原隆・滝口清栄訳『シュミットとシュトラウス――政治神学と政治哲学との対話』（法政大学出版局、りぶらりあ選書、一九九三年）にも、邦訳の「カール・シュミット『政治的なものの概念』への注解」が収録されている。本書の【注】における „Anmerkungen zu Carl Schmitt, Der Begriff des Politischen“ の邦訳の箇所は、添谷育志・谷喬夫・飯島昇藏訳『ホッブズの政治学』（みすず書房、一九九〇年）のページ番号で示している。

CM：*The City and Man*（Chicago, London: The University of Chicago Press, 1964）. 石崎嘉彦・飯島昇藏・小高康照・近藤和貴・佐々木潤訳『都市と人間』（法政大学出版局、二〇一五年）。

CP：“The Crisis of Political Philosophy”, in Harold J. Spaeth（ed.）, *The Predicament of Modern Politics*（Detroit: University of Detroit Press, 1964）. 國分功一郎訳「政治哲学の危機」『思想』二〇〇八年第一〇号（レオ・シュトラウスの思想）（岩波書店、二〇〇八年）所収。

CT：“The Crisis of Our Time”, in Harold J. Spaeth（ed.）, *The Predicament of Modern Politics*（Detroit: University of Detroit Press, 1964）. 國分功一郎訳「現代の危機」『思想』二〇〇八年第一〇号（レオ・シュトラウスの思想）（岩波書店、二〇〇八年）所収。

DB：„Drei Briefe an Carl Schmitt“. レオ・シュトラウス「カール・シュミット宛の三通の書簡」栗原隆・滝口清栄訳『シュミッ

トとシュトラウス――政治神学と政治哲学との対話』（法政大学出版局、りぶらりあ選書、一九九三年）所収。なお、書簡はⅠ・Ⅱ・Ⅲの三通があり、注の引用箇所では、それぞれの該当する書簡のローマ数字を記載している。

LAM：*Liberalism Ancient and Modern* (Chicago, London: The University of Chicago Press, 1968). 石崎嘉彦・飯島昇藏 訳者代表『リベラリズム　古代と近代』（ナカニシヤ出版、二〇〇六年）。

NRH：*Natural Right and History* (Chicago, London: The University of Chicago Press, 1953). 塚崎智・石崎嘉彦訳『自然権と歴史』（ちくま学芸文庫、二〇一三年）。

OT：*On Tyranny: Revised and Expanded Edition Including the Strauss-Kojève Correspondence*, edited by Victor Gourevitch and Michael S. Roth (Chicago, London: The University of Chicago Press, 2000). 石崎嘉彦・面一也・飯島昇藏訳『僭主政治について〈上〉』（現代思潮新社、二〇〇六年）、石崎嘉彦・飯島昇藏・金田耕一訳『僭主政治について〈下〉』（現代思潮新社、二〇〇七年）。

PAW：*Persecution and the Art of Writing* (Chicago, London: The University of Chicago Press, [1952] 1988). 本書第二章の翻訳は、石崎嘉彦訳「迫害と著述の技法」『現代思想』第二四巻第一四号（青土社、一九九六年）所収。

PPW：*Hobbes' politische Wissenschaft in ihrer Genesis*, in *Gesammelte Schriften Band 3: Hobbes' politische Wissenschaft und zugehörige Schriften-Briefe*, herausgegeben von Heinrich Meier (Stuttgart, Weimar: Verlag J. B. Metzler, 1997). 添谷育志・谷喬夫・飯島昇藏訳『ホッブズの政治学』（みすず書房、一九九〇年）。

RCPR：*The Rebirth of Classical Political Rationalism — An Introduction to the Thought of Leo Strauss* (Chicago, London: The University of Chicago Press, 1989). 石崎嘉彦監訳『古典的政治的合理主義の再生――レオ・シュトラウス思想入門』（ナカニシヤ出版、一九九六年）。

SPPP：*Studies in Platonic Political Philosophy* (Chicago, London: The University of Chicago Press, 1983).

TWM："The three Waves of Modernity", in Hilail Gildin (ed.), *An Introduction to Political Philosophy Ten Essays by Leo Strauss* (Detroit: Wayne State University Press, 1989). 富沢克訳「レオ・シュトラウス「近代性の三つの波」」『同志社法学』第四三巻第一号（一九九一年）。

WIPP：*What is Political Philosophy and Other Studies* (Chicago, London: The University of Chicago Press, [1959] 1988). 飯島昇藏・石崎嘉彦・近藤和貴・中金聡・西永亮・高田宏史訳『政治哲学とは何であるのか？とその他の諸研究』（早稲田大学出

版部、二〇一四年)。

WWR：“Why We Remain Jews: Can Jewish Faith and History Still Speak to us ?”, in Kenneth L. Deutsch and Walter Nicgorski (eds.), *Leo Strauss: Political Philosopher and Jewish Thinker*（Lanham: Roman & Littlefield Publishers, 1994）.

（2）カール・シュミットの著作

BP：*Der Begriff des Politischen Text von 1932 mit einem Vorwort und drei Corollarien*（Berlin: Duncker & Humblot, 1963）. 田中浩・原田武雄訳『政治的なものの概念』（未來社、一九七〇年）。

（3）マックス・ウェーバーの著作

OE：„Die »Objektivität« sozialwissenschaftlicher und sozialpolitischer Erkenntnis“. 富永祐治・立野保男訳、折原浩補訳『社会科学と社会政策にかかわる認識の「客観性」』（岩波文庫、一九九八年）。

PB：„Politik als Beruf“. 脇圭平訳『職業としての政治』（岩波文庫、一九八〇年）。

PRD：„Parlament und Regierung im neugeordeneten Deutschland“. 中村貞二・山田高生訳「新秩序ドイツの議会と政府」『ウェーバー　政治・社会論集』（河出書房新社、一九六五年）所収。

PS：*Gesammelte Politische Schriften*（*Dritte, erneut vermehrte Auflage*）, herausgegeben von Johannes Winckelmann（Tübingen: J. C. B. Mohr, 1971）. 中村貞二・山田高生・林道義・嘉目克彦訳『政治論集　1』（みすず書房、一九八二年）および中村貞二・山田高生・脇圭平・嘉目克彦訳『政治論集　2』（一九八二年）。

SWS：„Der Sinn der »Wertfreiheit« der soziologischen und ökonomischen Wissenschaften“. 木本幸造監訳『社会学・経済学における「価値自由」の意味』（日本評論社、一九七二年）。

WB：„Wissenschaft als Beruf“. 尾高邦雄訳『職業としての学問』（岩波文庫、一九三六年）。

WDD：„Wahlrecht und Demokratie in Deutschland“. 山田高生訳「ドイツにおける選挙法と民主主義」『政治論集　1』（みすず書房、一九八二年）所収。

WL：*Gesammelte Aufsätze zur Wissenschaftslehre*, herausgegeben von Johannes Winckelmann（Tübingen: J. C. B. Mohr, 1968）.

（4）エトムント・フッサールの著作

KWP：*Die Krisis der europäischen Wissenschaften und die transzendentale Phänomenologie*（Haag: Martinus Nijhoff, 1954）. 細谷恒夫・木田元訳『ヨーロッパ諸学の危機と超越論的現象学』（中央公論社、一九九五年）。

（5）その他の頻出文献

CL：Heinrich Meier, *Carl Schmitt, Leo Strauss und »Der Begriff des Politischen« zu einem Dialog unter Abwesenden Mit Leo Strauss' Aufsatz über den »Begriff des Politischen« und drei unveröffentlichten Briefen an Carl Schmitt aus den Jahren 1932/33*（Stuttgart: Verlag J. B. Metzler, 1988）. 栗原隆・滝口清栄訳『シュミットとシュトラウス――政治神学と政治哲学との対話』（法政大学出版局、りぶらりあ選書、一九九三年）。

LPJ：Kenneth L. Deutsch and Walter Nicgorski（eds.）, *Leo Strauss Political Philosopher and Jewish Thinker*（Lanham: Roman & Littlefield Publishers, 1994）.

【注】

引用箇所の訳文には、邦訳から適宜変更している箇所がある。本書の引用文にある傍点は、原著に従って付している。なお翻訳する際、すでに邦訳がある箇所については、邦訳を参考にさせていただいた。この場を借りて、翻訳者の方々に御礼申し上げる。

［序章］

（1）*RCPR*, p. 239. 邦訳三〇七頁。
（2）*Ibid.*, pp. 239, 241. 邦訳三〇七、三一〇頁。
（3）*Ibid.*, p. 41. 邦訳八五頁。
（4）*Ibid.*, p. 241. 邦訳三一〇頁。
（5）*PPW*, S. 9. 邦訳XV頁。
（6）*RCPR*, pp. 32, 239. 邦訳七六、三〇七頁。
（7）*LAM*, p. 22. 邦訳三四―三五頁。
（8）J・G・ガネル（中谷義和訳）『アメリカ政治理論の系譜』（ミネルヴァ書房、二〇〇一年）、三四五―三四九頁参照。
（9）TWM, p. 82. 邦訳一六七頁。
（10）本書では、シュトラウスの著作における「political things」という言葉について、シュトラウスが政治に関わる多様な事柄の存在を示した概念と解釈し、「political things」を「政治的な事柄」と訳している。一方で、シュトラウスの著作における「the political」という言葉については、シュトラウスが「political things」に見られる共通の性質を示した概念であると解釈している。それゆえ、本書では、シュトラウスの著作における「the political」を「政治的なもの」と訳している。
以上のように、本書では、シュトラウスが「political things」と明示している部分を「政治的事柄」と訳し、「the political」と明示している部分については、「政治的なもの」と訳しているが、シュトラウスの政治に対する姿勢や理解の特徴について本書の著者が論じる際は、政治的な事柄に見られる共通の性質を示す概念として「政治的なもの」という言葉を用いている。
（11）*WIPP*, p. 12. 邦訳四頁。
（12）*NRH*, p. 35. 邦訳六二頁。

(13)「非知識性」という言葉については、本書で後に言及する藤沢令夫（1925-2004）の『ギリシア哲学と現代――世界観のありかた』（岩波新書、一九八〇年）における記述を参考にしている。

(14) Eugene F. Miller, "Leo Strauss: Philosophy and American Social Science", in Kenneth L. Deutsch, and John A. Murley (eds.), *Leo Strauss, the Straussians, and the American Regime* (Lanham: Roman & Littlefield Publishers, 1999). Shadia B. Durury, *The Political Ideas of Leo Strauss, Updated Edition* (New York: Palgrave Macmillan, 2005).

(15) AC, in CL, S. 110. 邦訳二二一頁。

(16) SWS, in WL, S. 499. 邦訳三九頁。

(17) 富沢克「レオ・シュトラウスと近代性の危機――自由主義的理性批判序説（1）」『同志社法学』第三九巻第三・四号（一九八七年）所収、三九〇頁参照。

(18) Neil G. Robertson""The Second Cave": Leo Strauss and the Possibility of Education in the Contemporary World", in J. G. York and Michael A. Peters (eds.), *Leo Strauss, Education, and Political Thought* (Madison, Teaneck: Fairleigh Dickinson University Press, 2011), p. 34.

(19) *LAM*, p. 203. 邦訳二一〇頁。

(20) *Ibid.*, p. 220. 邦訳二三八頁。

(21) シュトラウスの社会科学論について取り上げた研究として、すでに言及したミラーの研究、Eugene F. Miller, "Leo Strauss: Philosophy and American Social Science", in Kenneth L. Deutsch, and John A. Murley (eds.), *Leo Strauss, the Straussians, and the American Regime* (Lanham: Roman & Littlefield Publishers,1999) の他に次のような研究がある。John G. Gunnell, "Political Theory and Politics: The Case of Leo Strauss and Liberal Democracy", in Kenneth L. Deutsch and Walter Soffer (eds.), *The Crisis of Liberal Democracy A Straussian Perspective* (Albany: State University of New York Press, 1987). Nasser Behnegar, *Leo Strauss, Max Weber, and the Scientific Study of Politics* (Chicago, London: The University of Chicago Press, 2003). Nasser Behnegar, "Strauss and Social Science", in Steven B. Smith (ed.), *The Cambridge Companion to Leo Strauss* (New York: Cambridge University Press, 2009).

　日本の研究として、土橋貴「近代批判の一つの形――レオ・シュトラウスの『政治哲学とは何か』を読みながら」『中央学院大学法学論叢』第一七巻第一・二号（二〇〇四年）所収。さらに、シュトラウスの政治哲学を倫理学的観点から解明した研究として石崎嘉彦『倫理学としての政治哲学――ひとつのレオ・シュトラウス政治哲学論』（ナカニシヤ出版、二〇〇九年）およびヘーゲルの弁証法との関連でシュトラウスを論じた研究として、石崎嘉彦『政治哲学と対話の弁証法――ヘーゲルとレオ・シュトラウス』（晃洋書房、二〇一三年）がある。ただそれらの研究では、シュトラウスの限界とともに、「zetetic」な学問的探求の姿勢が持つ意味について十分に解明されていない。

［第一章］

（1）Cf. Nathan Tarcov and Thomas L. Pangle, "EPILOGUE: Leo Strauss and the History of Political Philosophy", in Leo Strauss and Joseph Cropsey（eds.）, *History of Political Philosophy*（*Third Edition*）（Chicago, London: The University of Chicago Press, 1987）, p. 907. Ted V. McAllister, *Revolt against Modernity ― Leo Strauss, Eric Voegelin, and the Search for a Postliberal Order*（Lawrence: University Press of Kansas, 1995）, pp. 24-33. Allan Bloom, "Leo Strauss: September 20, 1899-October 18, 1973", in Allan Bloom, *Giants and Dwarfs: Essays 1960-1990*（New York: Simon and Schuster, 1990）.

（2）ここでポグロムとは、一九世紀後半から二〇世紀初頭にかけて、ロシアを中心に発生したユダヤ人に対する虐殺・迫害のことを指す。

（3）WWR, in *LPJ*, p. 44.

（4）Leo Strauss, "German Nihilism", in *Interpretation a Journal of Political Philosophy*（Queens College, Spring 1999, Volume 26, Number 3）, p. 359. 邦訳は、國分功一郎訳「ドイツのニヒリズムについて――一九四一年二月二六日発表の講演」『思想』二〇〇八年第一〇号（レオ・シュトラウスの思想）（岩波書店、二〇〇八年）所収、二五二頁。括弧内の語は引用者が補った。

（5）シュトラウスが言及するユダヤ人問題は神学的な問題、文化的な問題を含むが、ここではユダヤ人問題をユダヤ人に対する迫害、差別の問題として、シュトラウスが政治体制とユダヤ人問題とをどのように関連づけて論じているのか、を明らかにしていきたい。

（6）「『スピノザの宗教批判』への序文」は、当初、E. M. Sinclair（trans.）, *Spinoza's Critique of Religion*（New York: Schocken Books, 1965）の序文として掲載された。この序文は、*Liberalism Ancient and Modern*（Chicago, London: The University of Chicago Press, 1968）に再録されており、再録の際に多くの修正がなされている。

本書は、*Liberalism Ancient and Modern*（Chicago, London: The University of Chicago Press, 1968）に再録された「『スピ

ノザの宗教批判」への序文」（Preface to Spinoza's Critique of Religion）をもとに議論を進める。なお翻訳の際、高木久夫訳「『スピノザの宗教批判』英語版への序文」『スピノザーナ――スピノザ協会年報』第一号（一九九九年）所収、と石崎嘉彦・飯島昇藏 訳者代表『リベラリズム　古代と近代』（ナカニシヤ出版、二〇〇六年）の第九章「『スピノザの宗教批判』への序言」（西永亮訳）を参照した。

なお高木久夫氏の訳は、E. M. Sinclair（trans.）, *Spinoza's Critique of Religion*（New York: Schocken Books, 1965）を底本とし、*Liberalism Ancient and Modern*（Chicago, London: The University of Chicago Press, 1968）に再録された「Preface to Spinoza's Critique of Religion」と*Gesammelte Schriften Band 1: Die Religionskritik als Spinozas und zugehörige Schriften*, herausgegeben von Heinrich Meier（Stuttgart, Weimar: Verlag J. B. Metzler, 1996）に収録されているWiebke Meierの独訳を一部参照している〔『スピノザーナ――スピノザ協会年報』第一号（一九九九年）、一〇五頁参照〕。

本書の【注】における「『スピノザの宗教批判』への序文」の邦訳の箇所は、『リベラリズム　古代と近代』（ナカニシヤ出版、二〇〇六年）のページ番号を示している。

（7）*LAM*, p. 227. 邦訳三五〇頁。

（8）なお塚崎智・石崎嘉彦訳『自然権と歴史』（ちくま学芸文庫、二〇一三年）では、「自然権」の訳語のほかに、適宜、「自然的正」という訳語が用いられている。

本書では、主として古代の「natural right」を「自然的正義」と訳した。それは後述するように、古代の「natural right」の議論が、「正義とは何か」という問いと密接に関連していること、まさに正義への問いが、「natural right」の議論の端緒となっているからである。

一方で、近代の「natural right」は、権利という意味が強いため、主に「自然権」と訳して議論を展開する。またシュトラウスが「natural right」について古代と近代の区別なく言及していると思われる箇所については「自然権」と訳した。

（9）*NRH*, p. 166. 邦訳二一九頁。

（10）*Ibid.*, pp. 180-181. 邦訳二四六―二四七頁。

（11）*Ibid.*, p. 181. 邦訳二四七頁。

（12）*Ibid.*, pp. 181-182. 邦訳二四八頁。

（13）Leo Strauss, *Political Philosophy of Hobbes — Its Basis and Genesis*, translated from the German Manuscript by Elsa M.

Sinclair (Chicago, London: The University of Chicago Press, 1952), p. viii. この部分（英語版に付された序言）の邦訳は、添谷育志・谷喬夫・飯島昇藏訳『ホッブズの政治学』（みすず書房、一九九〇年）、iii—iv頁。

(14) *NRH*, p. 182. 邦訳二四九頁。

(15) *Ibid.*, p. 165. 邦訳二二七頁。

(16) *Ibid.*, p. 226. 邦訳二九七頁。

(17) *CM*, p. 31. 邦訳六九—七〇頁。

(18) *Ibid.*, pp. 31-32. 邦訳七〇頁。

(19) *LAM*, p. 225. 邦訳三四八頁。

(20) *Ibid.*, p. 228. 邦訳三五〇—三五一頁。

(21) *Ibid.* 邦訳三五一頁。

(22) Cf. *ibid.*, p. 228. 邦訳三五一頁。

(23) *Ibid.*, p. 226. 邦訳三四八頁。

(24) *Ibid.*, p. 228. 邦訳三五二頁。ユダヤ人に対する法的平等が実現されたところでさえ、法的な平等は、かえって持続される社会的不平等を強力に際立たせるだけであったとシュトラウスは指摘している〔*RCPR*, p. 232. 邦訳二九九頁〕。

(25) *LAM*, p. 230. 邦訳三五四頁。

(26) *Ibid.* 邦訳同上。

(27) *Ibid.* 邦訳三五四—三五五頁。ただし、現代のリベラルな国家は、いわゆるアファーマティブ・アクション等によって、女性やその他のマイノリティに対して、積極的な差別是正措置をとることがある。ここでは、シュトラウスが指摘する、ワイマール体制当時のリベラリズムの限界について明らかにすることを目的として議論を展開する。

(28) *Ibid.* 邦訳同上。

(29) *Ibid.* 邦訳同上。

(30) *Ibid.* 邦訳同上。

(31) *Ibid*, pp. 230-231. 邦訳三五五頁。

(32) *Ibid.*, p. 226. 邦訳三四八頁。

(33) *CM*, p. 48. 邦訳九二頁。

(34) モーリス・クランストン (Maurice Cranston, 1920-1993) は、次のようにワイマール共和国のリベラリズムについて分析している。つまり、ワイマール共和国においてドイツのリベラリズムは政治的な自由放任主義の純粋理論を確立しようとした。イギリスにおいて、政治的自由放任主義に関する理論は、自己規律に対する深い確信によって常にほどよく調整される。それゆえイギリスの多くの自由主義者には、ワイマール共和国はあまりにも寛容で、道徳的に脆弱に見えたという。そして一九三三年のさまざまな出来事は、彼らの危惧が十分根拠のあるものであったことを証明したのである〔Maurice Cranston, *Freedom: A New Analysis Third Edition* (London: Longmans, 1967), p. 69. 邦訳は、小松茂夫訳『自由——哲学的分析』(岩波新書、一九七六年)、七三—一〇六頁参照〕。

(35) *CL*, S. 17. 邦訳一〇頁。DB I・III, in *CL*, S. 131, 134. 邦訳一六五—一六六、一七〇頁。

(36) マイアーの研究書の*CL*以外にシュトラウスとシュミットの関係に焦点をあてた研究として、次のような研究がある。John G. Gunnell, "Strauss Before Straussianism: Reason, Revelation, and Nature", in *LPJ*. Susan Shell, "Taking Evil Seriously: Schmitt's "Concept of the Political" and Strauss's "True Politics"", in *LPJ*. Jianhong Chen, "On Leo Strauss's Change of Orientation in Relation to Carl Schmitt", in Tony Burns, James Connelly (eds.), *The Legacy of Leo Strauss* (Charlottesville: Imprint Academic, 2010). Nasser Behnegar, "Carl Schmitt and Strauss's Return to Premodern Philosophy", in Martin D. Yaffe, Richard S. Ruderman (eds.), *Reorientation: Leo Strauss in the 1930s* (New York: Palgrave Macmillan, 2014). 竹島博之「カール・シュミットとレオ・シュトラウス——ホッブズをめぐって」『同志社法学』第五一巻第六号(二〇〇〇年)所収。小玉重夫「現代アメリカにおけるリベラリズム批判の分岐——ラディカル・デモクラシーとレオ・シュトラウスの場合」『東京大学教育学紀要』第三四巻(一九九四年)所収。

　マイアーは、シュミットの『政治的なものの概念』の第二版、そしてそれを受けてシュトラウスが発表した「カール・シュミット『政治的なものの概念』への注解」とシュミットの『政治的なものの概念』の第三版を綿密に分析し、両者の間に対話が成立していたことを検証している。そこからマイアーは、シュミットとシュトラウスの共通点および対立点を鋭く抉り出した。

　しかし、マイアーをはじめシュトラウスとシュミットの影響関係に焦点をあてた研究は、シュミットとシュトラウスの政治的なものに対する態度の違いについて、十分に議論を尽くしているとは言い難い。その違いを明確にするためには、「戦争と平和」をめぐるシュトラウスの議論と本来の意味で「リベラル」であることに対するシュトラウスの見解を綿密に分析する必要がある。本書では、「戦争と平和」をめぐるシュトラウスの議論と本来の意味で「リベラル」であることに対するシュトラウスの見解を綿密に分析することによって、シュトラウスとシュミットの政治的なものに対する態度の違いをより鮮明にする。

(37) *BP*, S. 26. 邦訳一四頁。
(38) Ebd., S. 26-27. 邦訳一五—一六頁。
(39) Ebd., S. 33. 邦訳二五—二六頁。
(40) Ebd. 邦訳同上。
(41) Ebd., S. 33-34. 邦訳二六—二七頁。
(42) Ebd., S. 35. 邦訳三〇頁。
(43) Ebd. 邦訳同上。
(44) Ebd. 邦訳同上。
(45) Ebd. 邦訳同上。
(46) Ebd., S. 37. 邦訳三三—三四頁。
(47) Ebd., S. 45. 邦訳四七頁。
(48) Vgl. ebd., S. 48. 邦訳五二頁参照。
(49) Vgl. ebd., S. 70. 邦訳九〇頁参照。
(50) Ebd. 邦訳九〇頁。
(51) Ebd., S. 71. 邦訳九二頁。
(52) Ebd., S. 34. 邦訳二七頁。
(53) Ebd., S. 69. 邦訳八八頁。
(54) Ebd., S. 36-37. 邦訳三二—三三頁。
(55) Ebd., S. 37. 邦訳三三頁。
(56) Ebd. 邦訳同上。

(57) Vgl. ebd., S. 77. 邦訳一〇一頁。
(58) Chantal Mouffe, *The Return of the Political* (London, New York: Verso, 1993), p. 123. 邦訳は、千葉眞・土井美徳・田中智彦・山田竜作訳『政治的なるものの再興』(日本経済評論社、一九九八年)、二四五頁。
(59) *Ibid.* 邦訳同上。
(60) *Ibid.*, p. 140. 邦訳二八三頁。
(61) *BP*, S. 37. 邦訳三三頁。
(62) Ebd., S. 38. 邦訳三五頁。
(63) Ebd., S. 34-35. 邦訳二七頁。
(64) Ebd., S. 50. 邦訳五五頁。
(65) AC, in *CL*, S. 110. 邦訳二二一頁。
(66) Ebd. 邦訳同上。
(67) Ebd. 邦訳同上。
(68) 戦争を否定しようとする平和主義者の努力が非暴力運動にとどまる場合、それは必ずしも非人道的な悲惨な結末をもたらすとはいえない。ただシュトラウスの指摘によれば、シュミットにとって政治的なものを除去しようとする努力が成功する見込みをもつのは、その努力が政治的になる場合だけである。つまりそうした努力が、「人間を友と敵に集団化するほど十分強力になる」場合、すなわち「非平和主義者に反対する平和主義者を戦争へと、つまり『戦争に反対する戦争』へと駆り立てることができる」場合だけである〔Vgl. ebd., S. 111-112. 邦訳二二三頁参照〕。
(69) *BP*, S. 64-65. 邦訳八〇—八一頁。
(70) Ebd., S. 36. 邦訳三一頁。
(71) AC, in *CL*, S. 110. 邦訳二二一頁。
(72) Ebd., S. 114. 邦訳二二五—二二六頁。
(73) *BP*, S. 58. 邦訳六八—六九頁。
(74) AC, in *CL*, S. 115. 邦訳二二七頁。
(75) Cf. Susan Shell, "Taking Evil Seriously: Schmitt's "Concept of the Political" and Strauss's "True Politics"", in *LPJ*, p. 188.

(76) DB II, in *CL*, S. 132-133. 邦訳一六七―一六九頁。

(77) AC, in *CL*, S. 118. 邦訳一三一頁。

(78) Cf. Susan Shell, *op. cit.*, p. 187.

(79) AC, in *CL*, S. 121. 邦訳一三五頁。ホッブズにとって戦争状態は個々人の戦争状態を意味するが、シュミットにとって戦争状態とは、諸集団、諸国民間の戦争状態である〔Vgl. ebd., S. 107. 邦訳一一七頁参照〕。

(80) Ebd., S. 106-107. 邦訳一一六―一一七頁。

(81) Ebd., S. 124. 邦訳一三九頁。また竹島博之、前掲論文、二一一頁参照。

(82) AC, in *CL*, S. 121. 邦訳一三五頁。Vgl. Carl Schmitt, „Das Zeitalter der Neutralisierungen und Entpolitisierungen", in *BP*, S. 93. 邦訳は、田中浩・原田武雄訳「中性化と非政治化の時代」田中浩・原田武雄訳『合法性と正当性』（未來社、一九八三年）所収、一六六頁参照。

(83) AC, in *CL*, S. 118. 邦訳一三一頁。

(84) Ebd., S. 112. 邦訳一二三頁。

(85) Ebd., S. 111. 邦訳一二二頁。

(86) Vgl. ebd., S. 119. 邦訳一三二頁参照。

(87) Ebd. 邦訳同上。

(88) Ebd., S. 122. 邦訳一三六頁。

(89) Ebd. 邦訳同上。

(90) Ebd. 邦訳一三六―一三七頁。

(91) Ebd., S. 122-123. 邦訳一三七頁。

(92) Ebd., S. 123. 邦訳同上。

(93) Ebd. 邦訳一三七―一三八頁。

(94) Vgl. ebd., S. 123, 125. 邦訳一三八、一四〇頁参照。

［第二章］

（1）*WIPP*, p. 10. 邦訳二頁。
（2）*Ibid.* 邦訳同上。
（3）*Ibid.* 邦訳同上。
（4）*Ibid.*, p. 11. 邦訳三頁。
（5）*Ibid.* 邦訳同上。
（6）*Ibid.*, pp. 11-12. 邦訳三―四頁。
（7）*Ibid.*, p. 12. 邦訳同上。
（8）*Ibid.* 邦訳同上。
（9）*Ibid.* 邦訳四頁。
（10）*BP*, S. 34. 邦訳二七頁。
（11）Ebd., S. 37. 邦訳三三頁。
（12）Ebd., S. 35. 邦訳三〇頁。
（13）*NRH*, p. 65. 邦訳一〇〇頁。
（14）*Ibid.* 邦訳同上。
（15）Karl Löwith, „Der Okkasionelle Dezisionismus von C. Schmitt", in *Karl Löwith Gesammelte Abhandlungen — Zur Kritik der geschichtlichen Existenz*（Stuttgart: W. Kohlhammer Verlag, 1960）, S. 110-111. 邦訳は、田中浩・原田武雄訳「カール・シュミットの機会原因論的決定主義」『政治神学』（未來社、一九七一年）所収、一二七―一二八頁。なおここで「敵の敵となる」というのは、敵同士になるという意味である。
（16）*NRH*, p. 65. 邦訳一〇〇頁。
（17）AC, in *CL*, S. 121. 邦訳一三四頁。
（18）Ebd. 邦訳一三四―一三五頁。
（19）Ebd., S. 120. 邦訳一三四頁。
（20）*WIPP*, p. 10. 邦訳二頁。
（21）*NRH*, p. 71. 邦訳一〇六頁。

(22) *Ibid.*, pp. 35-36. 邦訳六二頁。
(23) *CM*, p. 9. 邦訳三九頁。
(24) *WIPP*, p. 27. 邦訳一九―二〇頁。
(25) *RCPR*, pp. 49-51. 邦訳九四―九六頁。
(26) *Ibid.*, p. 51. 邦訳九六―九七頁。
(27) *Ibid.* 邦訳九七頁。
(28) *Ibid.*, p. 59. 邦訳一〇六頁。
(29) *Ibid.*, p. 51. 邦訳九七頁。
(30) *Ibid.*, p. 54. 邦訳九九―一〇〇頁。
(31) *Ibid.* 邦訳一〇〇頁。
(32) Cf. *ibid.*, p. 50. 邦訳九五頁。
(33) *NRH*, p. 156. 邦訳二二四頁。
(34) Plato, *Republic*, Edith Hamilton and Huntington Cairns (ed.), Paul Shorey (trans.), *The Collected Dialogues of Plato including the Letters* (New Jersey: Princeton University Press, 1961), p. 584.
(35) 本書では、飯島昇藏の論稿をもとに、「city」を「都市国家」と訳さずに、「都市」と訳している。飯島によると、古典的政治哲学では、今日的な意味での「国家」という概念を欠いていた。そして「国家」と「社会」の区別も古典的政治哲学においては、疎遠なものであり、「都市」概念は、国家と社会の区分に〔時間的に〕先立っていたと指摘している。飯島は、市民の理解の水準では、「都市」の近代的相当物は、「国」であると述べる。なぜなら、ある人間が「国が危機の中にある」と言うとき、彼もまた国家と社会の区別をまだしていないからであるという〔飯島昇藏「グローバリゼーションは哲学の「普遍化」に寄与しうるか？――レオ・シュトラウスを導きにして」『アルケー――関西哲学会年報』（No. 22、二〇一四年）所収、八―九頁〕。ただし、本書ではシュトラウスが古典的政治哲学の文脈で用いている「world-state」については、「世界国家」と訳している。またプラトンの対話編『国家』については、広く知られている『国家』という題名を用いた。
(36) *CM*, p. 73. 邦訳一二八―一二九頁。ポレマルコスという名前には、戦争指導者という意味が込められている〔磯部隆『ギリシア政治思想史』（北樹出版、一九九七年）、七七頁参照〕。

(37) Plato, *op. cit.*, p. 585. Cf. *NRH*, p. 149. 邦訳二〇六頁参照。
(38) *NRH*, p. 149. 邦訳二〇六頁。磯部隆、前掲書、七八頁参照。
(39) *NRH*, p. 149. 邦訳二〇六―二〇七頁。
(40) *Ibid.*, p. 150 (footnote 24). 邦訳四三五頁(注24)。
(41) *Ibid.*, p. 149. 邦訳二〇七頁。
(42) Cf. *ibid.* 邦訳同上。
(43) *Ibid.*, pp. 149-150. 邦訳二〇七頁。
(44) *Ibid.*, p. 151. 邦訳二〇七―二〇八頁。
(45) Cf. *LAM*, p. x. 邦訳viii―ix頁。
(46) *NRH*, pp. 130-132. 邦訳一八三―一八四頁。Cf. Plato, *op. cit.*, p. 665. Cf. Aristotle, *Politica*, in Benjamin Jowett (trans.), W. D. Ross (ed.), *The Works of Aristotle Volume X* (Oxford: Oxford University Press, 1921), 1326a5-1326b25.
(47) Cf. *SPPP*, p. 138.
(48) *NRH*, p. 144. 邦訳一九九―二〇〇頁。
(49) Plato, *op. cit.*, p. 683.
(50) *Ibid.*, p. 687. Cf. *SPPP*, p. 138.
(51) *SPPP*, p. 139.
(52) *NRH*, p. 127. 邦訳一七九頁。
(53) Cf. *SPPP*, p. 139.
(54) Cf. *NRH*, pp. 132-134. 邦訳一八六―一八八頁参照。
(55) *Ibid.*, p. 140. 邦訳一九六頁。
(56) *SPPP*, p. 139.
(57) *NRH*, pp. 140-141. 邦訳一九五―一九六頁。Cf. *SPPP*, p. 139.
(58) *NRH*, p. 141. 邦訳一九六頁。
(59) *RCPR*, pp. 160-161. 邦訳二三〇―二三一頁。

(60) *NRH*, pp. 140-141. 邦訳一九五—一九六頁。Cf. *SPPP*, p. 139. なおシュトラウスは、最善の体制は自然に従っているがゆえに、望ましいものでありかつ可能なものである（possible）とも指摘している〔*NRH*, p. 139. 邦訳一九四頁〕。しかし、この可能であるというのは、その実現のために、人間の自然において奇跡的な変化を必要としないという意味で、可能であるということである。最善の体制が可能であるとしても、シュトラウス自身が指摘しているように、それを実際に実現することは現実には、不可能であるか、少なくとも極めてありえない（improbable）ことであった〔*SPPP*, p. 139〕。

(61) *CM*, p. 138. 邦訳二三三頁。

(62) Cf. *RCPR*, pp. 159, 162. 邦訳二二〇、二二三頁。

(63) *CM*, p. 73. 邦訳一二八—一二九頁。

(64) *SPPP*, p. 167.

(65) Cf. Hannah Arendt, *The Human Condition* (Chicago, London: The University of Chicago Press, 1958), pp. 227-228. 邦訳は、志水速雄訳『人間の条件』（ちくま学芸文庫、一九九四年）、三五七—三五八頁。

(66) *RCPR*, p. 162. 邦訳二二三頁。

(67) *Ibid*., p. 133. 邦訳一九二頁。

(68) Cf. *ibid*. p. 162. 邦訳二二三頁参照。

(69) Cf. *ibid*. p. 159. 邦訳二二〇頁参照。

(70) *WIPP*, p. 28. 邦訳二〇頁。

(71) *Ibid*., p. 32. 邦訳二四頁。

(72) *LAM*, p. x, 29. 邦訳ⅷ、四三頁。

(73) *NRH*, p. 124. 邦訳一七五頁。

(74) *Ibid*. 邦訳同上。

(75) *PPW*, S. 163-164. 邦訳一七六頁。

(76) Cf. Plato, *op. cit*., pp. 740-741. Cf. *RCPR*, p. 194. 邦訳二五六頁参照。

(77) *RCPR*, p. 98. 邦訳一五五頁。

(78) *Ibid*., p. 162. 邦訳二二二頁。

(79) Cf. *NRH*, p. 134. 邦訳一八七―一八八頁参照。
(80) *LAM*, p. x. 邦訳viii頁。
(81) *Ibid*., p. ix. 邦訳同上。
(82) *Ibid*., pp. 28-29. 邦訳四三頁。
(83) *NRH*, p. 92. 邦訳一三四頁。
(84) *Ibid*. 邦訳同上。
(85) *Ibid*. 邦訳一三三―一三四頁。
(86) *Ibid*., p. 127. 邦訳一七九頁。
(87) *Ibid*., pp. 129-130. 邦訳一八一―一八二頁。
(88) *Ibid*., p. 134. 邦訳一八七―一八八頁。
(89) *Ibid*. 邦訳一八八頁。
(90) *LAM*, p. 13. 邦訳二〇―二二頁。
(91) *NRH*, pp. 140-141. 邦訳一九五―一九六頁。 Cf. *SPPP*, p. 139.
(92) *NRH*, p. 15. 邦訳三三頁。
(93) Cf. *ibid*., p. 191. 邦訳二五八頁参照。 Cf. *WIPP*, p. 132. 邦訳一三四頁参照。 Cf. *RCPR*, pp. 56-57. 邦訳一〇三頁参照。
(94) *RCPR*, pp. 145-146. 邦訳二〇五―二〇六頁。
(95) *NRH*, p. 142. 邦訳一九七頁。
(96) *Ibid*., pp. 142-143. 邦訳一九八頁。
(97) AC, in *CL*, S. 102. 邦訳二一一頁。 Vgl. *BP*, S. 21. 邦訳四頁参照。
(98) *NRH*, p. 162. 邦訳二二二頁。 Cf. Susan Shell, *op. cit*., p. 188.
(99) *RCPR*, p. 58. 邦訳一〇四頁。
(100) DB II, in *CL*, S. 133. 邦訳一六八―一六九頁。
(101) *RCPR*, p. 147. 邦訳二〇八頁。
(102) DB II, in *CL*, S. 133. 邦訳一六九頁。

(103) Vgl. *BP*, S. 48. 邦訳五二頁参照。

(104) DB II, in *CL*, S. 133. 邦訳一六九頁。

(105) シュトラウスは、節度が古代ギリシャの歴史家トゥキュディデスによっても重視されており、その道徳的な意味は、プラトンといった古典的政治哲学者と共有されていたものであることを指摘している。そして、節度が戦争を回避し、平和を希求するものであったことを明らかにしている。

それによると、健全な都市は、節度の徳(the virtue of moderation)を最も高く評価するのに対して、不健全な都市は、大胆不敵さ、いわゆる男らしさに心を奪われ、節度よりも、それらを好む。節度は、平和と同類であり、大胆不敵さや男らしさは、戦争に属する。こうしたトゥキュディデスの道徳的な嗜好は、プラトンの道徳的嗜好と一致しており、あらゆる賢者さらには、近代に先立つあらゆる偉大な思想家たちの道徳的嗜好とも一致しているという〔*RCPR*, p. 86. 邦訳一四〇—一四一頁〕。

[第三章]

(1) *NRH*, p. 36. 邦訳六三頁。

(2) シュトラウスの議論をウェーバーの議論と比較して考察した代表的な研究として、N・ベーネガーの *Leo Strauss, Max Weber, and the Scientific Study of Politics* (Chicago, London: The University of Chicago Press, 2003) がある。

ベーネガーは、価値の対立は解決しえないとしたウェーバーに対するシュトラウスの批判をとりあげ、適切な政治的判断を発見する政治学の在り方を模索している。それは政治学および政治学者は何を念頭に置き、また何に対して尊敬を示すべきかを問う優れた学問論的考察である。

また、ベーネガーの研究のほかに次のような研究がある。Robert Eden, "Why Was'nt Weber A Nihilist?", in Kenneth. L. Deutsch and Walter Soffer (eds.), *The Crisis of Liberal Democracy A Straussian Perspective* (Albany: State University of New York Press, 1987). 上野英夫「M・ヴェーバーの社会科学方法論に於ける事実と価値の分離——レオ・シュトラウスの見解」『国學院法政論叢』第三輯(一九八二年)所収。牧野雅彦『責任倫理の系譜学 ウェーバーにおける政治と学問』(日本評論社、二〇〇〇年)の序章「ウェーバーに政治理論はあるか——レオ・シュトラウスの批判によせて」は、シュトラウスのウェーバー批判に関する研究であり、本書においても後に言及するように、ウェーバーにおける「価値闘争としての政治」に関する議論などについて参考にさせていただいた。

また全体にわたってではないが、シュトラウスのウェーバー批判を扱った論文として、藤原保信「レオ・シュトラウスと政治哲学の復権」『早稲田政治経済学雑誌』第二六三号（一九八〇年）所収、がある。

ただベーネガーをはじめ、シュトラウスのウェーバー批判に光をあてた研究は、ウェーバーの学問的態度と政治的態度との間にある相違点に十分注意を払っているとは言い難い。後に詳しく論じるが、シュトラウスのウェーバー批判の核心は、そうした相違点を射程に入れることによって明らかになる。
（3）本書では、ウェーバーが用いている Wissenschaft を「学問」と訳す。
（4）佐野誠によると、「職業としての学問」は、一九一七年一一月七日に、講演シリーズ「職業としての精神労働」の一環としてミュンヘンの自由学生同盟バイエルン支部の主催で行われた〔佐野誠『近代啓蒙批判とナチズムの病理——カール・シュミットにおける法・国家・ユダヤ人』（創文社、二〇〇三年）、五五頁〕。
（5）WB, in *WL*, S. 603-604. 邦訳五三—五四頁。
（6）Ebd., S. 604. 邦訳五四—五五頁。
（7）Ebd. 邦訳五六頁。
（8）Ebd., S. 607. 邦訳六一頁。
（9）OE, in *WL*, S. 149. 邦訳三一頁。
（10）Ebd., S. 149-150. 邦訳三一—三二頁。
（11）Ebd., S. 150. 邦訳三二頁。
（12）Ebd. 邦訳同上。
（13）Ebd. 邦訳三二—三三頁。
（14）Ebd. 邦訳三三頁。
（15）WB, in *WL*, S. 608. 邦訳六三頁。
（16）Vgl. OE, in *WL*, S. 150. 邦訳三三頁参照。
（17）Ebd., S. 151. 邦訳三四—三五頁。
（18）WB, in *WL*, S. 608. 邦訳六三頁。
（19）OE, in *WL*, S. 151. 邦訳三五頁。

（20）Vgl. WB, in *WL*, S. 604. 邦訳五五頁参照。

（21）SWS, in *WL*, S. 508. 邦訳六一―六二頁。

さらにウェーバーによると、経験科学は、誰にも何を為すべきかを教えることはできず、ただ彼が何を為しえるのか、また何を意欲しているのかを教えるにすぎない〔OE, in *WL*, S. 151. 邦訳三五頁〕。

（22）Vgl. WB, in *WL*, S. 604, 608. 邦訳五六、六四頁参照。

（23）SWS, in *WL*, S. 517. 邦訳八〇頁。

（24）Ebd. 邦訳同上。

（25）PRD, in *PS*, S. 347. 邦訳は、中村貞二・山田高生訳「新秩序ドイツの議会と政府」『ウェーバー 政治・社会論集』（河出書房新社、一九六五年）所収、三四二頁。

（26）PB, in *PS*, S. 524. 邦訳四一頁。

（27）Ebd., S. 516. 邦訳二六頁。

（28）Ebd., S. 506. 邦訳一〇頁。

（29）藤原保信『ヘーゲル政治哲学講義――人倫の再興』（御茶の水書房、一九八二年）、三〇八頁参照。

（30）牧野雅彦『責任倫理の系譜学 ウェーバーにおける政治と学問』（日本評論社、二〇〇〇年）、六―七頁参照。

（31）Vgl. OE, in *WL*, S. 154. 邦訳四一頁参照。

（32）OE, in *WL*, S. 154. 邦訳四二頁。

（33）WDD, in *PS*, S. 290-291. 邦訳三一一頁。

（34）SWS, in *WL*, S. 499. 邦訳三八―三九頁。

（35）PB, in *PS*, S. 547. 邦訳八一頁。

（36）Vgl. ebd., S. 554. 邦訳九四頁参照。

（37）Vgl. SWS, in *WL*, S. 511. 邦訳六八頁参照。

（38）藤原保信『政治理論史』（早稲田大学出版部、一九九八年）、五二七頁参照。

（39）*NRH*, p. 40. 邦訳六八頁。

（40）OE, in *WL*, S. 151. 邦訳三四頁。Cf. Karl Löwith, Tom Bottomore and William Outhwaite（eds.）, *Max Weber and Karl*

Marx (London, New York: Routledge, 1993), p. 54. ドイツ語の原書（一九三二年）からの邦訳は、柴田治三郎・脇圭平・安藤英治訳『ウェーバーとマルクス』（未來社、一九六六年）、二九頁参照。

（41）*NRH*, p. 40. 邦訳六八頁。

（42）Vgl. OE, in *WL*, S. 157. 邦訳四八頁参照。

（43）藤原保信『政治理論史』（早稲田大学出版部、一九九八年）、五二七頁参照。Vgl. OE, in *WL*, S. 151-152. 邦訳三四—三七頁参照。またアンソニー・ギデンズ（岩野弘一・岩野春一訳）『ウェーバーにおける政治と社会学』（未來社、一九八八年）、六〇頁参照。

（44）*NRH*, p. 52. 邦訳八四頁。

（45）*Ibid.*, pp. 59-60. 邦訳九三—九四頁。

（46）*Ibid.*, pp. 59. 邦訳九三頁。Vgl. Max Weber, „Die protestantische Ethik und Geist des Kapitalismus“, in *Gesammelte Aufsätze zur Religionssoziologie I* (Tübingen: J. C. B. Mohr, 1972), S. 81-82. 邦訳は、梶山力・大塚久雄訳「プロテスタンティズムの倫理と資本主義の精神」尾高邦雄責任編集『世界の名著50　ウェーバー』（中央公論社、一九七五年）所収、一六二—一六三頁参照。

（47）*NRH*, pp. 59-60. 邦訳九三—九四頁。

（48）*Ibid.* 邦訳九四頁。

（49）*Ibid.*, pp. 61-62. 邦訳九四—九五頁。

（50）*Ibid.*, p. 53. 邦訳八五頁。

（51）*Ibid.*, p. 52. 邦訳八四頁。

（52）*Ibid.*, pp. 61-62. 邦訳九五頁。

（53）*Ibid.*, pp. 41-42. 邦訳七〇頁。

（54）Vgl. WB, in *WL*, S. 608. 邦訳六三頁参照。Vgl. OE, in *WL*, S. 150-151. 邦訳三二—三四頁参照。

（55）WB, in *WL*, S. 604, 608. 邦訳五六、六四頁。

（56）牧野雅彦、前掲書、五頁参照。

（57）Vgl. Jürgen Kocka, „Kontroversen über Max Weber“, in *Neue Politische Literatur*, Bd. 21, 1976, S. 284. 邦訳は、住谷一彦・

小林純訳『ウェーバー論争』（未來社、一九七九年）、一七頁参照。
(58) Vgl. OE, in *WL*, S. 154-155. 邦訳四二頁参照。
(59) *NRH*, p. 67. 邦訳一〇二頁。
(60) *Ibid*., pp. 66-67. 邦訳一〇一―一〇二頁。本書ではここでシュトラウスが用いている「scheme」を施策と訳している。
(61) *Ibid*., p. 66. 邦訳一〇一頁。
(62) *Ibid*. 邦訳同上。
(63) *Ibid*. 邦訳同上。
(64) *Ibid*. 邦訳同上。
(65) WDD, in *PS*, S. 290-291. 邦訳三一一頁。
(66) *NRH*, p. 67. 邦訳一〇二頁。
(67) Vgl. Jürgen Kocka, a. a. O., S. 284. 邦訳一六―一七頁参照。
(68) SWS, in *WL*, S. 507. 邦訳五九頁。
(69) Ebd. 邦訳五九―六〇頁。
(70) Ebd., S. 507-508. 邦訳六〇頁。
(71) Cf. *NRH*, p. 44. 邦訳七三頁参照。また安藤英治『ウェーバーと近代――一つの社会科学入門』（創文社、一九七二年）、五三頁参照。
(72) 徳永恂・厚東洋輔編『人間ウェーバー――人と政治と学問』（有斐閣、一九九五年）、八三頁参照。
(73) Karl Löwith, „Max Weber und Carl Schmitt“, in *Frankfurter Allgemeine Zeitung*, Samstag, 27 Juni, 1964. 邦訳は、田中浩・五十嵐一郎訳「マックス・ヴェーバーとカール・シュミット」『政治神学』（未來社、一九七一年）所収、一七六頁。
(74) Ebd. 邦訳同上。
(75) Max Horkheimer, *Eclipse of Reason* (New York: Oxford University Press, 1947), p. 97. 邦訳は、山口祐弘訳『理性の腐蝕』（せりか書房、一九八七年）、一一八頁。
(76) *Ibid*., p. 6. 邦訳二二頁　第一章の原注（1）。
(77) *LAM*, p. 225. 邦訳三四六頁。

(78) *NRH*, p. 42. 邦訳七一頁。
(79) ハンナ・アーレント（大久保和郎・大島かおり訳）『全体主義の起原　3　全体主義』（みすず書房、一九七四年）、六八―六九頁参照。
(80) *NRH*, p. 1. 邦訳一四頁。
(81) *Ibid.*, pp. 1-2. 邦訳同上。
(82) *Ibid.*, p. 81. 邦訳一一九―一二〇頁。
(83) *Ibid.*, p. 2. 邦訳一五頁。ここでは、「natural right」を自然権と訳し、「right」に権利と正義の二つの意味が込められているとして括弧内の語を引用者が補った。
(84) *Ibid.*, p. 3. 邦訳一六頁。
(85) *Ibid.* 邦訳同上。
(86) *Ibid.* 邦訳一六―一七頁。
(87) *Ibid.*, p. 6. 邦訳一九―二〇頁。
(88) *Ibid.*, pp. 185-186. 邦訳二五一―二五二頁。
(89) *Ibid.*, p. 5. 邦訳一八頁。
(90) *Ibid.* 邦訳一八―一九頁。
(91) *Ibid.*, p. 6. 邦訳一九―二〇頁。
(92) 藤原保信（金田耕一・田中智彦編）『藤原保信著作集　7　政治哲学の復権』（新評論、二〇〇七年）、三一八頁参照。伊藤恭彦『多元的世界の政治哲学』（有斐閣、二〇〇二年）、六七―六九頁参照。
(93) AC, in *CL*, S. 108. 邦訳二一八―二一九頁。
(94) Ebd., S. 116. 邦訳二二九頁。
(95) *NRH*, pp. 5-6. 邦訳一九頁。
(96) *Ibid.*, p. 6. 邦訳二〇頁。
(97) *Ibid.* 邦訳同上。
(98) *Ibid.* 邦訳同上。

(99) *Ibid.* 邦訳同上。
(100) *WIPP*, p. 26. 邦訳一八頁。
(101) *Ibid.* 邦訳同上。富沢克、前掲論文、四一二—四一三頁参照。
(102) *NRH*, pp. 8-9. 邦訳二四—二五頁。
(103) *Ibid.*, p. 36. 邦訳六三頁。
(104) *Ibid.* 邦訳同上。
(105) *Ibid.*, pp. 3-4. 邦訳一七頁。Cf. *RCPR*, p. 18. 邦訳六一頁参照。
(106) *NRH*, pp. 4-5. 邦訳一七—一八頁。
(107) *Ibid.*, p. 6. 邦訳二〇—二一頁。
(108) *Ibid.*, pp. 8-9. 邦訳二四—二五頁。
(109) *Ibid.*, p. 36. 邦訳六三頁。
(110) *Ibid.*, p. 41. 邦訳六九頁。
(111) *Ibid.*, pp. 41-42. 邦訳六九—七〇頁。

［第四章］

(1) 藤沢令夫『ギリシア哲学と現代——世界観のありかた』(岩波新書、一九八〇年)、二〇頁。
(2) 同書、五五頁。
(3) 同書、五六頁。
(4) OE, in *WL*, S. 152. 邦訳三七頁。
(5) PB, in *PS*, S. 547-548. 邦訳八一—八二頁。
(6) *NRH*, p. 64. 邦訳九七—九八頁。
(7) WB, in *WL*, S. 604. 邦訳五五頁。
(8) Ebd., S. 605. 邦訳五六—五七頁。
(9) Ebd., S. 604. 邦訳五五頁。

（10）*NRH*, pp. 73-74. 邦訳一一〇頁。

（11）*Ibid.*, pp. 41-42. 邦訳七〇頁。

（12）*Ibid.*, p. 42. 邦訳七〇頁。Vgl. Max Weber, „Die protestantische Ethik und Geist des Kapitalismus", in *Gesammelte Aufsätze zur Religionssoziologie I*（Tübingen: J. C. B. Mohr, 1972）, S. 204. 邦訳は、梶山力・大塚久雄訳「プロテスタンティズムの倫理と資本主義の精神」尾高邦雄責任編集『世界の名著50　ウェーバー』（中央公論社、一九七五年）所収、二八九―二九〇頁参照。なおここでシュトラウスが引用している「プロテスタンティズムの倫理と資本主義の精神」の記述部分については、シュトラウスの主張について分析するために、シュトラウスが *Natural Right and History*（Chicago, London: The University of Chicago Press, 1953）で記述している部分を訳出している。

（13）*NRH*, p. 42. 邦訳七〇頁。

（14）OE, in *WL*, S. 182. 邦訳九五―九六頁。

（15）*NRH*, p. 76. 邦訳一一三―一一四頁。

（16）*Ibid.*, pp. 71-72. 邦訳一〇七頁。括弧内の言葉は引用者が補足した。

（17）Cf. *ibid.*, pp. 75-76. 邦訳一一二―一一三頁参照。Cf. *RCPR*, pp. 269-270. 邦訳三四一頁参照。

（18）WB, in *WL*, S. 598. 邦訳四二頁。

（19）*NRH*, p. 72. 邦訳一〇七―一〇八頁。

（20）藤原保信『ヘーゲル政治哲学講義――人倫の再興』（御茶の水書房、一九八二年）、三〇四頁参照。Vgl. WB, in *WL*, S. 608-609. 邦訳六四―六五頁参照。

（21）*NRH*, p. 72. 邦訳一〇九頁。

（22）*Ibid.*, pp. 73-74. 邦訳一一〇頁。

（23）*Ibid.*, p. 75. 邦訳一一二―一一三頁。

（24）*Ibid.*, p. 76. 邦訳一一三頁。

（25）*Ibid.*, pp. 75-76. 邦訳同上。

なお、シュトラウスのウェーバー論を「神学－政治問題」として読み解く研究として、西永亮「レオ・シュトラウスのM・ウェーバー論における「神学－政治問題」――『自然的正と歴史』Natural Right and History 第Ⅱ章の再検討」『シュトラウス政治哲学に向かって』（小樽商科大学出版会、二〇一五年）所収、がある。

また、「神学‐政治問題」について周到な議論を展開しているのが、マイアーの研究である〔Heinrich Meier, *Das theologisch-politische Problem: Zum Thema von Leo Strauss*（J. B. Metzler, 2003）. 邦訳は、石崎嘉彦・飯島昇藏・太田義器訳『レオ・シュトラウスと神学‐政治問題』（晃洋書房、二〇一〇年）。この邦訳書には、マイアーの他の研究も収録されている〕。

さらに、シュトラウスのイェルサレムとアテナイの問題を扱った研究書として次のような研究書がある。Susan Orr, *Jerusalem and Athens: Reason and Revelation in the Works of Leo Strauss*（Lanham: Roman & Littlefield Publishers, 1995）. David Janssens, *Between Athens and Jerusalem: Philosophy, Prophecy, and Politics in Leo Strauss's Early Thought*（Albany: State University of New York Press, 2008）.

日本における研究として、さらに次のような研究論文がある。石崎嘉彦「「理性‐啓示」問題と政治哲学」『政治哲学』第一〇号（二〇一一年）所収、早瀬善彦「レオ・シュトラウスとユダヤ思想――啓示と哲学の抗争」『京都ユダヤ思想』第三号（二〇一三年）所収。

本書では、これまでシュトラウスのウェーバー論に関連して十分に論究されてこなかった、イェルサレムとアテナイの一致点に対するシュトラウスの見解をもとに、ウェーバーが陥った問題を克服するシュトラウスの視点について明らかにする。
（26）*SPPP*, pp. 19-20.
（27）*PPW*, S. 8. 邦訳ⅷ頁。
（28）Michael Platt, "Leo Strauss: Three Quarrels, Three Questions, One Life", in Kenneth L. Deutsch and Walter Soffer（eds.）, *The Crisis of Liberal Democracy A Straussian Perspective*（Albany: State University of New York Press, 1987）, p. 17.
（29）*NRH*, p. 74. 邦訳一一一頁。
（30）*Ibid*. 邦訳同上。
（31）*Ibid*., p. 75. 邦訳一一二頁。
（32）*Ibid*. 邦訳同上。
（33）*RCPR*, pp. 269-270. 邦訳三四一頁。
（34）*Ibid*., pp. 32-33. 邦訳七六頁。

(35) Cf. *ibid*., p. 23. 邦訳六六頁参照。
(36) *LAM*, pp. 22-23. 邦訳三五頁。
(37) *Ibid*. 邦訳三四―三五頁。
(38) *RCPR*, pp. 22-23. 邦訳六五頁。
(39) *NRH*, p. 100. 邦訳一四三頁。
(40) *Ibid*. 邦訳同上。
(41) *Ibid*., p. 36. 邦訳六三頁。
(42) *Ibid*., p. 81. 邦訳一二〇頁。
(43) *Ibid*., pp. 83-84. 邦訳一二一―一二三頁。
(44) *Ibid*., p. 86. 邦訳一二五―一二六頁。
(45) *Ibid*. 邦訳同上。
(46) Cf. *ibid*. pp. 82, 90. 邦訳一二一、一三一頁参照。
(47) *Ibid*., p. 92. 邦訳一三三―一三四頁。
(48) *Ibid*., p. 84. 邦訳一二三頁。
(49) *Ibid*., p. 93. 邦訳一三五頁。
(50) *Ibid*., pp. 93-94. 邦訳一三五―一三六頁。
(51) *Ibid*., p. 97. 邦訳一三九頁。
(52) Cf. *ibid*., pp. 10, 97. 邦訳二六―二七、一三九頁参照。
(53) *Ibid*., pp. 97-98. 邦訳一四〇頁。
(54) *Ibid*., pp. 100-101. 邦訳一四四―一四五頁。
(55) *Ibid*., pp. 146-147. 邦訳二〇二―二〇三頁。
(56) *Ibid*., p. 100. 邦訳一四四頁。
(57) *Ibid*., p. 120. 邦訳一六九頁。
(58) *Ibid*., p. 124. 邦訳一七四―一七五頁。

(59) *Ibid.* 邦訳一七五頁。
(60) *Ibid.* 邦訳一七四頁。
(61) *Ibid.*, pp. 123-125. 邦訳一七四―一七六頁。
(62) *Ibid.*, pp. 124-125. 邦訳一七五頁。
(63) Cf. *ibid.*, p. 10. 邦訳二六頁参照。
(64) シュトラウスは、ソクラテス‐プラトン‐ストア派的な自然的正義に関する教説と呼んでいるものの特質を説明する箇所で、正義に関する多様な意見が吟味されていく過程を描いている〔*NRH*, pp. 146-148. 邦訳二〇二―二〇五頁〕。
(65) *WIPP*, p. 10. 邦訳二頁。
(66) *Ibid.*, pp. 22-23. 邦訳一五頁。
(67) *Ibid.*, p. 23. 邦訳同上。
(68) *NRH*, p. 42. 邦訳七〇頁。
(69) *Ibid.* 邦訳七〇―七一頁。
(70) *RCPR*, p. 73. 邦訳一二六頁。
(71) Cf. *NRH*, pp. 62-63. 邦訳九六頁参照。
(72) *Ibid.*, p. 71. 邦訳一〇六―一〇七頁。
(73) *Ibid.*, p. 76. 邦訳一一三頁。
(74) *Ibid.*, pp. 75-76. 邦訳同上。
(75) *RCPR*, p. 246. 邦訳三一五頁。石崎嘉彦『ポストモダンの人間論――歴史終焉時代の知的パラダイムのために』（ナカニシヤ出版、二〇一〇年）、二〇〇頁参照。
(76) *RCPR*, p. 73. 邦訳一二六頁。
(77) Cf. *ibid.*, p. 264. 邦訳三三五頁参照。*NRH*, p. 71. 邦訳一〇七頁参照。
(78) *NRH*, p. 71. 邦訳一〇七頁。
(79) *RCPR*, p. 246. 邦訳三一五頁。また「『エウテュプロン』について」という論稿のなかで、シュトラウスは、ほとんどの対立が、諸原理に関する一致を前提としていること、ほとんどの対立は、多様な人々が同じものを善と見なし、その善を自分のために持ちたいと望むという事実から生じるということに言及している〔*RCPR*, p. 194. 邦訳二五六頁〕。

(80) *LAM*, p. 260. 邦訳三九八頁。

(81) このことはシュトラウスが、ソクラテスの対話術を受け継いでいることもまた示唆する。すなわち、本書の第二章第三節で論じたように、ソクラテスの対話術は、この善への志向性のもとに人間の対立を友好的論争へと転換させ、事物の本性を探求する技術であった。

(82) *WIPP*, p. 10. 邦訳二二頁。

(83) *RCPR*, p. 61. 邦訳一〇八頁。

(84) *Ibid.* 邦訳同上。

(85) *Ibid.* 邦訳同上。

(86) *Ibid.* 邦訳一〇九頁。

(87) Eugene F. Miller, "Leo Strauss: Philosophy and American Social Science", in Kenneth L. Deutsch, and John A. Murley (eds.). *Leo Strauss, the Straussians, and the American Regime* (Lanham: Roman & Littlefield Publishers, 1999), p. 99.

(88) *RCPR*, pp. 57-58. 邦訳一〇四頁。

[第五章]

(1) *RCPR*, p. 240. 邦訳三〇九頁。

(2) *Ibid.*, pp. 240-241. 邦訳同上。

(3) *NRH*, p. 79. 邦訳一一七頁。

(4) *SPPP*, p. 31.

(5) ベーネガーは、「シュトラウスと社会科学」という論文において、シュトラウスとエトムント・フッサールが共有する、西洋世界の危機に対する問題意識を明らかにしている。ベーネガーによると、シュトラウスとフッサールにとって、西洋世界は、哲学によって形成された唯一の諸国家の共同体である。

西洋世界において社会が、その決定的な方向性を哲学や科学から受容してきたとすれば、哲学や科学に対する疑念は、西洋社会の自意識の喪失を招きかねない。シュトラウスとフッサールは、西洋世界の危機、あるいはリベラル・デモクラシーの危機の文脈で、近代科学と現代の社会科学に対する批判を展開したとベーネガーは分析する。

ベーネガーによると、その西洋の危機は深刻であった。なぜなら、哲学あるいは科学の善性に疑問を呈する正当な理由が存在しているからである。シュトラウスにとって、そうした危機は、ただ適切な政治学によって切り抜けられるものであった。そのことが、シュトラウスの社会科学に対する関心を正当に理由づけているとベーネガーは指摘している〔Nasser Behnegar, "Strauss and Social Science", in Steven B. Smith (ed.), *The Cambridge Companion to Leo Strausss* (New York: Cambridge University Press, 2009), pp. 237-238.〕。

（6）*KWP*, S. 123. 邦訳二一八頁。
フッサールの研究者である木田元（1928-2014）によると、フッサールの哲学が一般にわれわれ日本人にとって馴染みにくい一つの要因は、彼の哲学の核心にひそむ「学（Wissenschaft）」の理念にあるのではないかと指摘している。また木田によれば、我々にとっては、学問的認識といっても、それは精密度なり有効性なりの比較的高い知識といった程度のものであるが、近代ヨーロッパの哲学者たちにとっては、「学」とは神のロゴスないしその顕現ともいうべき世界の理性的秩序の相関者なのであって、究極的な根拠をもつ知識の体系であるとする〔木田元『現象学』（岩波新書、一九七〇年）、三八頁参照〕。

また木田は、『ヨーロッパ諸学の危機と超越論的現象学』（中央公論社、一九九五年）の解説のなかで、「Wissenschaft」をその場に応じて、「学」、「学問」、「科学」と訳し分けたと指摘している〔『ヨーロッパ諸学の危機と超越論的現象学』（中央公論社、一九九五年）、五四九頁参照〕。本書もその訳書を参考にして、フッサールが用いている「Wissenschaft」をその文意に応じて、「学」、「学問」、「科学」と訳し分けている。

（7）*KWP*, S. 49. 邦訳八九頁。

（8）Ebd., S. 124. 邦訳二一八頁。

（9）Ebd., S. 127. 邦訳二二五頁。前掲の邦訳『ヨーロッパ諸学の危機と超越論的現象学』（中央公論社、一九九五年）を参考にしつつ、「vorwissenschaftlichen」については、フッサールが実証主義的な科学のみならず、他の学問も含めた知識の体系の前に存在する生活世界の直観という意味で用いていると解釈し、「『学』以前の」と訳した。

（10）Ebd., S. 128. 邦訳二二七頁。

（11）Ebd., S. 129. 邦訳同上。

（12）Ebd., S. 129-130. 邦訳二二七—二二九頁。

(13) Ebd., S. 131. 邦訳二三二頁。

(14) 本書では、以降登場する「prescientific」もしくは、「pre-scientific」の訳語について、シュトラウスは、「prescientific」もしくは、「pre-scientific」という言葉を科学的な観察者（scientific observer）の視点とは区別される市民の視点で得られる知識、科学によって体系化される以前の、市民の視点で得られる知識との関連で用いていることから「前科学的」と訳している。

(15) *WIPP*, p. 23. 邦訳一五頁。

(16) *Ibid.*, p. 12. 邦訳四頁。

(17) *Ibid.*, pp. 24-25. 邦訳一七頁。

(18) *Ibid.*, p. 25. 邦訳同上。

(19) CT, pp. 50-51. 邦訳三一七頁。

(20) *LAM*, p. 207. 邦訳三一七頁。

(21) *WIPP*, pp. 11-12. 邦訳三—四頁。

(22) *Ibid.*, p. 14. 邦訳六頁。

(23) *Ibid.*, p. 16. 邦訳八頁。

(24) *Ibid.* 邦訳同上。

(25) *KWP*, S. 145. 邦訳二五五頁。

(26) Ebd., S. 124. 邦訳二一八—二一九頁。

(27) *NRH*, p. 78. 邦訳一一五頁。

(28) *Ibid.* 邦訳一一六頁。

(29) *Ibid.* 邦訳同上。

(30) *Ibid.*, p. 65. 邦訳一〇〇頁。

(31) 藤沢令夫、前掲書、二〇頁。

(32) 同書、五六—五七頁。

(33) 同書、六六頁。

(34) 同書、六九頁。

（35）同書、一一二頁。
（36）同書、一一二頁。
（37）*KWP*, S. 124. 邦訳二一八頁。
（38）*RCPR*, pp. 57-58. 邦訳一〇四頁。
（39）*Ibid.*, p. 19. 邦訳六二頁。
（40）アリストテレス（高田三郎訳）『ニコマコス倫理学（上）』（岩波文庫、一九七一年）、一五―一七頁。アリストテレスにとって、技術や学問は、善という倫理的価値を求めるものであり、また研究と技術は、「人間にとっての善」を目的とする政治によって一定の規制が課されるべきものであった。

そして、シュトラウスによると、アリストテレスは、倫理的・政治的規制からの技術の解放は、悲惨な結果へと至ることを絶対的に確信していた〔*NRH*, p. 23. 邦訳四三―四四頁〕。
（41）アリストテレス（高田三郎訳）『ニコマコス倫理学（上）』（岩波文庫、一九七一年）、一七頁、二三一頁。
（42）*LAM*, p. 206. 邦訳三一五―三一六頁。
（43）*WIPP*, p. 17. 邦訳九頁。
（44）*Ibid.* 邦訳同上。
（45）*Ibid.*, p. 13. 邦訳五頁。
（46）*LAM*, p. 203. 邦訳三一〇頁。
（47）*Ibid.*, p. 206. 邦訳三一五頁。
（48）*Ibid.*, p. 222. 邦訳三四二頁。
（49）*Ibid.*, p. 220. 邦訳三三八頁。
（50）*Ibid.*, p. 212. 邦訳三二六頁。
（51）*Ibid.*, pp. 214-215. 邦訳三二九頁。
（52）*Ibid.*, p. 214. 邦訳三二七―三二八頁。
（53）*Ibid.*, p. 207. 邦訳三一七頁。
（54）*Ibid.*, p. 213. 邦訳三二六―三二七頁。

（55）*Ibid.* 邦訳三一七頁。
（56）CT, p. 50. 邦訳三一七頁。
（57）*Ibid.* 邦訳同上。ただ、シュトラウスの分析によれば、科学的理解が一般市民の常識的理解を放棄しているとしても、依然として科学的理解は、前科学的な理解に依拠したままである。その例としてシュトラウスが示すのが、インタビュー調査の事例である。ある社会学部が、人々へのインタビューを行うために、誰かを派遣するとき、その人物は、非常に詳細な指導を受ける。その際、ある一つのことについて教わることはない。それは、質問を犬や猫や木に対して向けるのではなく、人間に対して向けるのだということである。さらに人間と犬を区別する方法についても教わることもない。そうした知識は、インタビューを行う際の当然の前提とされているからである。それは、その人物が、社会科学の様々な授業で学んだいかなることによっても、決して変化せず、洗練されることもなく、影響を受けることはない。シュトラウスによれば、このことは、次のことを示している。つまり、自己充足的と言われる科学的知識は、「アプリオリ」な知識、すなわち科学の全体的なプロセスにおいて、一瞬たりとも疑問に付されることのない前科学的な知識を前提としている。実証主義的な社会科学の手法の一つであるインタビュー調査においても、それは前科学的な知識、すなわち常識が前提となっており、それに依拠している〔*Ibid.* 邦訳同上〕。
（58）*WIPP*, p. 18. 邦訳一〇頁。
（59）ベーネガーによれば、ウェーバーの社会科学と新しい政治学は、シュトラウスが「社会科学の実証主義」と呼ぶものの全体に属している。両者の共通点は、事実と価値の分離を支持していることである。ただ、新しい政治学とウェーバーの社会科学の違いは、究極的には、ウェーバーが、科学に関する近代的な概念の形而上学的な意味を意識していることにある〔Nasser Behnegar, "Strauss and Social Science", in Steven B. Smith (ed.), *The Cambridge Companion to Leo Strauss* (Cambridge University Press, 2009), pp. 229-230〕。
（60）*WIPP*, p. 20. 邦訳一二頁。
（61）*Ibid.*, p. 23. 邦訳一五頁。
（62）*LAM*, p. 5. 邦訳六頁。
（63）*Ibid.*, p. 222. 邦訳三四二頁。
（64）*RCPR*, p. 241. 邦訳三〇九頁。

（65）*Ibid.*, p. 8. 邦訳五〇頁。
（66）*WIPP*, p. 24. 邦訳一六頁。
（67）*LAM*, p. 215. 邦訳三三〇頁。
（68）*CM*, p. 5. 邦訳三三一—三四頁。
（69）*WIPP*, p. 24. 邦訳一六—一七頁。
（70）*Ibid.*, p. 20. 邦訳一二頁。
（71）*LAM*, p. 5. 邦訳六頁。
（72）*Ibid.* 邦訳六—七頁。
（73）*Ibid.*, p. 15. 邦訳二四頁。
（74）*Ibid.*, p. 223. 邦訳三四三頁。
（75）*Ibid.*, p. 222. 邦訳三四二頁。
（76）*NRH*, p. 1. 邦訳一三—一四頁。
（77）Leo Strauss, *Thoughts on Machiavelli* (Chicago, London: The University of Chicago Press, 1958), p. 13. 邦訳は、飯島昇藏・厚見恵一郎・村田玲訳『哲学者マキァヴェッリについて』（勁草書房、二〇一一年）、六頁。
（78）Cf. *NRH*, pp. 1-2. 邦訳一四—一五頁参照。
（79）*LAM*, p. 24. 邦訳三六—三七頁。
（80）*Ibid.* 邦訳同上。
（81）*Ibid.*, p. 4. 邦訳五—六頁。
（82）*Ibid.*, p. 5. 邦訳六頁。
（83）*Ibid.*, pp. 220-221. 邦訳三三九頁。
（84）*Ibid.*, p. 220. 邦訳三三九頁。
（85）*RCPR*, p. 19. 邦訳六一頁。
（86）*WIPP*, p. 27. 邦訳一九頁。
（87）*Ibid.*, p. 26. 邦訳一八頁。また富沢克、前掲論文、四一二—四一三頁参照。

（88）*SPPP*, p. 30.
（89）*RCPR*, p. 27. 邦訳七〇―七一頁。
（90）*LAM*, p. 5. 邦訳七頁。

［第六章］

（1）シュトラウスのリベラル・エデュケイション論については、これまで国内外において、研究が続けられてきた。ナセル・ベーネガーの研究では、シュトラウスのデモクラシー論に言及し、シュトラウスは、市民的責任に関する理解をもとに、リベラル・エデュケイションによってデモクラシーを高めようとしたことを明らかにしている〔Nasser Behnegar, “The Liberal Politics of Leo Strauss”, in Michael Palmer and Thomas L. Pangle（eds.）, *Political Philosophy and The Human Soul Essays in Memory of Allan Bloom*（Lanham: Rowman & Littlefield Publishers, 1995）〕。

またウォルター・ニクゴースキーの研究は、『アメリカン・マインドの終焉』の作者で、かつてシュトラウスのもとで学んだアラン・ブルームとシュトラウスの関係をもとに、両者の共通点と相違点を明らかにしている〔Walter Nicgorski, “Allan Bloom: Strauss, Socrates, and Liberal Education”, in Kenneth L. Deutsch, and John A. Murley（eds.）, *Leo Strauss, the Straussians, and the American Regime*（Lanham: Roman & Littlefield Publishers, 1999）〕。

添谷育志の研究が、シュトラウスとアラン・ブルームの比較を通じて、我が国において本格的にシュトラウスのリベラル・エデュケイション論を取り上げた研究である。その研究は、シュトラウスのリベラル・エデュケイションが、シュトラウス独特の「リベラル」概念を前提とし、かつそれを補強するものであることを明らかにした〔添谷育志「L・シュトラウスとA・ブルームの『リベラル・エデュケイション』論」『法学』第五五巻第六号（一九九二年）所収〔添谷育志『近現代英国思想研究、およびその他のエッセイ』（風行社、二〇一五年）所収〕〕。

また、藤本夕衣は、リチャード・ローティやアラン・ブルーム、そしてシュトラウスの教育論を比較・検討し、古典の読解を中心とした大学教育論を展開している〔藤本夕衣『古典を失った大学――近代性の危機と教養の行方』（NTT出版、二〇一二年）〕。その研究では、シュトラウスのリベラル・エデュケイションにおいて古典（グレート・ブックス）を読む主要な意義の一つを、「時代を超えて共有されうる基本的な問題」に取り組むことによる哲学的な問いの回復に求めている〔藤本夕衣、前掲書、一九六頁〕。

その他、シュトラウスとリベラル・エデュケイション論に言及している研究として、Timothy Fuller, "Reflections on Leo Strauss and American Education", in Peter Graf Kielmansegg, Horst Mewes, Elisabeth Glaser-Schmidt (eds.), *Hannah Arendt and Leo Strauss: German Émigrés and American Political Thought after World War II* (Cambridge: Cambridge University Press, 1995)、松浦良充「すべての人にとっての最良の教育――学習社会のリベラル・エデュケイション」『現代思想』第一七巻八号(青土社、一九八九年)所収、小玉重夫「現代アメリカにおけるリベラリズム批判の分岐――ラディカル・デモクラシーとレオ・シュトラウスの場合」『東京大学教育学紀要』第三四巻(一九九四年)所収、志田絵里子「L・シュトラウスにおけるリベラル・エデュケイション論と「啓示」の関連性――神学・政治問題の解釈を通じて」『東京大学大学院教育学研究科紀要』第五六号(二〇一六年)所収等、がある。

以上の研究は、一定の成果をあげているが、本書では、そうした研究においてほとんど取り上げられることのなかった「知的自立性(intellectual independence)」の観点からリベラル・エデュケイションの政治的意義を明らかにし、シュトラウスが、リベラル・エデュケイションを通じて育成しようとした人物像を「知的自立性」と「節度」の観点から解明する。そして、シュトラウスの政治哲学におけるリベラル・エデュケイションの位置について議論を進めていきたい。

(2) *LAM*, p. 24. 邦訳三六―三七頁。
(3) *Ibid.*, p. 15. 邦訳二四頁。
(4) *Ibid.*, pp. 15-16. 邦訳同上。
(5) *Ibid.*, p. 18. 邦訳二九頁。
(6) *Ibid.*, p. 19. 邦訳同上。
(7) *Ibid.* 邦訳同上。
(8) *Ibid.* 邦訳二九―三〇頁。
(9) *Ibid.*, p. 3. 邦訳三頁。
(10) *Ibid.*, p. 10. 邦訳一六頁。
(11) *Ibid.*, p. ix. 邦訳vii頁。
(12) *Ibid.*, pp. 28-29. 邦訳四三頁。
(13) *Ibid.*, p. 11. 邦訳一七頁。

(14) *Ibid.* 邦訳一八頁。
(15) *Ibid.*, p. 13. 邦訳二一頁。
(16) *Ibid.*, p. 14. 邦訳二二頁。
(17) *Ibid.*, p. 15. 邦訳二三―二四頁。
(18) *RCPR*, pp. 145-146. 邦訳二〇五―二〇六頁。
(19) *NRH*, pp. 141-142. 邦訳一九七―一九八頁。
(20) *Ibid.*, pp. 142-143. 邦訳一九八頁。
(21) Vgl. Jürgen Habermas, *Die Moderne: ein unvollendetes Projekt: philosophisch-politische Aufsätze*（Leipzig: Reclam-Verlag, ［1981］1992）, S. 53. 邦訳は、三島憲一訳「近代――未完のプロジェクト」三島憲一編訳『近代　未完のプロジェクト』（岩波現代文庫、二〇〇〇年）所収、四一頁参照。
(22) *CM*, p. 11. 邦訳四一―四二頁。
(23) *Ibid.* 邦訳同上。
(24) *NRH*, p. 79. 邦訳一一七―一一八頁。
(25) *LAM*, pp. 262-263. 邦訳四〇二頁。
(26) Cf. *ibid.*, p. 263. 邦訳四〇二―四〇三頁参照。
(27) Cf. *RCPR*, p. 42. 邦訳八五―八六頁参照。
(28) *WIPP*, p. 15. 邦訳七頁。
(29) *LAM*, p. 3. 邦訳三頁。
(30) *Ibid.* 邦訳四頁。
(31) シュトラウスのテクスト解釈の課題と方法について詳細に論じているのが、飯島昇藏「レオ・シュトラウス――テクスト解釈の課題と方法」小笠原弘親・飯島昇藏編集『政治思想史の方法』（早稲田大学出版部、一九九五年）所収、である。この研究では、特に哲学と社会との緊張関係をもとに、シュトラウスの著述の方法の特色を浮き彫りにしている。
(32) *PAW*, p. 33. 邦訳一九二頁。
(33) *Ibid.*, p. 32. 邦訳一九一頁。

(34) *Ibid.*, p. 30. 邦訳一九〇頁。
(35) *Ibid.*, pp. 30-31. 邦訳一九〇—一九一頁。
(36) *Ibid.*, p. 36. 邦訳一九四頁。
(37) *Ibid.* 邦訳同上。
(38) *Ibid.*, p. 22. 邦訳一八五頁。
(39) *Ibid.*, p. 23. 邦訳一八六頁。
(40) *LAM*, p. 204. 邦訳三一二頁。
(41) *PAW*, p. 24. 邦訳一八六頁。
(42) *Ibid.*, p. 23. 邦訳一八五頁。
(43) *LAM*, p. 8. 邦訳一二—一三頁。
(44) 添谷育志「L・シュトラウスとA・ブルームの『リベラル・エデュケイション』論」『法学』第五五巻第六号（一九九二年）所収、二〇五—二〇六頁〔添谷育志『近現代英国思想研究、およびその他のエッセイ』（風行社、二〇一五年）、三九〇—三九一頁〕参照。
(45) *PAW*, p. 37. 邦訳一九四—一九五頁。
(46) *LAM*, p. 24. 邦訳三七頁。
(47) *Ibid.* 邦訳同上。
(48) *Ibid.* 邦訳同上。
(49) *Ibid.* 邦訳同上。
(50) *Ibid.* 邦訳同上。
(51) *Ibid.* 邦訳同上。
(52) *Ibid.* 邦訳三七—三八頁。
(53) PB, in *PS*, S. 547, 554. 邦訳八一、九四頁。
(54) シュトラウスは、国家社会主義運動の偉大さと威厳について語ったハイデガーの事例は、ある程度、ニーチェを思い起こさせるものであると述べている。そして、ニーチェは、ヒトラーには味方しなかったであろうと指摘しながらも、ニーチェの思想とファシズムとの間に否定できない親近性があることをシュトラウスは認めている〔*RCPR*, pp. 30-31. 邦訳七四頁〕。

（55）*CM*, p. 11. 邦訳四二頁。

（56）*SPPP*, pp. 29-30.

（57）*WIPP*, p. 24. 邦訳一六頁。

（58）*Ibid.*, p. 26. 邦訳一八頁。また富沢克、前掲論文、四一二―四一三頁参照。

（59）*PAW*, p. 155. 飯島昇藏「シュトラウス――政治哲学の復権」藤原保信・飯島昇藏編『西洋政治思想史　2』（新評論、一九九五年）所収、二二六―二二七頁参照。

（60）*NRH*, p. 35. 邦訳六一頁。

（61）*Ibid.* 邦訳同上。

（62）藤本夕衣『古典を失った大学――近代性の危機と教養の行方』（ＮＴＴ出版、二〇一二年）、一九六頁参照。

（63）*LAM*, pp. 3-4. 邦訳四頁。

（64）*Ibid.*, p. 7. 邦訳一一頁。

（65）*Ibid.*, pp. 7-8. 邦訳一一―一二頁。

（66）*Ibid.* 邦訳同上。

（67）*Ibid.*, p. 4. 邦訳五―六頁。

（68）*Ibid.*, p. 5. 邦訳六―七頁。

（69）*Ibid.*, p. 8. 邦訳一二頁。

（70）*NRH*, p. 124. 邦訳一七四―一七五頁。

（71）*WIPP*, p. 23. 邦訳一五頁。

（72）*LAM*, pp. 6-7. 邦訳九頁。

［第七章］

（1）*NRH*, p. 124. 邦訳一七五頁。

（2）*Ibid.*, p. 36. 邦訳六二頁。

（3）藤原保信「レオ・シュトラウスと政治哲学の復権」『早稲田政治経済学雑誌』第二六三号（一九八〇年）所収、五七―五八頁参照。

（4）*NRH*, pp. 123-125. 邦訳一七五―一七六頁。

（5）*OT*, p. 196. 邦訳は、石崎嘉彦・飯島昇藏・金田耕一訳『僭主政治について〈下〉』（現代思潮新社、二〇〇七年）、一一一頁。

（6）Cf. *The Oxford English Dictionary Second Edition* (Oxford: Clarendon Press, 1989), p. 805.

また、マーク・リラによると、ギリシャ語の「Zetesis」は、探求や問いを意味しており、同じような意味を持つ「skepsis（懐疑）」を連想させるものである。さらにリラによると、シュトラウスは、ソクラテスが、「zetetic」な思想家、すなわち様々な問題をただ解明して、それらの問題を保留のままにしておいた思想家であると理解していた。それは標準的なソクラテスの学術的な見解とは異なっていたという〔Mark Lilla, *The Shipwrecked Mind: On Political Reaction* (New York: The New York Review of Books, 2016), pp. 50-51. 邦訳は、マーク・リラ（山本久美子訳、会田弘継監訳）『難破する精神 世界はなぜ反動化するのか』（NTT出版、二〇一七年）、八一―八二頁〕。なお邦訳では、「zetetic」を「問いによって思考する」と翻訳している。

本書では、「zetetic」をソクラテスが対話術で行ったように、「多様な意見を持つ人々との質問を含めた対話を通じて、意見を一つひとつ吟味し、調べつつ、知識を探求すること」としている。

（7）*OT*, p. 196. 邦訳は、石崎嘉彦・飯島昇藏・金田耕一訳『僭主政治について〈下〉』（現代思潮新社、二〇〇七年）、一一一―一一二頁。

（8）*Ibid.* 邦訳一一二頁。

（9）CT, p. 51. 邦訳三一七―三一八頁。

（10）*WIPP*, p. 14. 邦訳六頁。

（11）*LAM*, p. 207. 邦訳三一七頁。

（12）CT, p. 51. 邦訳三一八頁。

（13）*CM*, p. 12. 邦訳四三頁。

（14）Cf. *LAM*, p. 263. 邦訳四〇二―四〇三頁参照。

（15）*Ibid.*, pp. 262-263. 邦訳四〇二頁。

(16) Cf. *RCPR*, p. 42. 邦訳八五―八六頁参照。
(17) *NRH*, p. 79. 邦訳一一七―一一八頁。
(18) *WIPP*, p. 15. 邦訳七頁。
(19) Cf. Eugene F. Miller, "Leo Strauss: Philosophy and American Social Science", in Kenneth L. Deutsch, and John A. Murley (eds.), *Leo Strauss, the Straussians, and the American Regime* (Roman & Littlefield Publishers, 1999), p. 94. Nasser Behnegar, "Strauss and Social Science", in Steven B. Smith (ed.), *The Cambridge Companion to Leo Strauss* (Cambridge University Press, 2009), p. 239.
(20) *LAM*, p. 15. 邦訳二四頁。
(21) CT, p. 48. 邦訳三一四頁。
(22) *LAM*, p. 24. 邦訳三七頁。
(23) CP, p. 94. 邦訳三一七頁。
(24) *Ibid*. 邦訳同上。
(25) *LAM*, p. 214. 邦訳三二八頁。
(26) *WIPP*, p. 14. 邦訳六頁。
(27) *Ibid*. 邦訳同上。
(28) *Ibid*. 邦訳同上。
(29) *Ibid*. 邦訳同上。
(30) 一般市民との対話や協働をめざし、個別学問領域の枠を超えて、現代の複雑化した問題に取り組む「公共哲学」は、こうした問題を乗り越える一つの方途といえる〔山脇直司『公共哲学とは何か』(ちくま新書、二〇〇四年)、二五―四七頁参照〕。
(31) *RCPR*, p. 59. 邦訳一〇六頁。
(32) *Ibid*., p. 51. 邦訳九七頁。
(33) *WIPP*, p. 17. 邦訳九頁。
(34) *Ibid*., p. 18. 邦訳一〇頁。
(35) Cf. *NRH*, p. 79. 邦訳一一七頁参照。

（36）丸山眞男「科学としての政治学――その回顧と展望」（一九四七年六月）丸山眞男（松本礼二編注）『政治の世界　他十篇』（岩波文庫、二〇一四年）所収、一七頁。丸山眞男は、その頁で次のように論じている。

「かくして一般に『政治』がいかなる程度まで自由な科学的関心の対象となりうるかということは、その国における学問的自由一般を測定するもっとも正確なバロメーターといえる。なぜなら政治権力にとって、何が好ましくないといって己れ自身の裸像を客観的に描かれるほど嫌悪すべき、恐怖すべきことはなかろう。逆に、もしそれを放任するだけの余裕をもつ政治権力ならば、恐らく他のいかなる対象についての科学的分析をも許容するにちがいない。したがって政治に関する考察の可能性はその時代と場所における学問的思惟一般に対してつねに限界状況を呈示する。いわば政治学は政治と学問一般、いな広く政治と文化という人間営為の二つの形態が最大緊張をはらみながら相対峙する、ちょうど接触点に立っているわけである」。

［終章］

（1）*BP*, S. 26. 邦訳一四―一五頁。
（2）AC, in *CL*, S. 123. 邦訳二三七―二三八頁。
（3）*BP*, S. 27. 邦訳一六頁。
（4）SWS in *WL*, S. 507. 邦訳五九―六〇頁。
（5）*NRH*, pp. 5-6. 邦訳一八―一九頁。
（6）*WIPP*, p. 23. 邦訳一五頁。
（7）*RCPR*, p. 51. 邦訳九七頁。
（8）*NRH*, p. 78. 邦訳一一六頁。
（9）*Ibid*., p. 74. 邦訳一一一頁。
（10）*RCPR*, p. 246. 邦訳三一五頁。
（11）*LAM*, p. 260. 邦訳三九八頁。

[参考文献]（但し、主要参考文献略記表に掲載した文献を除く。）

◉外国語文献

Arendt, Hannah, *The Human Condition* (Chicago, London: The University of Chicago Press, 1958). 志水速雄訳『人間の条件』（ちくま学芸文庫、一九九四年）。

Aristotle, *Politica*, in Benjamin Jowett (trans.), W. D. Ross (ed.), *The Works of Aristotle Volume X* (Oxford: Oxford University Press, 1921).

———, Roger Crisp (trans.) (ed.), *Nicomachean Ethics Revised Edition* (Cambridge: Cambridge University Press, 2014).

Behnegar, Nasser, "The Liberal Politics of Leo Strauss", in Michael Palmer and Thomas L. Pangle (eds.), *Political Philosophy and The Human Soul Essays in Memory of Allan Bloom* (Lanham: Rowman & Littlefield Publishers, 1995).

———, *Leo Strauss, Max Weber, and the Scientific Study of Politics* (Chicago, London: The University of Chicago Press, 2003).

———, "Strauss and Social Science", in Steven B. Smith (ed.), *The Cambridge Companion to Leo Strauss* (New York: Cambridge University Press, 2009).

———, "Carl Schmitt and Strauss's Return to Premodern Philosophy", in Martin D. Yaffe, Richard S. Ruderman (eds.), *Reorientation: Leo Strauss in the 1930s* (New York: Palgrave Macmillan, 2014).

Beiner, Ronald, "Hannah Arendt and Leo Strauss: The Uncommenced Dialogue", in *Political Theory* (Vol. 18, No. 2, 1990).

Bloom, Allan, "Leo Strauss: September 20, 1899-October 18, 1973", in Allan Bloom, *Giants and Dwarfs: Essays 1960-1990* (New York: Simon and Schuster, 1990).

Chen, Jianhong, "On Leo Strauss's Change of Orientation in Relation to Carl Schmitt", in Tony Burns, James Connelly (eds.), *The Legacy of Leo Strauss* (Charlottesville: Imprint Academic, 2010).

Cranston, Maurice, *Freedom: A New Analysis Third Edition* (London: Longmans, 1967). 小松茂夫訳『自由——哲学的分析』（岩波新書、一九七六年）。

Deutsch, Kenneth L. and Murley, John A. (eds.), *Leo Strauss, the Straussians, and the American Regime* (Lanham: Roman & Littlefield Publishers, 1999).

Deutsch, Kenneth L., and Soffer, Walter (eds.), *The Crisis of Liberal Democracy A Straussian Perspective* (Albany: State University of New York Press, 1987).

Devigne, Robert, *Recasting Conservatism: Oakeshott, Strauss, and the Response to Postmodernism* (New Haven, London: Yale University Press, 1994).

Durury, Shadia B., *Leo Strauss and The American Right* (New York: St. Martin's Press, 1999).

———, *The Political Ideas of Leo Strauss, Updated Edition* (New York: Palgrave Macmillan, 2005).

Eden, Robert, "Why Wasn't Weber A Nihilist?", in Kenneth L. Deutsch and Walter Soffer (eds.), *The Crisis of Liberal Democracy A Straussian Perspective* (Albany: State University of New York Press, 1987).

Emberley, Peter and Cooper, Barry (eds.), *Faith and Political Philosophy: The Correspondence Between Leo Strauss and Eric Voegelin, 1934-1964* (Pennsylvania: The Pennsylvania State University Press, 1993).

Ferry, Luc, Franklin Philip (trans.), *Right: the New Quarrel between the Ancients and Moderns* (Chicago, London: The University of Chicago Press, 1990).

Fuller, Timothy, "Reflections on Leo Strauss and American Education", in Peter Graf Kielmansegg, Horst Mewes, Elisabeth Glaser-Schmidt (eds.), *Hannah Arendt and Leo Strauss: German Émigrés and American Political Thought after World War II* (Cambridge: Cambridge University Press, 1995).

Germino, Dante, *Beyond Ideology: the Revival of Political Theory* (New York, Evanston, London: Harper & Row Publishers, 1967). 奈良和重訳『甦える政治理論——伝統的探求への照明』（未來社、一九七一年）。

Gottfried, Paul Edward, *Leo Strauss and the Conservative Movement in America* (New York: Cambridge University Press, 2012).

Gunnell, John G., "Political Theory and Politics: The Case of Leo Strauss and Liberal Democracy", in Kenneth L. Deutsch and Walter Soffer (eds.), *The Crisis of Liberal Democracy A Straussian Perspective* (Albany: State University of New York Press, 1987).

———, "Strauss Before Straussianism: Reason, Revelation, and Nature", in Kenneth Deutsch and Walter Nicgorski (eds.), *Leo*

Strauss Political Philosopher and Jewish Thinker（Lanham: Roman & Littlefield Publishers, 1994）.

Habermas, Jürgen, *Die Moderne: ein unvollendetes Projekt: philosophisch-politische Aufsätze*（Leipzig: Reclam-Verlag,［1981］1992）. 三島憲一訳「近代――未完のプロジェクト」（三島憲一編訳『近代　未完のプロジェクト』岩波現代文庫、二〇〇〇年、所収）。

Hallowell, John H., *The Decline of Liberalism as an Ideology*（Berkeley, Los Angeles: University of California Press, 1943）. 石上良平訳『イデオロギーとしての自由主義の没落』（創元社、一九五三年）。

Havers, Grant N., *Leo Strauss and Anglo-American Democracy: A Conservative Critique*（Dekalb: Northern Illinois University Press, 2013）.

Horkheimer, Max, *Eclipse of Reason*（New York: Oxford University Press, 1947）. 山口祐弘訳『理性の腐蝕』（せりか書房、一九八七年）。

Jahanbegloo, Ramin, *Conversations with Isaia Berlin*（London: Peter halban, 1992）. 河合秀和訳『ある思想史家の回想――アイザイア・バーリンとの対話』（みすず書房、一九五三年）。

Janssens, David, *Between Athens and Jerusalem: Philosophy, Prophecy, and Politics in Leo Strauss's Early Thought*（Albany: State University of New York Press, 2008）.

Kocka, Jürgen, „Kontroversen über Max Weber", in *Neue Politische Literatur*, Bd. 21, 1976. 住谷一彦・小林純訳『ウェーバー論争』（未來社、一九七九年）。

Lilla, Mark, *The Shipwrecked Mind: On Political Reaction*（New York: The New York Review of Books, 2016）. 山本久美子訳、会田弘継監訳『難破する精神　世界はなぜ反動化するのか』（NTT出版、二〇一七年）。

Löwith, Karl, „Der Okkasionelle Dezisionismus von C. Schmitt", in *Gesammelte Abhandlungen: Zur Kritik der geschichtlichen Existenz*（Stuttgart: W. Kohlhammer Verlag, 1960）. 田中浩・原田武雄訳「カール・シュミットの機会原因論的決定主義」（田中浩・原田武雄訳『政治神学』未來社、一九七一年、所収）。

――, „Max Weber und Carl Schmitt", in *Frankfurter Allgemeine Zeitung*, Samstag, 27 Juni 1964. 田中浩・五十嵐一郎訳「マックス・ヴェーバーとカール・シュミット」（田中浩・原田武雄訳『政治神学』未來社、一九七一年、所収）。

――, Tom Bottomore and William Outhwaite（eds.）, *Max Weber and Karl Marx*（London, New York: Routledge, 1993）. ドイ

ツ語の原書（一九三二年）からの邦訳は、柴田治三郎・脇圭平・安藤英治訳『ウェーバーとマルクス』（未來社、一九六六年）。

McAllister, Ted V., *Revolt against Modernity: Leo Strauss, Eric Voegelin, and the Search for a Postliberal Order* (Lawrence: University Press of Kansas, 1995).

Meier, Heinrich, *Das theologisch-politische Problem: Zum Thema von Leo Strauss* (Stuttgart, Weimar: J. B. Metzler, 2003). 石崎嘉彦・飯島昇藏・太田義器訳『レオ・シュトラウスと神学——政治問題』（晃洋書房、二〇一〇年）（なおこの邦訳書には、マイアーの他の研究書の邦訳も収録されている）。

Miller, Eugene F., "Leo Strauss: Philosophy and American Social Science", in Kenneth L. Deutsch, and John A. Murley (eds.), *Leo Strauss, the Straussians, and the American Regime* (Lanham: Roman & Littlefield Publishers, 1999).

Mouffe, Chantal, *The Return of the Political* (London, New York: Verso, 1993). 千葉眞・土井美徳・田中智彦・山田竜作訳『政治的なるものの再興』（日本経済評論社、一九九八年）。

Novak, David (ed.), *Leo Strauss and Judaism: Jerusalem and Athens Critically Revisited* (Lanham: Rowman & Littlefield Publishers, 1996).

Oakeshott, Michael, "Dr. Leo Strauss on Hobbes", in Michael Oakeshott, *Hobbes on Civil Association* (Oxford: Basil Blackwell, 1975).

Orr, Susan, *Jerusalem and Athens: Reason and Revelation in the Works of Leo Strauss* (Lanham: Roman & Littlefield Publishers, 1995).

The Oxford English Dictionary Second Edition prepared by J. A. Simpson and E. S. C. Weiner (Oxford: Clarendon Press, 1989).

Plato, *Republic*, in Edith Hamilton and Huntington Cairns (ed.), Paul Shorey (trans.), *The Collected Dialogues of Plato including the Letters* (New Jersey: Princeton University Press, 1961).

Platt, Michael, "Leo Strauss: Three Quarrels, Three Questions, One Life", in Kenneth L. Deutsch and Walter Soffer (eds.), *The Crisis of Liberal Democracy A Straussian Perspective* (Albany: State University of New York Press, 1987).

Robertson, Neil G., ""The Second Cave": Leo Strauss and the Possibility of Education in the Contemporary World", in J. G. York and Michael A. Peters (eds.), *Leo Strauss, Education, and Political Thought* (Madison, Teaneck: Fairleigh Dickinson

University Press, 2011).

Schmitt, Carl, „Das Zeitalter der Neutralisierungen und Entpolitisierungen", in Carl Schmitt, *Der Begriff des Politischen Text von 1932 mit einem Vorwort und drei Corollarien* (Berlin: Duncker & Humblot, 1963). 田中浩・原田武雄訳「中性化と非政治化の時代」(田中浩・原田武雄訳『合法性と正当性』、未來社、一九八三年、所収)。

———, *Die geistesgeschichtliche Lage des heutigen Parlamentarismus* (Berlin: Duncker & Humblot, [1926] 1979). 稲葉素之訳『現代議会主義の精神史的地位』(みすず書房、二〇〇〇年)。

———, *Der Leviathan in der Staatslehre des Thomas Hobbes: Sinn und Fehlschlag eines politischen Symbols* (Köln: Hohenheim Verlag, [1938] 1982). 長尾龍一訳『リヴァイアサン――近代国家の生成と挫折』(福村出版、一九七二年)。

Shell, Susan, "Meier on Strauss and Schmitt", in *The Review of Politics* (Vol. 53, No. 1, 1991).

———, "Taking Evil Seriously: Schmitt's "Concept of the Political" and Strauss's "True Politics"", in Kenneth L. Deutsch and Walter Nicgorski (eds.), *Leo Strauss Political Philosopher and Jewish Thinker* (Lanham: Roman & Littlefield Publishers, 1994).

Smith, Steven B., *Reading Leo Strauss: Politics, Philosophy, Judaism* (Chicago, London: The University of Chicago Press, 2006).

Strauss, Leo, *Political Philosophy of Hobbes — Its Basis and Genesis—*, Elsa M. Sinclair (trans.) (Chicago, London: The University of Chicago Press, 1952). ドイツ語版からの邦訳は、添谷育志・谷喬夫・飯島昇藏訳『ホッブズの政治学』(みすず書房、一九九〇年)。

———, *Thoughts on Machiavelli* (Chicago, London: The University of Chicago Press, 1958). 飯島昇藏・厚見恵一郎・村田玲訳『哲学者マキァヴェッリについて』(勁草書房、二〇一一年)。

———, *Spinoza's Critique of Religion*, Elsa M. Sinclair (trans.) (Chicago, London: The University of Chicago Press, [1965] 1997). 本書の序文"Preface to The English Translation"の邦訳は、高木久夫訳「『スピノザの宗教批判』英語版への序文」『スピノザーナ――スピノザ協会年報』第1号(一九九九年)所収。

———, *The Argument and the Action of Plato's Laws* (Chicago, London: The University of Chicago Press, 1975).

———, Eve Adler (trans.), *Philosophy and Law: Contributions to the Understanding of Maimonides and His Predicessors* (Albany: State University of New York Press, 1995).

———, *Gesammelte Schriften Band 1: Die Religionskritik als Spinozas und zugehörige Schriften*, herausgegeben von Heinrich Meier（Stuttgart, Weimar: Verlag J. B. Metzler, 1996）.

———, *Gesammelte Schriften Band 2: Philosophie und Gesetz-Frühe Schriften*, herausgegeben von Heinrich Meier（Stuttgart, Weimar: Verlag J. B. Metzler, 1997）.

———, *Xenophon's Socratic Discourse: An Interpretation of the Oeconomicus*（South Bend: St. Augustine's Press,［1970］1998）.

———, *Xenophon's Socrates*（South Bend: St. Augustine's Press,［1972］1998）.

———, "German Nihilism", in *Interpretation a Journal of Political Philosophy*（Queens College, Volume 26 Number 3, Spring 1999）. 國分功一郎訳「ドイツのニヒリズムについて——一九四一年二月二六日発表の講演」『思想』二〇〇八年第一〇号（レオ・シュトラウスの思想）（岩波書店、二〇〇八年）所収。

———, Michael Zank（trans.）, *Leo Strauss: The Early Writings*（1921-1932）（Albany: State University of New York Press, 2002）.

Tarcov, Nathan. and Pangle, Thomas L., "EPILOGUE: Leo Strauss and the History of Political Philosophy", in Leo Strauss and Joseph Cropsey（eds.）, *History of Political Philosophy*（Third Edition）（Chicago, London: The University of Chicago Press, 1987）.

Udoff, Alan（ed.）, *Leo Strauss's Thought: Toward a Critical Engagement*（Boulder, London: Lynne Rienner Publishers, 1991）.

Weber, Max, „Die protestantische Ethik und Geist des Kapitalismus", in *Gesammelte Aufsätze zur Religionssoziologie I*（Tübingen: J. C. B. Mohr, 1972）. 梶山力・大塚久雄訳「プロテスタンティズムの倫理と資本主義の精神」（尾高邦雄責任編集『世界の名著50　ウェーバー』、中央公論社、一九七五年、所収)。

———, *Max Weber Gesamtausgabe, Abteilung I Bd. 17*, herausgegeben von Horsut Baier, M. Reiner Lepsius, Wolfgang J. Mommsen, Wolfgang Schluchter, Johannes Winckelmann（Tübingen: J. C. B. Mohr, 1992）.

Zuckert, Catherine H., Zuckert, Michael, *The Truth about Leo Strauss: Political Philosophy and American Democracy*（Chicago, London: The University of Chicago Press, 2008）.

◉邦語（邦訳）文献

阿部斉『デモクラシーの論理』（中公新書、一九七三年）。

アリストテレス『政治学』（山本光雄訳、岩波文庫、一九六一年）。

――『ニコマコス倫理学（上）』（高田三郎訳、岩波文庫、一九七一年）。

――『ニコマコス倫理学（下）』（高田三郎訳、岩波文庫、一九七三年）。

アーレント、ハンナ『全体主義の起原　3　全体主義』（大久保和郎・大島かおり訳、みすず書房、一九七四年）。

安藤英治『ウェーバーと近代――一つの社会科学入門』（創文社、一九七二年）。

飯島昇藏「レオ・シュトラウス――テクスト解釈の課題と方法」（小笠原弘親・飯島昇藏編『政治思想史の方法』早稲田大学出版部、一九九〇年、所収）。

――「シュトラウス――政治哲学の復権」（藤原保信・飯島昇藏編『西洋政治思想史2』新評論、一九九五年、所収）。

――「戦間期のレオ・シュトラウス――「政治的なもの」との出会い」（飯島昇藏編『早稲田大学現代政治経済研究所　研究叢書　両大戦間期の政治思想』早稲田大学現代政治経済研究所、一九九八年、所収）。

――「グローバリゼーションは哲学の「普遍化」に寄与しうるか？――レオ・シュトラウスを導きにして」『アルケー――関西哲学会年報』No.22（二〇一四年）。

――「レオ・シュトラウスのNatural Right and Historyの邦訳のタイトルについての覚え書き」『武蔵野大学政治経済研究所年報』第九号（二〇一四年）。

飯田収治・中村幹雄・野田宣雄・望田幸男『ドイツ現代政治史――名望家政治から大衆民主主義へ』（ミネルヴァ書房、一九六六年）。

石崎嘉彦「近代性の危機と自然権――レオ・シュトラウスの視点」『フマニタス』第一九号（一九九四年）。

――『倫理学としての政治哲学――ひとつのレオ・シュトラウス政治哲学論』（ナカニシヤ出版、二〇〇九年）。

――『ポストモダンの人間論――歴史終焉時代の知的パラダイムのために』（ナカニシヤ出版、二〇一〇年）。

――「「理性－啓示」問題と政治哲学」『政治哲学』第一〇号（二〇一一年）。

――『政治哲学と対話の弁証法――ヘーゲルとレオ・シュトラウス』（晃洋書房、二〇一三年）。

――「現代アメリカ政治とレオ・シュトラウス政治哲学」『政治哲学』第一九号（二〇一五年）。

石田雅樹「「全体性」としての政治、「世界性」としての政治――レオ・シュトラウスとハンナ・アーレントにおける「政治」と「哲学」」『社会思想史研究』No.32（二〇〇八年）。

伊豆藏好美「承認への欲望と死の恐怖――レオ・シュトラウスのホッブズ「自然状態」論解釈をめぐって」『同志社大学ヒューマン・セキュリティ研究センター年報』第二号（二〇〇五年）。

磯部隆『ギリシア政治思想史』（北樹出版、一九九七年）。

伊藤恭彦「シュトラウス・ロールズ・プルーラリズム――二〇世紀政治哲学の衰退と再生」（日本政治学会編『20世紀の政治学』岩波書店、一九九九年、所収）。

――『多元的世界の政治哲学』（有斐閣、二〇〇二年）。

井上茂『自然法の機能――思想史的考察』（勁草書房、一九六一年）。

今村仁司『近代性の構造――「企て」から「試み」へ』（講談社、一九九四年）。

入江昭『二十世紀の戦争と平和［増補版］』（東京大学出版会、一九八六年）。

上野英夫「M・ヴェーバーの社会科学方法論に於ける事実と価値の分離――レオ・シュトラウスの見解」『国學院法政論叢』第三輯（一九八二年）。

上谷修一郎「「高貴なる嘘」としての「古代人 - 近代人論争」（1）中期レオ・シュトラウスの現象学的イデア論解釈」『法學論叢』第一五九巻第六号（二〇〇六年）。

――「「高貴なる嘘」としての「古代人 - 近代人論争」（2・完）中期レオ・シュトラウスの現象学的イデア論解釈」『法學論叢』第一六一巻第二号（二〇〇七年）。

宇野重規『保守主義とは何か――反フランス革命から現代日本まで』（中公新書、二〇一六年）。

大澤武男『ヒトラーとユダヤ人』（講談社現代新書、一九九五年）。

大林信治『マックス・ウェーバーと同時代人たち』（岩波書店、一九九三年）。

小倉志祥『M・ウェーバーにおける科学と倫理』（清水弘文堂書房、一九七一年）。

小野紀明『二十世紀の政治思想』（岩波書店、一九九六年）。

堅田研一『法・政治・倫理――デリダ、コジェーヴ、シュトラウスから見えてくる「法哲学」』（成文堂、二〇〇九年）。

角田幸彦「政治哲学的考察 政治・哲学・歴史・教養――キケローとレオ・シュトラウスを支柱として」『明治大学教養論集』通巻第

四二一号（二〇〇七年）。

ガネル、J・G『アメリカ政治理論の系譜』（中谷義和訳、ミネルヴァ書房、二〇〇〇年）。

川出良枝「テューモスが勝利したのか――リベラル・デモクラシーと高貴な情念」『現代思想』第二二巻第五号（青土社、一九九四年）。

木田元『現象学』（岩波新書、一九二〇年）。

ギデンズ、アンソニー『ウェーバーにおける政治と社会学』（岩野弘一・岩野春一訳、未來社、一九八八年）。

日下喜一『現代民主主義論』（勁草書房、一九九四年）。

クセノフォーン『ソークラテースの思い出』（佐々木理訳、岩波文庫、一九五三年）。

――『クセノポン　小品集』（松本仁助訳、京都大学学術出版会、二〇〇〇年）。

グレイ、ジョン『自由主義』（藤原保信・輪島達郎訳、昭和堂、一九九一年）。

コイレ、アレクサンドル『プラトン』（川田殖訳、みすず書房、一九七二年）。

古賀敬太『ヴァイマール自由主義の悲劇――岐路に立つ国法学者たち』（風行社、一九九六年）。

――「シュミットの政治的なものの概念再考」（『年報政治学　20世紀のドイツ政治理論』岩波書店、二〇〇二年、所収）。

――『シュミット・ルネッサンス――カール・シュミットの概念的思考に即して』（風行社、二〇〇七年）。

小玉重夫「現代アメリカにおけるリベラリズム批判の分岐――ラディカル・デモクラシーとレオ・シュトラウスの場合」『東京大学教育学紀要』第三四巻（一九九四年）。

小林道憲『二十世紀とは何であったか』（日本放送出版協会、一九九四年）。

佐々木毅『プラトンの呪縛――二十世紀の哲学と政治』（講談社、一九九八年）。

佐野誠『ヴェーバーとナチズムの間――近代ドイツの法・国家・宗教』（名古屋大学出版会、一九九三年）。

――『近代啓蒙批判とナチズムの病理――カール・シュミットにおける法・国家・ユダヤ人』（創文社、二〇〇三年）。

シェラット、イヴォンヌ『ヒトラーと哲学者――哲学はナチズムとどう関わったか』（三ッ木道夫・大久保友博訳、白水社、二〇一五年）。

志田絵里子「L・シュトラウスにおけるリベラル・エデュケイション論と「啓示」の関連性――神学・政治問題の解釈を通じて」『東京大学大学院教育学研究科紀要』第五六号（二〇一六年）。

柴田寿子『リベラル・デモクラシーと神権政治——スピノザからレオ・シュトラウスまで』(東京大学出版会、二〇〇九年)。

シュミット、カール『政治的ロマン主義』(大久保和郎訳、みすず書房、一九七〇年)。

——『大統領の独裁』(田中浩・原田武雄訳、未來社、一九七四年)。

——『憲法論』(阿部照哉・村上義弘訳、みすず書房、一九七四年)。

——『政治神学再論』(長尾龍一・小林公・新正行・森田寛二訳、福村出版、一九八〇年)。

——『独裁——近代主権論の起源からプロレタリア階級闘争まで——』(田中浩・原田武雄訳、未來社、一九九一年)。

スピノザ『神学・政治論　上巻』(畠中尚志訳、岩波文庫、一九四四年)。

——『神学・政治論　下巻』(畠中尚志訳、岩波文庫、一九四四年)。

スミス、スティーブンB.「レオ・シュトラウスのプラトニック・リベラリズム」(近藤和貴訳)『政治哲学』第三号(二〇〇五年)。

添谷育志「L・シュトラウスとA・ブルームの「リベラル・エデュケイション」論」『法学』第五五巻第六号(一九九二年)〔添谷育志『近現代英国思想研究、およびその他のエッセイ』風行社、二〇一五年、所収〕。

——「新旧論・ノート——レオ・シュトラウスの政治思想をめぐる断章」(『モダーンとポスト・モダーン——政治思想史の再発見I』木鐸社、一九九二年、所収)。

ダヴィド、クロード『ヒトラーとナチズム』(長谷川公昭訳、白水社、一九七一年)。

竹島博之「カール・シュミットとレオ・シュトラウス——ホッブズをめぐって」『同志社法学』第五一巻第六号(二〇〇〇年)。

——『カール・シュミットの政治——「近代」への反逆』(風行社、二〇〇二年)。

——「独裁と例外状態の近代——G・アガンベンのシュミット解釈を通じて」『政治研究』第五二号(二〇〇五年)。

田中美知太郎『ソクラテス』(岩波新書、一九五七年)。

寺島俊穂「レオ・シュトラウスの政治哲学」『法学研究——法律・政治・社会』第六四巻第三号(一九九一年)。

——『政治哲学の復権——アレントからロールズまで』(ミネルヴァ書房、一九九八年)。

ドゥオーキン、ロナルド『リベラルな共同体』(高橋秀治訳)『現代思想』第二二巻第五号(青土社、一九九四年)。

徳永恂・厚東洋輔編『人間ウェーバー——人と政治と学問』(有斐閣、一九九五年)。

土橋貴「近代批判の一つの形——レオ・シュトラウスの『政治哲学とは何か』を読みながら」『中央学院大学法学論叢』第一七巻第一・二号(二〇〇四年)。

富沢克「レオ・シュトラウスと近代性の危機――自由主義的理性批判序説（1）」『同志社法学』第三九巻第三・四号（一九八七年）。

――「〈古代人－近代人論争〉への一視点――リュック・フェリ『政治哲学』第一巻を読む」『同志社法学』第四二巻第一号（一九九〇年）。

――「ポストモダン・リベラリズムの可能性――一つの素描」『同志社法学』第四九巻第三号（一九九八年）。

長尾龍一「レオ・シュトラウス伝覚え書き」『社会科学紀要』第四七号（一九九七年）。

――『争う神々』（信山社出版、一九九八年）。

――「レオ・シュトラウスの「密教」――シャディア・ドゥルーリーの諸著書をめぐって」『政経研究』第四一巻第一号（二〇〇四年）。

中村孝文「シティズンシップと政治的判断力についての一考察――ウェーバー、シュトラウス、アーレントを与件として」『武蔵野大学政治経済研究所年報』第一号（二〇〇九年）。

西永亮編著『シュトラウス政治哲学に向かって』（小樽商科大学出版会、二〇一五年）。

西永亮「レオ・シュトラウスのM・ウェーバー論における「神学－政治問題」――『自然的正と歴史』Natural Right and History 第Ⅱ章の再検討」（『シュトラウス政治哲学に向かって』小樽商科大学出版会、二〇一五年、所収）。

ハイデガー、マルティン「存在と時間」（原祐・渡辺二郎訳、原祐責任編集『世界の名著62　ハイデガー』中央公論社、一九七一年、所収）。

橋本努『帝国の条件――自由を育む秩序の原理』（弘文堂、二〇〇七年）。

林健太郎『ワイマル共和国――ヒトラーを出現させたもの』（中公新書、一九六三年）。

早瀬善彦「レオ・シュトラウスとユダヤ思想――啓示と哲学の抗争」『京都ユダヤ思想』第三号（二〇一二年）。

パスカル『パンセ（上）』（塩川徹也訳、岩波文庫、二〇一五年）。

――『パンセ（中）』（塩川徹也訳、岩波文庫、二〇一五年）。

――『パンセ（下）』（塩川徹也訳、岩波文庫、二〇一六年）。

バーリン、アイザイア「二つの自由概念」（生松敬三訳、『自由論』みすず書房、一九七一年、所収）。

福田歓一『近代の政治思想――その現実的・理論的諸前提』（岩波新書、一九七〇年）。

藤沢令夫『ギリシア哲学と現代――世界観のありかた』（岩波新書、一九八〇年）。

藤本夕衣『古典を失った大学――近代性の危機と教養の行方』(NTT出版、二〇一二年)。

藤本龍児「ネオコンと宗教右派――公共哲学的観点による比較」『宗教と社会』第一三号(二〇〇七年)。

藤原保信「レオ・シュトラウスと政治哲学の復権」『早稲田政治経済学雑誌』第二六三号(一九八〇年)。

――『ヘーゲル政治哲学講義――人倫の再興』(御茶の水書房、一九八二年)。

――『政治理論のパラダイム転換――世界観と政治』(岩波書店、一九八五年)。

――『増補版　政治哲学の復権』(新評論、一九八八年)。

――『自由主義の再検討』(岩波新書、一九九三年)。

――『自由主義の政治理論』(早稲田大学出版部、一九九七年)。

――『政治理論史』(早稲田大学出版部、一九九八年)。

――金田耕一・田中智彦編『藤原保信著作集7　政治哲学の復権』(新評論、二〇〇七年)。

ブチャー、S・H『ギリシア精神の様相』(田中秀央・和辻哲郎・壽岳文章訳、岩波文庫、一九四〇年)。

プラトン「エウテュプロン――敬虔について」(今林万里子訳、『プラトン全集Ⅰ』岩波書店、一九七五年、所収)。

――『国家(上)』(藤沢令夫訳、岩波文庫、一九七九年)。

――『国家(下)』(藤沢令夫訳、岩波文庫、一九七九年)。

――『法律(上)』(森進一・池田美恵・加来彰俊訳、岩波文庫、一九九三年)。

――『法律(下)』(森進一・池田美恵・加来彰俊訳、岩波文庫、一九九三年)。

ブルーム、アラン『アメリカン・マインドの終焉』(菅野盾樹訳、みすず書房、一九八八年)。

フロム、エーリッヒ『自由からの逃走』(日高六郎訳、東京創元社、一九五一年)。

――『希望の革命〔改訂版〕』(作田啓一・佐野哲郎訳、紀伊國屋書店、一九七〇年)。

ベンダースキー、ジョーゼフ・W『カール・シュミット論』(宮本盛太郎・古賀敬太・川合全弘訳、御茶の水書房、一九八四年)。

ベンツ、ヴォルフガング『第三帝国の歴史――画像でたどるナチスの全貌』(斉藤寿雄訳、現代書館、二〇一四年)。

ホッブズ、トマス「リヴァイアサン」(永井道雄・宗片邦義訳、永井道雄責任編集『世界の名著28　ホッブズ』中央公論社、一九七九年、所収)。

ホルクハイマー、マックス/アドルノ、テオドール・W『啓蒙の弁証法――哲学的断想』(徳永恂訳、岩波書店、一九九〇年)。

牧野雅彦『責任倫理の系譜学――ウェーバーにおける学問と政治』（日本評論社、二〇〇〇年）。

松浦良充「すべての人にとっての最良の教育――学習社会のリベラル・エデュケイション」『現代思想』第一七巻八号（青土社、一九八九年）。

――「リベラル・エデュケイションと「一般教育」――アメリカ大学・高等教育史の事例から」『教育学研究』第六六巻第四号（一九九九年）。

松尾哲也「レオ・シュトラウスの政治観――カール・シュミット批判を素材として」『地域政策科学研究』創刊号（二〇〇四年）。

――「リベラリズムの危機と政治哲学の復権――レオ・シュトラウスの自然権論を中心として」（『第100回鹿児島哲学会記念論文集　いしぶみ［碑］』再海社、二〇〇四年、所収）。

――「神々の闘争と政治哲学の有意性――レオ・シュトラウスのマックス・ウェーバー像をめぐって」『地域政策科学研究』第二号（二〇〇五年）。

――「レオ・シュトラウスと現代科学の危機」『愛知淑徳大学論集――ビジネス学部・ビジネス研究科篇』第六号（二〇一〇年）。

――「リベラル・エデュケイションと政治哲学――レオ・シュトラウスの政治哲学における教育の位置」『総合政策論叢』第三一号（二〇一六年）。

――「政治哲学と生活世界――レオ・シュトラウスの政治哲学の基盤をめぐって」『政治研究』（九州大学　政治研究会）第六四号（二〇一七年）。

松浪信三郎『実存主義』（岩波新書、一九六二年）。

マルクス、カール「ユダヤ人問題によせて」（城塚登訳、『ユダヤ人問題によせて・ヘーゲル法哲学批判序説』岩波文庫、一九七四年、所収）。

丸山眞男「科学としての政治学――その回顧と展望」（一九四七年六月）（丸山眞男著・松本礼二編注『政治の世界　他十篇』岩波文庫、二〇一四年、所収）。

宮田光雄編『ヴァイマール共和国の政治思想』（創文社、一九八八年）。

ミラー、ユージン・F「レオ・シュトラウス――政治哲学の復権」（藤原保信訳、クレスピニィ・マイノウグ編『現代の政治哲学者』内山秀夫他訳、南窓社、一九七七年、所収）。

モムゼン、ウォルフガング・J「マックス・ウェーバーと自由主義的価値体系の危機」（山口和男訳）『思想』第六七四号（岩波書店、一九八〇年）。

山之内靖『マックス・ヴェーバー入門』（岩波新書、一九九七年）。

山脇直司著『公共哲学とは何か』（ちくま新書、二〇〇四年）。

吉崎祥司『リベラリズム――〈個の自由〉の岐路』（青木書店、一九九八年）。

リュータース、ベルント『カール・シュミットとナチズム』（古賀敬太訳、風行社、一九九七年）。

リンゼイ、A・D『民主主義の本質――イギリス・デモクラシーとピュウリタニズム』（永岡薫訳、未來社、一九六四年）。

レーヴィット、カール『世界と世界史』（柴田治三郎訳、岩波書店、一九五九年）。

――『ヨーロッパのニヒリズム』（柴田治三郎訳、筑摩書房、一九七四年）。

――『ナチズムと私の生活――仙台からの告白』（秋間実訳、法政大学出版局、一九九〇年）。

ロスブラット、シェルダン『教養教育の系譜――アメリカ高等教育にみる専門主義との葛藤』（吉田文・杉谷祐美子訳、玉川大学出版部、一九九九年）。

ローゼン、スタンレー『政治学としての解釈学』（石崎嘉彦監訳、ナカニシヤ出版、一九九八年）。

ロック、ジョン「人間知性論」（大槻春彦訳、大槻春彦責任編集『世界の名著32　ロック　ヒューム』中央公論社、一九八〇年、所収）。

――「統治論」（宮川透訳、大槻春彦責任編集『世界の名著32　ロック　ヒューム』中央公論社、一九八〇年、所収）。

脇圭平『知識人と政治――ドイツ・1914～1933』（岩波文庫、一九七三年）。

[初出一覧]

本書については、主として以下の論文をもとに執筆している。本書を執筆するにあたって、全体的に修正を加え、大幅に加筆した。なおそれぞれの論文の内容については、本書の各章に分散している部分があるため、執筆の年代順に記載している。

○「レオ・シュトラウスの政治観――カール・シュミット批判を素材として」『地域政策科学研究』創刊号(二〇〇四年)

○「リベラリズムの危機と政治哲学の復権――レオ・シュトラウスの自然権論を中心として」(『第100回鹿児島哲学会記念論文集 いしぶみ[碑]』再海社、二〇〇四年、所収)

○「神々の闘争と政治哲学の有意性――レオ・シュトラウスのマックス・ウェーバー像をめぐって」『地域政策科学研究』第二号(二〇〇五年)

○「レオ・シュトラウスの政治哲学――決断主義批判と政治哲学の再生」(鹿児島大学大学院人文社会科学研究科に提出した博士論文、二〇〇六年)

○「レオ・シュトラウスと現代科学の危機」『愛知淑徳大学論集――ビジネス学部・ビジネス研究科篇』第六号（二〇一〇年）

○「リベラル・エデュケイションと政治哲学――レオ・シュトラウスの政治哲学における教育の位置」『総合政策論叢』第三一号（二〇一六年）

○「政治哲学と生活世界――レオ・シュトラウスの政治哲学の基盤をめぐって」『政治研究』（九州大学 政治研究会）第六四号（二〇一七年）

あとがき

本書は、レオ・シュトラウスの政治哲学を扱っているが、ここで本書の根底に流れるテーマの一つとして改めて記しておかなければならないテーマとは、「戦争と平和」である。なぜ人間は、戦争という悲劇を繰り返してしまうのか。第一次世界大戦によって、戦争の悲惨さ、被害の甚大さが明白になったにも関わらず、第二次世界大戦によってさらに多くの人命が失われることになった。政治哲学は、戦争の世紀ともいわれる二〇世紀の歴史をどのように受け止め、平和な社会を構築するために何を提言していくことができるのか。本書の執筆動機の一つはそうした問題意識であった。それゆえ本書は、単にシュトラウスの政治哲学を内在的に解明することだけでなく、現代の政治的対立や紛争などが引き起こす諸問題に対して、本来の意味で「リベラル」な政治哲学が果たし得る役割についても言及している。

今なお世界各地で起こる紛争や対立によって、住居や生きる糧を失い、また生命の危機にさらされている人々、そうした暗澹たる状況に対して、政治哲学が果たすべき役割とは一体何か、また善き社会の構築に向けて、政治哲学のみならず、人文科学、社会科学、自然科学、さらには研究者と宗教者、一般市民が、それぞれの枠組みを超えて、対話し、議論する基盤をどのように形成していくべきか、本書が提起した課題は、今後も私が問い続けていくべき課題である。

これまでの学究生活のなかで、多くの方々のご指導とご支援を賜った。まず鹿児島大学の法文学部と大学院人文社会科学研究科では、平井一臣先生、岡部悟朗先生、米永政彦先生、石川英昭先生をはじめとして、政治学、倫理学、法哲学等の先生方の授業や研究指導を受けた。深く感謝を申し上げたい。学部時代、雄大な桜島を仰ぐキャンパスのなかで、政治哲学、とりわけレオ・シュトラウスの政治哲学と出会ったことが、今も懐かしく思い出される。

大学を卒業し、進学した同志社大学大学院法学研究科では、特に富沢克先生のご指導を受けた。大学院の授業では、レオ・シュトラウスの著作を取り上げていただき、また修士論文の構想についても発表させていただくなど、学問的に大きな恩恵を受けた。さらに、日本政治思想史の西田毅先生、法哲学の深田三徳先生の授業にも参加させていただいた。日本の文化遺産が集積している京都で、古来より続く日本、そして西洋の思想家の著作に触れ、現在の自分の研究の礎を築くことができた。これまで大学・大学院の授業において、教えを受けた諸先生方に深く御礼を申し上げる。

今思い起こせば、京都という土地は、私にとって多様な研究者との出会いの場でもあった。今は全国各地で大学の研究者として活躍されている同志社大学大学院の諸先輩方、特に、長谷川一年氏、竹島博之氏、馬原潤二氏からは、大学院生当時、読書会などを通じて、近現代の政治哲学について理解を深める機会をいただき、さらに研究についても数多くのアドバイスをいただいた。また現在、同志社大学法学部にて法哲学を担当されている濱真一郎先生からも、大学院生活を送るなかで有益なアドバイスをいただいた。諸先輩方に改めて感謝申し上げたい。

大阪国際大学の古賀敬太先生には、大学院生当時、ドイツ語原典講読などの授業で、多くの教えを受け、さらに本書の草稿段階においても有益なコメントと励ましを受けた。また、日本を代表するレオ・シュトラウスの研究者である石崎嘉彦先生には、博士論文の審査や研究会等でお世話になり、本書の草稿段階でも有益なアドバイスをいただいた。お二人の先生に、厚く御礼を申し上げる。

博士学位を取得した後、私は、九州大学大学院の研究生として、短期間ではあったが、大学院比較社会文化学府の授業に参加させていただき、九州大学の先生方、特に、施光恒先生、岡﨑晴輝先生、そして大学院生の皆さんから多くの学問的刺激を受けた。また、九州大学政治研究会の先生方には、現在も研究発表の場を与えていただいている。改めて感謝申し上げたい。

愛知淑徳大学キャリアセンターに勤務した際、当時、キャリアセンター長であった真田幸光先生からは、その活力に満ちた仕事と教育への姿勢など、多くのことを教わった。ここで深く御礼を申し上げたい。私は、主に政治哲学とキャリア教育という二つの学問領域を専門としているが、私にとって学究生活の始まりが政治哲学との出会いであり、大学における仕事の始まりがキャリア教育・キャリア支援であった。キャリア教育・キャリア支援の仕事を通じて、社会の各領域で活躍されている方々と直接お会いし、そこから学んだことは、自分の教育・研究の幅を広げる貴重な機会となっている。

現在勤務している島根県立大学では、数多くの恩恵と助力を受けている。まず、本書は、公立大学法人島根県立大学北東アジア地域学術交流研究助成金の助成を得て出版される。出版助成を申請する過程で、お世話になった方々に深く御礼を申し上げたい。また島根県立大学では、日ごろから多くの方々にお世話になっている。同僚の先生方だけでなく、事務局のスタッフの皆様には、仕事上、懇切丁寧な対応をしていただき、教育・研究とキャリア支援の仕事に尽力することができている。また濵田泰弘先生には、本書の初校の段階で有益なコメントをいただいたことに御礼を申し上げる。ほかにも感謝すべき方々のお名前をすべてあげることができないが、これまでお世話になった方々には、心より感謝申し上げたい。

風行社の犬塚満氏からは、初めて単著を出版する私に対して励ましと出版まで至る間の懇切丁寧な編集作業をしていただいた。出版事情が厳しくなるなか、何の実績もない私に出版の機会を与えていただいたことに深く感謝したい。

なお私が大学にて、教育・研究・キャリア支援に携わることができているのは、これまで物心両面にわたって支えてもらった家族、特に父と母のおかげである。家族の温かい言葉と支援は、私にとって大きな支えとなった。家族の支援があってこそ、現在の自分の生活が成立している。ここにきて私は改めて、家族の大切さと温かさを実感している。本書が、これまでお世話になった数多くの方々に対して、少しでも恩返しになれば幸いである。

二〇一八年一月

松尾哲也

[マ行]

[ラ行]

◆人名索引◆

【著者略歴】
松尾哲也（まつお　てつや）

1977年　長崎県生まれ
鹿児島大学 法文学部 法学科 卒業
同志社大学大学院 法学研究科 博士課程（前期課程）政治学専攻 修了
鹿児島大学大学院 人文社会科学研究科 博士後期課程 地域政策科学専攻 修了
博士（学術）（鹿児島大学）
九州大学 特任助教、愛知淑徳大学 キャリアセンター 助教を経て、
現在、島根県立大学 総合政策学部 専任講師
専攻：政治哲学・政治思想史・キャリア教育

〔主要業績〕
論文：「政治哲学と生活世界――レオ・シュトラウスの政治哲学の基盤をめぐって」『政治研究』第64号（2017年）、
「リベラル・エデュケイションと政治哲学――レオ・シュトラウスの政治哲学における教育の位置」『総合政策論叢』第31号（2016年）、
「インターンシップの意義と「社会人基礎力」」『総合政策論叢』第30号（2015年）など
共訳書：シャンタル・ムフ編（古賀敬太・佐野誠編訳）『カール・シュミットの挑戦』（風行社、2006年）。

神々の闘争と政治哲学の再生――レオ・シュトラウスの政治哲学

2018年3月31日　初版第1刷発行

著　者　松　尾　哲　也
発行者　犬　塚　　満
発行所　株式会社 風　行　社
〒101-0052 東京都千代田区神田小川町3－26－20
Tel. & Fax. 03-6672-4001
振替 00190-1-537252
印刷・製本　中央精版印刷株式会社
装　丁　安藤剛史

ISBN978-4-86258-117-4